미국생활과 문화탐방

미국생활과 LIVING
문화탐방 IN THE USA

알리슨 라니에 지음 · 제프 데이비스 고침

이승철 · 이상국 · 박순봉 · 홍현태 옮김

도서출판 동인

 옮긴이의 글

최근 한국의 경제가 눈에 띌 정도로 좋아졌다. 이로 인해 자유롭게 해외여행을 하는 사람들이 많아졌다. 특히 미국은 한국 최고의 우방국인 동시에 방문 선호도 가 다른 나라에 비해 상당히 높은 국가이다. 여행, 유학, 이민에 있어 많은 한국인 들이 미국을 선택하고 있는 것이다. 그러나 막상 미국이라는 나라를 방문하려고 할 때 지리적인 사항에 대해서는 여행 정보 책자 등을 통하여 쉽게 정보를 찾아 볼 수 있지만, 미국인들의 실제 생활과 그 내면에 깔려 있는 의식구조에 대해서 는 잘 알지 못한 상태에서 미국을 방문하는 경우가 대부분이다.

오늘날의 세계에서 각 나라는 더 이상 홀로 존재 할 수 없게 되었다. 최근 몇 년 동안 우리가 겪은 국제정세 문제를 통해 알 수 있듯이 우리는 지구촌 시대 에 살고 있는 것이다. 우리나라는 세계와 경쟁하기 위해 FTA를 체결하였다. 또 한 외국여성과 국제결혼을 하는 농촌 총각들이 증가하고 있으며, 많은 외국인 노 동자들이 국내 노동현장에 투입되는 현실을 목격하게 된다. 이제 우리나라도 단 일 민족, 단일 문화를 가진 국가가 아니라 다문화, 다민족의 국가가 될 것이다.

다문화 시대에 살고 있는 우리들은 세계 어느 나라보다도 미국의 영향을 많이 받고 있다는 것을 누구나 인정할 수밖에 없다. 미국을 이해하기 위해서는 미국의 겉모습만 봐서는 안 된다. 속 깊이 뿌리 박혀 있는 내면세계의 표현인 문화에 대해서 알았을 때 비로소 미국을 제대로 이해했다고 할 수 있을 것이다. 미국인이 말하는 언어의 내용을 잘 모를 경우에 일어나는 오해보다 미국인들의 문화에 대한 무지에서 오는 서로간의 오해가 훨씬 크게 문제점으로 작용하는 경우가 많다. 따라서 문화에 대한 무지에서 오는 실수를 하지 않기 위해서는 미국인들의 문화를 반드시 숙지해야 할 것이다.

그러한 취지에서 알리슨 라니에가 쓰고 제프 데이비스가 고친 『미국생활과 문화탐방』 제 6판은 미국인들의 생활과 그 속에 담겨있는 문화를 이해하는데 더없이 훌륭한 안내서가 될 것이다. 이 책은 모두 4부로 구성되어 있는데 그 구성을 간단하게 소개하면 다음과 같다.

제1부에서는 미국의 무형자산인 지배적 가치(첫 인상, 평등주의, 물질주의 등)와 미국 내에 존재하고 있는 각 민족의 공존문화 등을 다루고 있다.

제2부에서는 미국의 제도와 관련된 내용으로 사회생활, 시민생활, 종교생활, 가정생활, 회사생활 등을 다루고 있다.

제3부에서는 미국에 도착하여 어떻게 정착을 할 것인가를 다루면서, 세관처리 및 이삿짐 보내는 방법 등을 소개하고 있다. 그리고 화폐와 은행 업무, 의료혜택, 응급 상황 시 대처요령, 음식문화, 통신 및 교통 이용방법 등에 대해 자세하게 설명하고 있다.

제4부에서는 미국 내에 장기 체류자를 위한 안내로서 주택, 쇼핑, 가사, 교육, 친구 사귀기 등에 대해 설명하고 있다. 또한 21세기의 과제로서 911 효과, 이라크 전쟁의 충격, 종교적 근본주의의 출현, 차별, 양극화, 에너지, 환경, 빈부격차 등과 같은 문제들도 다루고 있다.

저자가 밝히고 있는 바와 같이, 이 책은 타국인들에게 미국을 소개하는 여러 책들 가운데 특히 훌륭한 것이다. 단지 미국에 처음 오는 사람들이 미국을 더 잘 이해하도록 도와주는 문화 탐색서도 아니며, 또한 특정한 지역 정보를 전해주는 이주안내서도 아니다. 그 두 가지의 중간쯤에 위치하고 있다고 할 수 있다. 이 책은 미국인들과 늘 접하는데 있어 문화 특성이 어떠한가를 이해하도록 도와주며 주택, 상품 등을 구입할 경우에 필요한 용어 등을 알려준다. 이 책은 독자에게 실제적인 안내서로서 도움을 받을 수 있도록 해 줄 것이다.

따라서 이 책을 읽어나가면 자연스럽게 미국인들의 의식구조 및 문화를 알 수 있게 된다. 결국 미국을 찾는 이들에게 그곳에서의 생활에 편리함과 자신감을 제공해 줄 것이다. 이러한 지식을 갖추지 못하고 미국에 갔을 경우 미국 내에서 경험하는 모든 일들이 당황스럽고 심지어는 두려움마저 느끼게 된다. 특히 다른 환경에 익숙하지 않은 장기 체류자들이 전화 설치, 전기 신청, 신문 구독 등 삶 전반에 대한 경험 및 배경지식이 없다면 생활에 많은 어려움을 겪게 될 것이다.

이러한 점에서 이 책은 문화소통이라는 목표를 충실히 달성할 수 있을 것으로 확신한다. 여기에서 말하는 문화소통이란 단지 언어의 소통을 넘어서 본토인이 가지고 있는 생활상에서 묻어 나오는 그들의 의식구조를 이해하는 것이다. 그리고 그들의 내면에는 어떠한 사고가 내재되어 있는지를 파악하는 고급 수준의 소통을 말한다.

한편 이 책은 미국으로 여행을 하고자 하는 사람들이나 미국으로 이민을 가려고 하는 이들에게 더 없이 좋은 안내서가 될 것이다. 그리고 대학의 영어 관련 학과 학생들의 미국문화교재로도 손색이 없을 것이다. 물론 미국에 관심을 가지고 있으며, 미국과 통상무역 또는 업무를 수행하는 사람으로서 미국인의 유형 또는 무형의 정보를 알고자 하는 모든 이들에게도 훌륭한 정보를 제공해 줄 수 있을 것이다.

외국문화를 잘 이해하는 것은 우리 스스로를 돌아보고, 우리의 것을 소중하게 여길 수 있는 기회를 가지는 것이다. 또한 의식의 지평을 넓히는 길이라 할 수 있을 것이다. 세계가 하나의 지구촌으로 변해 가는 21세기에 미국의 생활과 문화를 깊이 있게 이해하여 그들과 어깨를 나란히 하면서 경쟁할 수 있는 저력을 키우는 것이야말로 오늘을 살고 있는 우리와 후손이 반드시 해야 할 일이라고 생각한다.

이 책을 옮긴이들은 2003년도에 개리 앨턴의 『미국문화와 생활』이란 책을 번역 출판한 바 있다. 두 책을 번역하는 과정에서 마땅한 용어가 없는 경우 옮긴이들이 고심 끝에 임의로 용어를 새롭게 만든 것들이 있다. 이에 대하여 독자들께서 엄정한 비판을 해 주시기를 바란다. 또한 독자들을 위하여 용어 색인은 물론 인명, 지명, 단체명, 서명 색인을 뒤에 실었으며 미국의 국경일, 도량형 환산표 등도 함께 실었다. 옮긴이 중 이승철은 이 저서 발간에 있어 인하대학교의 지원을 받았음을 밝힌다.

마지막으로 바쁜 와중에 편집의 수고를 아끼지 않은 송순희 씨에게 감사드리며, 어려운 부탁에도 성심껏 출판을 맡아 주신 도서출판 동인 이성모 사장님께 진심으로 사의를 표한다.

2009년 8월
옮긴이 일동

감사의 글

이번 개정판을 펴냄에 있어 내게 신뢰감을 가지고 격려해주고, 내용에 관해서도 조언을 해준 인터컬츄럴 출판사의 쥬디 칼-헨드릭에게 감사드린다. 또한 내 아내 나타샤와 장인 장모님께도 감사를 드린다. 이 세 분은 모두 미국 이민자들로서 내 조국에 대해 관찰하고 느낀 점을 알려주셨고, 또한 아이 양육에서 벗어나 글을 쓸 수 있는 여유를 주셨다. 그리고 내내 도움을 주신 나의 부모님께도 감사를 드린다.

또 미국 생활에 대한 감각을 일깨워준 지난 20여 년 간 이상 함께 해온 수많은 외국 학생과 교수들, 그들의 가족들에게도 감사드리며, 맨 처음 외국 학생들과 함께 작업할 수 있는 기회를 주신 커크 로비 님에게도 감사드린다. 이 책에서 제시된 견해는 내가 알고 있는 많은 세계 시민들의 영향을 받기는 했지만, 빠뜨리거나 소홀히 한 점이 있다면 이는 전적으로 필자의 책임이다.

 **머리말**

이 책은 전 세계에서 온 수많은 사람들과의 대화에서 탄생하였다. 이분들의 사려 깊은 도움에 감사드린다.

이 책은 원래 찰스 스크리브너즈 선즈 출판사에서 1973년에 출판되었다. 그 이래로 수많은 보급판으로 개정, 갱신, 재출판되어 왔다. 이 책은 또한 해외의 9개국에서 7개 국어로 출판되었다.

이 책은 내가 몸담고 있는 회사인 Overseas Briefing Associates에서의 경험을 토대로 이루어 진 것인 바, 우리 회사는 여러 해 동안 미국인 및 외국인들이 생소한 나라와 조건에 적응하도록 도와주었다.

미국 생활에 대한 이 안내 책자가 미국의 광활한 국토와 다양한 사람들을 이해하고, 좀더 편한 여정이 되는데 도움이 되기를 진심으로 희망한다.

알리슨 라니에

 들머리

자신의 나라에 대한 소개서를 쓴다는 것은 문화에 대해, 그리고 자신에 대해 성찰해볼 수 있는 좋은 기회이다. 이번의『미국생활과 문화탐방』6판에서, 그 이전의 판본의 정취, 인식, 통찰력 등을 간직하려 노력하였다. 그러나 최신의 사실적 정보와 관찰 사항들이 보강되었음은 물론이다. 고인이 되신 알리슨 라니에의 이전 판본과 빌 게이의 최신판을 애호하는 분들은 이 6판에서 자신들이 좋아하는 부문과 견해가 충실히 반영되었다고 여기기를 희망하는 바이지만, 세월이 변하면 관점도 변해야만 하는 것도 사실이다. 제 5판 서문에서 빌 게이가 언급한 바처럼, 이 나라에서는 모든 것이 빨리 변하므로, 이번 6판에 새로운 항목들이 많이 추가되었다.

인구 통계, 법률, 절차 등에 관한 정보가 경신됨은 물론, 21세기 초의 상황 속의 미국을 조명하려는 노력도 경주하였다. 마지막 판이 출판되었던 때에는, 소련이 해체된 지 겨우 4년 밖에 지나지 않았고, 빌 클린턴[1]은 대통령으로서 첫 임기 중이었고, 미국 경제는 호황이었으며, 세계무역센터는 금융 세력의 횃불로 우뚝 솟아있을 때였다. 이 6판 집필을 마칠 즈음에는 대통령 선거 경선이 한창 뜨겁고, 미국 군대는 이라크의 자치 체제 전환을 도모하고, 911사태의 여파는 우리

---

[1] 빌 클린턴의 정식 성명은 William Jefferson Clinton임. 친근함의 표현으로서 Bill Clinton이라는 애칭으로 부른다. (역자 주)

의 온 정치, 사회적 삶에 커다란 반향을 불러일으키고 있었다. 아프가니스탄, 그리고 특히 이라크 전쟁의 충격은, 얼마 동안은, 미국인들의 자화상, 그리고 세계인들의 대 미국인 관에 영향을 미칠 것임은 틀림이 없다. 분명 우리는 여전히 세계유일의 군사 초강대국이라는 우리나라의 위상이 갖는 책임과 한계를 감내나갈 것이다.

이 책은 타국인들에게 미국을 소개하는 여러 책들 가운데 특이한 위치를 점하고 있다. 이 책은 단지 미국에 처음 오는 사람들이 미국을 더 잘 이해하도록 도와주는 문화 탐색서는 아니다. 물론 그러한 정보가 책 전체에 — 특히 2, 3장에 들어있기는 하다.[2) 또한 본서는 특정 대도시 지역의 독특한 지역 정보를 전해주는 이주 안내서도 아니다. 그러한 책자라면 새로 이사하는 도시의 지역 상공회의소나 근처 대학의 국제 사무실에서 얻을 수 있을 것이다.

이 책은 위 두 가지의 중간쯤에 위치하고 있어서, 문화 분석서보다는 좀 더 실제적이고, 도시 이주 안내서보다는 더 일반적이다. 이 책은 미국인들과 일상적으로 접하는데 있어 문화 특성이 어떠한 영향을 미치는가를 이해하도록 도와주고 또 주택, 상품, 기타 용역 구입 시에 필요한 용어와 선택사항 등도 알려준다. 이 책은 실제적인 안내서로서, 도움을 받을 수 있는 곳을 가르쳐 주고, 질문을 제대로 하고, 또 얻어진 결과를 좀 더 잘 이해할 수 있도록 도움을 주는 것을 목표로 한다.

이전 판본에 익숙한 독자들은 새로 도입된 부분과 갱신된 부분 이외에도 이 책의 구도가 전면적으로 재편되었음을 알게 될 것이다. 제1부, "미국의 무형자산" 항목은 미국의 인구통계와 지리적 특성, 국민들을 다루고 있다. 예를 들어

---

2) 미국문화를 설명하는 탁월한 저서로는 게리 앨튼의 『미국문화와 생활』, 밀턴 베넷, 에드워드 스튜워트 공저의 『미국문화패턴』이 있고, 미국인들과의 효율적인 근무를 상세히 다룬 책으로는 크레이그 스토티의 『미국의 직장인』이 있다.

2장은 우리의 지배적인 문화에 관한 여러 견해들을 한데 모아서, 문화 기준에 관하여 (바라건대) 통일성 있고 확대된 견해를 제시하는 장이다. 비록 문화 다양성이라는 주제가 너무나 광범위하여 하나의 장에서 (더 나아가 한 권의 책으로도) 다룰 수는 없지만, 3장은 이 주제를 좀 더 자세히 다루고 있고, 또 4가지의 공존 문화 그룹 — 즉, 미국 원주민, 은퇴자, 장애 미국인, 동성애/양성애/성전환 미국인 — 도 포함시켰다.

제2부인 "미국의 제도"는 우리 미국인들이 삶을 꾸려나가는 방식에 대한 기록이다. 4장 "사회생활"에서는 관습, 예법, 우정, 데이트가 다루어진다. 7장 "가정생활"에서는 미국의 여러 가능한 가정 형태가 새롭게 조망되어, 한부모/혼합/동성애자 가정, 그리고 이중 직업 배우자에 관한 항목이 추가되었다. 8장 "회사생활"은 노동조합에서부터 사무실 생활에 이르는 다양한 직장 문제를 다루고 있다.

제3부는 미국에 입국하고 정착하는 실제적인 문제를 다루고 있다. 이민과 세관에 관한 새로운 항목에서는 미국에 입국하는데 필요한 새로운 절차와 필수사항이 기술되어있다. 10장 "화폐와 은행업무" 또한 갱신되었다. 13장은 비만과 건강식품이라는 두 가지 새로운 항목이 추가되었다. 14장 "연락주고받기"에는 핸드폰과 인터넷 제공회사 선택에 관한 새로운 항목이 들어있다.

제4부 "장기 체류자를 위한 안내"는 미국에서의 새로운 삶을 시작하는데 필요한 정보를 심도 있게 다루고 있다. 16장 "주거"에서는 월세를 얻거나 집을 구입하는데 따르는 기본적인 사항들이 포함되어있고, 19장 "어린이 교육" 편은 새로운 이주자들이 미국 교육 제도 내의 선택사항을 더 잘 이해할 수 있도록 확대되었다.

한마디로, 『미국생활과 문화탐방』 제6판은 미국에 새로 도착한 사람들이 필요로 하고 알기를 원하는 바를 설명하려는 책이다. 또한 이 판본에는 책 전체에 나타나 있는, 도움을 얻을 수 있는 곳들의 웹사이트가 새롭게 수록되어있고, 또 여타의 장들 또한 심도 있게 갱신되었다.

후기인 마지막 장에서, 필자는 하나의 국가로서, 그리고 하나의 국민으로서 우리가 앞으로도 여전히 직면하게 될 가장 긴급한 문제들을 다루었다. 독자인 여러분들이 미국을 고국으로 하기로 작정한 경우라면, 이는 여러분들의 문제이기도 할 것이다.

아메리칸(*American*)이라는 용어는 미합중국 주민만을 지칭하는 의미로 쓰이는 경우 논쟁의 여지가 있는 단어인데, 남미, 중미, 멕시코와 캐나다를 아우르는 범미적(Pan-American)인 의미와 상충될 수가 있다. 불행히도 영어에는 (미국인을 지칭하는) 스페인어의 *estadounses*나 불어의 *etatsunisiens*에 해당하는 우아한 대체어가 결여되어있다. 대부분 미국인들은 아메리칸이라는 용어를 우리 자신을 지칭할 때 쓰기에, 이 책에서도 이러한 전통을 저버리지 않기로 결정하였다.

사람 집단에 관한 논의는 모두 고정관념에 빠질 소지가 있는데, 이 점에서 보면 이 책도 예외는 아니다. 그러나 고정관념과 일반화 사이에는 차이가 있음을 기억하는 것이 도움이 될 것이다.

일반화는 사실 한 인간 집단에 관한 통계적 진술이다. 예컨대, 다음과 같은 진술을 보자: "미국인들은 다른 나라에 관해서 잘 알지 못하는 경향이 있다." 일반화로서의 이 진술문은, 유사한 경제적, 교육적 혜택을 받는 다른 나라 사람들과 비교해 볼 때, 미국인 집단은 일반적으로 다른 나라 사람들 보다 세상 지식에 대한 테스트에서 낮은 점수를 받는다는 의미일 뿐이다. 그러나 이런 것을 안다고 해서, 어느 특정한 미국인이 실질적인 세상 지식을 더 가지고 있을지 여부를 정확히 예견하는 데는 별로 도움이 되지 않는다. 그 사람이 남미학이나 동아시아 역사 학위를 소지하고 있을 수도 있지 않겠는가!

그러나 알다시피, 이러한 일반화는 고정관념이 될 수도 있다. 여러분이 미국인을 만나게 되면, 이 사람이 여러분의 나라에 대해서 무지하다고 가정하고서, 그에 따라 이 사람을 대할 수도 있을 것이다. 하지만 놀랍게도 이 미국인이 여러분의 고국을 여행해보고, 신문에 난 기사를 읽어보기도 하고, 혹은 여러분의 언어를 공부한 사람일 수도 있다. 또한 우리가 고정관념에 빠질 때는, 우리는 고정관념에 위배되는 사항들은 무시하고 고정관념을 강화하는 사항들은 더욱 강조하는 경향이 있다.

　　미국인들은 대부분 다른 어떤 나라 사람들보다도 더 특정 유형으로 분류되는 것을 거부하는 경향이 있다. "자수성가한" 개개인으로서 우리 미국인들은 스스로의 선택과 개인적인 믿음 때문에 현재의 자아가 형성되었다고 굳게 믿는 편이다. 우리는 우리나라가 너무도 다양성이 있는 나라여서 일반화될 수 없다고 믿고 싶어한다. 물론 그런다고 해서, 우리가 다른 나라 사람이나 민족 집단에 대해 즉각 일반화 (심지어는 고정관념화)를 안 한다는 것은 아니다. 그러함에도 불구하고, 이 책에서 대화체 어투를 고수하기로 하였으므로, 나 자신의 견해가 아닌 일반화를 논하는 경우에조차도 미국인들을 "우리"라고 지칭하도록 한다.

　　오늘날 미국을 방문하는 사람들은 한 집단으로서의 미국인들은 예전보다는 더 세상에 대해 잘 알고 있다는 점을 알게 될 것이나, 또 한편으로 미국인들은 문화적, 정치적인 고립주의와 세계화에 대한 동참 사이에서 갈등하고 있음도 알게 될 것이다. 외국인들, 특히 중동과 여타 회교 국가 출신들은 일부 미국인들이 더욱 의심의 눈초리로 본다는 점에 대비를 해야 할 것이다. 이 점에도 불구하고, 그리고 미국 입국 시에 관료적 장벽이 더 새로워졌음에도 불구하고, 여전히 외국인들에 대해 알기를 열망하는 미국인들이 많다는 것을 알게 될 것이다. 그리고 여러분들이 우리를 알려는 노력을 한다면, 곧 친구들로 둘러싸이게 될 것이다.

차례

제2부 **미국의 제도**

제1부

미국의 무형자산

1 | 첫인상

평균적인 미국인이 다른 나라에 대해 아는 것보다도, 전 세계의 거의 모든 사람들이 미국에 대해 더 많이 알고 있다고 한다면, 아마 별로 틀린 말은 아닐 것이다. CNN 같은 위성 뉴스 채널들은 하루 24시간 전 세계로 방영된다. 미국의 뮤지컬 형태는 많은 나라에서, 특히 젊은이들 사이에서 여전히 가장 인기가 있다. 할리우드에서 만든 영화는 거의 모든 나라의 극장에서 상영되고 DVD로도 구입할 수 있으며, 미국의 TV 연예 프로그램은 아제르바이잔에서도, 말리 공화국에서도 애호되고 있다. 사실상 여러분들은 미국의 이미지에 흠뻑 젖어 있다고―심지어는 무차별 공격을 당한다고―느낄 수도 있을 것이다. 그렇지만, 영화와 텔레비전 프로그램들이 미국 생활의 독특한 모습을 그려내기는 해도, 이런 것을 본다고 이곳의 실제 생활의 다양함에 익숙해지는 것은 아니다. 마찬가지로, 여러분이 읽는 책도―이 책마저도—미국 생활의 면모에 대해서는 제한적인 설명 밖에는 해 줄 수 없다. 여러분이 새로운 나라에 이주할 준비가 잘 되어있다고 생각하더라도, 여러분이 가지게 되는 첫 인상에 쉽게 압도당할 수가 있다.

새로운 문화에서 산다는 것이 대부분의 사람들에게 즐겁고도 흥분되는 상황이라 해도, 미국으로 옮겨오는 것은 흔히 어려운 변화이다. 처음 오는 사람들은 여러 질문을 가지게 된다: 어디서 살게될까? 일손은 어디서 구할 수 있나? 차를 사는 것은 얼마나 어려울까? 어떤 세금을 언제 내야하나? 우리나라와 다른 관습과 예절은 어떤 것들일까? 어떤 의료처치를 받을 수 있나? 이런 질문들의 항목은 사실 끝도 없어 보인다.

지구 한 끝에서 다른 끝으로 제트기를 타고 움직이는 것은 그 어느 때보다도 쉬워지고, 그리고 값도 상대적으로 싸졌다. 국제 무역으로 인해 국가 간의 교류도 증가하게 되었고, 이와 더불어, 외교관, 사업가, 회사 간부, 교수, 학생들도 배우자와 가족들을 대동하고 오게된다.

속도

많은 사람들이 미국에 도착하여서 맨 먼저 하는 말 중 하나는 이곳 생활의 속도에 대한 것이다. 방문객들은 제트기로 도착하기 때문에 흔히 삶의 속도가 빠른 대도시에 대해 첫 인상을 가지게 된다. 사람들은 가고자 하는 곳에 도착하기 위해 서두르고, 식당에서 식사를 하기 위해서 초조하게 기다리며, 가게에서도 종업원의 시선을 끌기 위해 애쓰고, 빠른 걸음으로 길을 가며 사람들과 부딪힌다. 버스와 택시 기사들은 친절해 보이지 않고, 웨이터들은 재촉하기도 하고, 백화점 판매원들은 별로 시간을 내어 응대해 주지도 않는 것 같다. 웃음 띈 얼굴들은 별로 보이지 않고, 낯선 사람들과 대화를 나누기는 어렵고, 인파 속에서 길을 잃어버릴 수도 있다. 자국에서 도시생활에 익숙하지 않은 경우라면 이 모든 것은 두렵고도 혼란스러울 수 있다. 여러분들이 외국인이라서 이들이 그러한 행동을 한다고 여기지 않기를 바란다. 도시 생활이란 원래 이렇기 때문이다. 다른 나라에서도 그렇듯이 대도시를 벗어나면 삶의 속도는 더 완만하다.

　　도시에 거주하는 미국인들은 모든 사람들이 바쁘고 자립적이며, 어디로 어떻게 가야하는지 잘 알고 있다고 여긴다. 그런데 이는 도쿄든, 파리든, 상파울이든 대도시 사람들은 마찬가지이다. 도움이 필요하거나, 물어볼 일이 있을 때, 친절한 태도로 묻는다면 호텔, 백화점, 음식점, 가게 등의 종업원들이 도움을 줄 것이다. 친절함은 거의 언제나 보답을 받는다. 하지만, 자신이 도움이 필요하다는 점을 상대방이 알도록 해야만 한다. 미국인들은 직접적인 스타일로 의사소통을 하기 때문에 여러분을 알아보지 못할 수도 있다. 이 점은 2장에서 다루어진다. 여러분들의 눈에는 길을 잃은 사람이 도움이 필요한 것처럼 보이는 경우에도, 미국인의 눈에는 자립적인 사람이 지도를 들여다보는 것으로 비칠 수 있다. 여느 대도시에서 항용 그러하듯이, 도움을 주려하지 않는 사람들도 더러 있다. 그럴 때는 기죽지 말고, 다른 사람에게 요청하면 된다. 대부분의 미국인들은 이방인을 돕는 것을 즐거워한다.

사람

대도시에서 살아본 경험이 없다면, 미국 국민의 놀라운 다양성은 확실히 두드러져 보일 것이다. 아프리카 계, 아시아 계, 유럽 계, 아메리카 원주민 계 사람들로 도시는 온통 부산하다. 뉴욕이나 샌프란시스코에서라면, 불과 몇 블록 안에서, 예전에 들어본 적도 없는 온갖 영어 사투리를 비롯하여, 스페인어, 이디오피어어, 광동어, 북경어 따위가 들릴 것이다.

미국이 모국인 2억 9천만 명 이상의 사람들 가운데 대부분은 원래 외국 혈통이다. 길거리에서 마주치는 얼굴들이 다양한 유형이듯이, 가게문에 붙어 있는 이름들을 봐도 알 수 있다. 학교 학생 출석부에도 아담스(Adams), 알리(Ali), 비코스키(Bykowski), 카파렐라(Capparella), 후지타(Fujita), 곤잘레스(Gonzales), 무커지(Mukerji), 누세베(Nusseibeh), 웡(Wong) 같은 이름이 올라있다. 대부분, 이러한 다양한 출신 배경을 가지고 있는 사람들은 소위 미국적 "인종 도가니" 속에 섞여 있지는 않다. 사실, 미국이 인종 도가니라는 아이디어는 대체로 근거 없는 믿음에 불과하다. 그보다는, 여러 민족집단들은 고유 관습과 사회적 전통을 (적어도 일부분은) 고수하고 있다. [미국 내의 민족적, 문화적 다양성에 관해서는 3장 참조] 이들은 미국의 주류에 융합하기는 하나 이는 단지 삶의 어느 특정한 국면 ─ 예컨대, 학교, 스포츠, 사업 따위 ─ 에서만 그런 것이고, 가정 내에서나 사회적인 면에서는 자신의 문화를 상당히 간직하고 있다. 단지 세대가 이어짐에 따라 고국으로부터 조금씩 더 멀어져간다.

유럽에 뿌리를 둔 많은 기독교인들의 경우, 종족간의 결혼으로 인해 종국에는 국적이 뒤섞이게 되었다. 그래서 "나는 대체로 아일랜드 계인데, 어머니 쪽이 네덜란드 피가 약간 섞인 프랑스 계"라든가, "다중혼혈"이라는 얘기는 흔하게 들을 수 있다. 불행히도, 인종적, 민족적, 문화적인 차이점들로 인해 미국인들은 여전히 분할되어 있는데, 함께 융합될 기회가 모든 이에게 공평하게 주어지지도 않았지만, 또 어찌 보면, 그게 꼭 바람직한 것만도 아니다. 유럽계가 아닌 사람들 가운데는 융화되어야 한다는 생각을 싫어하는 사람들도 많은데, 이는 자신의 문화를 포기하고 유럽적 가치만을 반영하는 문화를 받아들이는 것으로 인식되기 때문이다. 그러나 최근 이민 온 사람들 가운데는 가장 애국적인 시민인 사람들이 많다.

미국 생활에서 분명히 드러나는 여러 긴장감들은 다양한 문화 간의 교류에서 비롯되었다. 그렇지만, 여러분들은 이곳에서 이미 익숙한 단어들 — 양념, 과일, 교회, 국가 단체, 신문, 혹은 음악 등의 분야에서 — 과 마주칠 수 있을 것이다

이곳에 새로 도착하는 사람들에게 가장 즉각적으로 두드러져 보이는 미국인들의 또 다른 모습은 친절함이다. 특히 대도시에서 벗어났다면, 우리 미국인들과 대화하기가 쉽다는 것을 알게 될 것이고, 줄 서서 기다리는 미국인들이 여러분을 끼워 넣어 주는 것을 볼 수 있으며, 미국인들이 웃는 모습을 — 아주 아주 많이 웃는 모습을 — 보게 될 것이다. 사실 우리는 이방인들에게까지도 너무 많이 웃어서, 이곳에 새로 오는 사람들을 불안하게 할 수도 있다. 이들은 우리가 바보들이 아닌가, 혹은 강도짓을 꾸미고 있지는 않은가, 또는 추파를 던지는 것은 아닌가하는 생각이 들 수도 있다. 실은 많은 다른 나라 사람들보다도 우리가 이방인에게 더 자주 그리고 더 환하게 웃는 경향이 있다는 것뿐이다.

국토의 크기

미국은 크다 — 정말로 크다. 면적으로 볼 때 러시아 연방의 절반 정도인 미국은 중국이나 브라질보다도 크고, 아프리카 전체 면적의 ⅓ 가량이다. 미국중앙정보국(CIA)의 『통계연보』에 따르면 미 국토의 면적은 9,631,418km²로서, 서유럽보다 2.5배 더 크다. 여러분이 매우 큰 나라 출신이 아니라면, 미국이 얼마나 광대한지를 상상하는 것은 어려울 것이다. 태평양 연안에서 대서양 연안까지 미국 국토의 실제 거리를 안다고 해도, 미국의 크기를 경험하거나 "느끼는" 것은 쉬운

일이 아니다. 한 가지 방법은 미국 내의 거리를 여러분에게 익숙한 다른 거리와 비교해보는 것이다. 예를 들면, 뉴욕에서 워싱턴 D.C까지의 거리는 런던에서 파리까지, 또는 나이로비에서 몸바사까지, 또는 도쿄에서 교토까지의 거리와 비슷하다. 뉴욕에서 로스앤젤레스까지는 리스본에서 카이로, 모스크바에서 몬트리올, 혹은 뉴델리에서 로마까지의 거리보다 멀다. 뉴욕에서 로스엔젤레스까지 비행기로 걸리는 시간은 뉴욕에서 런던까지와 비슷하다.

작은 나라 출신자들은 미국인들의 삶에서 크기의 문제가 얼마나 중요한지를 깨닫기 어렵다. 이 나라는 국토도 광대하지만, 인구 또한 거의 3억이다. 이 두 가지 요인은 삶의 모든 부분에 영향을 미치는 바, 고도로 경쟁적인 내수 시장을 형성할 뿐만 아니라, 그에 못지 않게 경쟁적인 정치의 장을 형성하고 있다. 광대한 지리적인 차이로 인해 태도, 가치관의 차이도 심하다. 예를 들면, 뉴잉글랜드 사람은 텍사스 사람과는 아주 다른 견해를 가지는 경우가 많고, 하와이 인은 미네소타 사람의 가치관을 이해하지 못할 수도 있다. 지리, 날씨 그리고 광범위한 민족적 유산상의 뚜렷한 차이점들은 자연히 사람들의 태도에 영향을 미친다. 그러나 미국의 경우 이러한 차이들은 같은 한 나라 내에서 일어난다. 어떤 해외 방문자는 이렇게 논평을 한 적이 있다: "미국인들이 그렇게 큰소리로 말하고 그렇게 빨리 움직이는 것은 놀랄 일이 아니군요. 이런 크기의 나라에서 그렇게 안 했다가는 자칫 길을 잃어버리겠습니다."

국토의 크기만 큰 것은 아니다. 도로, 승용차, 스포츠 범용차(SUV)도 크다. 음식 접시도 크고, 록키 산맥도 크다. 그레이트 플레인즈(대평원)도 크고, 5대호(大湖)는 호수라기보다는 바다에 더 가깝다. 미국인 대부분의 허리통도 또한 크다. (13장 참조)

미국의 광활함을 이해하는 또 다른 방법은 시간 차이를 알아보는 것이다.

미국의 양안 사이에는 4개의 시간대가 존재한다. 뉴욕의 동부표준시로 낮 12시이면, 시카고의 중부표준시로는 오전 11시이고, 덴버의 산지표준시로는 오전 10시, 그리고 샌프란시스코의 태평양표준시로는 오전 9시이다.

캐나다는 동-서의 폭이 더 넓어서, 시간대가 하나 더 있다. 뉴브룬스윅, 노바스코티아, 뉴펀드랜드, 래브라도를 포괄하는 대서양표준시가 그것이다. 알래스카는 (미 대륙과 인접해 있지는 않지만 49번째 주인데) 캐나다보다 훨씬 더 서쪽으로 뻗어있어서, 2개의 시간대 ─ 알래스카표준시, 놈(Nome) 표준시 ─ 가 덧보태어져 있다. 50번째 주인 하와이는 태평양에 있는 군도로서, 미국 본토에서 서쪽으로 2,400마일(4,000km) 떨어져 있다. 하와이는 알래스카 바로 남쪽에 위치해 있기에 알래스카표준시를 채용하고 있다. 미 대륙은 너무나도 넓어서 전 세계 모든 시간대의 $\frac{1}{3}$에 걸쳐있다.

세계 날짜 변경선은 본초자오선으로부터 지구를 반 둘러있는 곳에 ─ 즉, 그리니치(천문대)로부터 12시간 떨어진, 경도 180°에 위치해 있다. 이 가상의 변경선 동쪽에서는 서쪽 지역보다 달력상의 날짜가 하루 전이다. 그러므로 아시아에서 미국으로 오는 사람들은 하루를 벌게 된다. 그러다가 다시 고국에 돌아가게 되면, 하루를 잃게 된다.

기후

미국은 광대한 지역이어서, 당연히 기후 또한 극단적이다. 뉴잉글랜드와 뉴욕에서 시카고, 중서부와 북서부의 대부분 지역에 걸쳐, 겨울에는 영하로 내려가고 여름에는 화씨 90도(섭씨 32.2도) 이상으로 올라간다.

남부와 남서부는 좀 더 따뜻한 기후이기는 하나 이 지역도 때로 서리가 내리고 보통 정도의 추운 기간이 있다. 일반적으로 여름 기온은 화씨 70도에서 110도(섭씨 21도에서 43도)에 걸쳐 있고, 습도가 높은 지역이 많다. 그러나 에어컨이 널리 보급되어 대부분의 건물은─많은 개인 가정과 아파트까지도─상대적으로 편안한 온도로 맞춰져 있다. 물론 알래스카의 기온은 연중 대부분 극도로 추운 반면에, 하와이에서는 일년 내내 아주 온건한 기후를 누릴 수 있다. 그곳의 온도는 보통 화씨 70-80도(섭씨 21-26.7도) 대에 걸쳐 있다.

2 | 지배적 가치

미국은 대단히 다양한 나라이기 때문에, 어떤 중심된 공통의 문화를 논한다는 것이 우선은 불가능해 보일 수도 있다. 어떤 의미에서 이는 사실인데, 상이한 문화 집단들이 너무나 많다보니 모든 집단을 대변하는 단일한 문화 가치체계는 없기 때문이다. 게다가 동일 집단 내에서도 엄청난 차이가 존재하여서 정 반대의 두 진술이 다 옳을 수도 있다. 적어도 집단의 일부 구성원들에게는 그러하다. 이러한 논의가 펼쳐지기는 하지만, 대부분의 전문가들은 주된 하나의 미국 문화─사람들에게 넓은 영향력을 끼쳐서 사회적, 정치적, 업무적인 삶이 그 문화와 척도를 반영하는 그러한 문화─가 존재한다는데 의견을 같이 한다.

미국은 특히 개인주의를 강조하는 다양성의 나라이기 때문에, 사람들을 서로 다르게 만드는 것들이 두드러진다. 미국인들을 하나로 묶어주는 우리의 문화 양상들을 곧바로 확인할 수 있을 것이다. 미국의 주된 문화는 유럽계 미국인들의 문화라는 것은 놀랄 일은 아니다. 유럽계 미국인들이 오랫동안 정치, 교육, 상업 제도를 경영해오고 있기 때문에, 이러한 제도들이 유럽계 미국인들의 가치관을 반영하고 있음을 알게 될 것이다. 이 장에서 우리는 이러한 주된 문화적 특성들의 일부를 살펴보게 될 것이다.

많은 우리 관습과 문화적 특성들이 여러분을 놀라게 할 것임에는 의심의 여지가 없다. 우리가 다른 나라를 방문하면 똑같은 일이 우리에게도 일어난다. 사람들은 다양한 문화 속에서 많은 자질구레한 일상적인 활동을 상이한 방식으로 처리해 나간다. 어떤 차이들은 대수롭지 않은 것이어서 곧 그런 것들에 익숙해지게 된다. 여러분들은 미국 생활의 많은 부분들이 일시적인 특성을 가지고 있다는 사실이 이상하게 여겨질 수도 있을 것이다. 예를 들면 몇 시간 전에만 주문하면, 주 단위로 미술품을 임대하거나, 소파와 침대에서 숟가락하나에 이르기까지 아파트에 필요한 가재도구 일습을 빌려 쓸 수 있다는 것이 그런 것이다. 슈퍼마켓에서는 온갖 종류의 포장 음식을 파는데, 바쁜 사람들은 이를 사와서 재빨리 식사를 하고 가사일 보다는 여가활동에 더 많은 시간을 보낼 수 있다. 커다란 창고형 대형 연쇄점에서는 대용량 포장 상품을 판매한다. "포장된" 삶은 오늘날 미국적인 광경의 일부로서, 유동성과 빠른 속도의 일부이기도 하다.

그러는 한편으로—아마도 모든 것이 일시적이라는 느낌 때문에 더욱 더—미국인들에게 집은 굉장한 관심의 대상이다. 우리 미국인들은 집의 설계, 장식, 개선 등에 관해 생각하고 자료를 읽고, 또 이야기하는데 많은 시간을 들인다. 주말에는 집안에서 "손수 하는" 일에 많은 시간을 보낸다. 사람들은 또 남의 집 구경도 좋아한다. 우리는 외국에서도 집을 찾아가서 이리저리 살피는 것을 정말로 좋아하기 때문에, 여러분도 똑같은 열의를 가지고 있을 것이라 여긴다. 그러므로 여러분이 남의 집을 방문했을 때 집 주인이 화장실과 벽장을 비롯한 집안 구석구석을 구경시킨다 해도 놀랄 필요는 없다. 집 주인의 집 구경 제안을 거절하는 실수를 저지르지 않아야 한다. 특별히 여러분을 위해 집안 일제 대청소를 했을 수도 있기 때문이다.

미국 국민들은 수많은 나라 출신들이어서, 단일한 공통의 문화 유산을 가진 다른 나라보다 용인되는 행동의 폭이 훨씬 넓다. 그 결과 여러분 자신의 관습에 따라 행동한다고 해서 어색하거나 불편하게 느낄 필요는 없다. 미국인들은 두드러지게 비격식적이긴 하지만, 격식을 좀 더 선호한다면 여러분 자신의 방식대로 행동해도 무방하다. 이는 주변 사람들에게 받아들여 질 수 있을 것이다. 대체로, 여러분은 여기서 "여러분 식대로" 해도 존중받을 수 있다.

그러나 미국의 일반적인 문화 양상을 이해하는데 조금 안내를 받는 것도 도움이 될 것이다. 문화적 특성은 일상적인 관습보다는 훨씬 덜 분명히 드러나지만, 미국인들과 어울리는 문제에 있어서는 훨씬 더 중요하다. 물론 이 주제는 너무나 광범위하고, 민족적인 차이도 너무 커서 충분히 다루기는 어렵지만, 몇 가지 공통된 양상들은 언급할만한 가치가 있다.

평등주의

만일 여러분이 (사회) 계급이 분명하게 인식되고 존중되는 나라 출신이라면, 여기서는 그러한 의례가 없다는 점을 모를 수도 있을 것이다. 예를 들면 우리는 빈객이라 해서 식사 자리, 거실, 승용차 안의 어느 특정한 자리에 좌석 배정을 하는 경우는 거의 없다. 몇 가지 격식이 있기는 하다: 통상적으로 빈객은 만찬 파티에서 집주인의 오른쪽에 앉고, 남이 문을 열어주거나 엘리베이터에 맨 먼저 타게 되는 것을 볼 수가 있다. 보통 제일 먼저 도착하는 빈객을 제외하고, 미국인들은 사회생활에서 똑 같은 대접을 받기를 기대한다.

⌘ **비격식성**　　　미국의 비격식성은 잘 알려져 있다. 새로 도착하는 사람들 중에, 특히 사업 분야에서 이를 처음 겪게 될 때 이런 비격식성을 존경심의 결여로 해석하는 이들이 많다. 예컨대, 만나자마자 거의 즉시로 이름을 부르는 것은 신분을 의식하는데 익숙한 사람들에게는 충격적인 일이 될 수도 있는데, 일부 문화권에서는 이름을 부르는 것은 상당히 친숙한 사이임을 나타내기 때문이다.

　　미국인들이 특히 비격식적인 상황에서 악수를 하지 않아도 놀랄 필요는 없다. 그 대신 이들은 그냥 고개만 까딱하거나 웃는다. 격식을 차리는 악수 대신 흔히 허물없이 "Hi", "How are you doing?" 또는 "Hello"라고 하는데, 의미하는 바는 똑 같다. 또한 파티에서 모든 사무실 동료나 다른 사람에게 개별적으로 작별인사를 하는 미국인을 볼 수도 없다. 그 대신 ― 이 역시 시간과 속도에 대해 다른 감각인 바 ― 이들은 그저 유쾌한 작별 손짓을 하거나 모든 사람들에게 비격식적으로, 예를 들면, "내일 봅시다(Well, see you tomorrow)" 또는 "다들 안녕(So long, everybody)"이라고 하는 정도이다. 그리고 나서 물론 악수하지 않고 파티 장소를 떠난다.

　　심지어 회사의 고위 중역들도 와이셔츠 바람으로, 때로는 넥타이도 안 매고 책상에 앉아 사무를 보는 모습을 볼 수 있다. 이들은 전화를 하면서 의자 뒤로 편하게 몸을 기울이기도 한다. 이는 남을 무례하게 대하려는 의도는 아니다. 긴장되고 바쁜 도시의 거리를 벗어나면, 우리 미국인들은 비격식적인 사람들이다.

　　우리의 속도는 (일에서나 놀이에서나) 전적으로 황급하고, 격렬하고 일에 파묻히고, 경쟁적이거나, 아니면 정반대로 "한가롭다(laid-back)"라고 묘사되는 바대로 완만하고 느슨하며 비격식적이다. 우리는 이 양 극단을 오가는 경향이 있는데, 미국과 미국인을 이해하려면 이 극단을 오가는 "시계의 추"를 이해할 필요가 있다.

미국인들은 친절하지만, 그렇다고 꼭 좋은 친구가 된다는 것은 아니라고 들 한다. 연구자들에 따르면 "친구"를 어떻게 정의하느냐에 따라 이는 전적으로 맞는 말이다.

많은 미국인들에게는, 친절한 관계가 있는 사람이면 그저 다 친구다. 직장 동료, 학교 급우, 친구의 친구, 많은 다른 친지들이 다 "친구"에 포함된다. 사실 "친지(acquaintance)"라는 단어는 다소 부정적으로 들릴 수가 있어서, 보통 잠시 만나본 사람이거나, 알기는 하지만 특별히 좋아하지는 않는 사람을 지칭할 때 쓰인다. 많은 다른 나라에서는 "친구"라는 단어는 대부분의 사회활동을 함께 하는 매우 가까운 몇 사람들한테만 쓰인다. 새로 사귄 미국인 친구가 얼마만큼의 시간을 함께 하는가에 대해 여러분들과는 생각이 틀리다면 아마도 실망하게 될 수도 있다.

⌘ 사적인 질문　　　대화상의 질문들이 여러분에게는 너무 사적이고 또 너무 많다고 여겨질 수도 있을 것이다. 특히 이제 막 도착한 경우라면 더욱 그러할 것이다. "무얼 (무슨 일을) 하세요?" "결혼은 하셨나요?" "아이는 있으세요?" (아이가 정말로 있다면, "애는 몇이세요?") "골프 치세요?" "평균타수는 어떻게 되시나요?" 이러한 것들은 미국적인 기준에서 보면 사적인 질문은 아니다. 이러한 질문들은 관계형성을 위한, 또는 대화의 토대를 만들려는 공통의 장을 위한 탐색인 것이다. 이러한 질문들은 친절함을 보이기 위한 것들이

다. 상대방은 여러분에게 관심이 있는 것이지 여러분의 사생활을 (적어도 일부러) 꼬치꼬치 캐내려는 것은 아니다. 이러한 질문들은 "신분확인" 질문이라고 여겨질 수 있다. "무슨 일을 하세요?"라는 질문에 여러분이 답을 하면, 질문자는 여러분이 높은 신분 직업을 가지고 있는지 낮은 신분 직업을 가지고 있는지를 알게 된다. 기혼자들은 미혼자보다 꼭 사회신분이 높은 것은 아니지만, 초대를 한다든가하는 경우 흔히 독신자와는 아주 다른 대접을 받는다. 문화권에 따라 무엇이 사적인가 하는 기준이 달라진다는 것을 명심해야 한다.

질문을 함으로써 서로 친숙하게 된다. 많은 미국인들은 전국을 자주 옮겨 다니고, 한 해 동안에도 수많은 사람을 만나기 때문에, 서로에 대해 재빠른 평가를 내리는 경향이 있다. 빨리 빨리 질문을 함으로써, 관계를 맺기를 원하는지 어떤지를 결정하게 되는데, 이는 이렇게 유동적인 사회에서는 서로에 대해 좀 더 천천히 알아갈 시간이 별로 없다는 것을 잘 알고 있기 때문이다.

좀 덜 유동적인 나라에서는 사람들은 달리 행동한다. 이들은 자신의 사생활을 먼저 보호하고, 친밀한 관계로 나아가는 발걸음을 제지하고 적절한 시간동안 새로 온 사람을 평가한다. 그런 다음에야 비로소 편안하게 아이들, 사는 곳, 직업 등에 관하여 이야기하게 된다. 이는 목적이 다르다기보다는 타이밍의 차이이다. 미국인들은 더 빨리 움직이고 마치 2배속으로 재생된 영화처럼 살아가는데, 내일이면 먼 곳으로 전근가게 될지도 모르고, 바다를 가로질러 되돌아가게 될지도 모르기 때문이다.

사람을 사귀는 첫 단계가 오랜 시간이 걸리는 나라 출신들에게 이런 미국식 방식은 개인적인 긴장감을 유발한다는 면에서 위협적인 것으로 보일 수 있다. 그렇지만 미국인들조차도 너무나 사적이어서 결과적으로 무례하게 여겨지는 주제들은 피한다. 나이, 재정문제, 의류가격, 개인 소지품, 종교, 정치적 견해, 연애

(또는 성) 생활, 왜 애가 없는가 또는 왜 결혼 안 했는가 따위가 이에 속한다. 그러나 역설적이게도, 앞으로 더 만날 기회가 (거의) 없는 경우라면 전혀 낯선 사람들 사이에 이러한 친밀한 질문들 (그리고 심지어 묻지도 않은 대답들!) 이 드물지 않다. 예컨대, 장거리 버스, 기차 또는 비행기의 옆자리 사람이 자신의 내밀한 얘기를 자세히 얘기한다고 해도 놀랄 필요는 없다.

어떤 사람이 여러분에게 너무나 사적인 것으로 여겨지는 질문을 할 때는, 대답을 회피하는 방법이 있다. 웃음을 띄우고 상냥하게 "다음에 말씀드리지요" 또는 "얘기 안 하는 게 좋겠네요" 따위의 말로써 질문을 피한 다음 빨리 주제를 바꾼다. 상대 미국인은 알아듣고서 기분 나빠하지는 않을 것이다.

⌘ 호칭과 직함

직함과 호칭 형태의 문제는 정말로 낯설게 여겨질 수 있을 것이다. 미국인들은 계급, 특히 사회 계급에 대해 별 느낌이 없어서, 나이나 지위 때문에 존경 어린 대접을 받는 것을 즐거워하는 사람은 거의 없다(즐거워한다는 것을 인정할 사람은 더욱 없을 것이다). 미국인들은 특별 대접을 불편해한다. 많은 미국인들은 심지어 "..씨, ..부인, ..양, ..미즈 (Mr, Mrs, Miss, Ms) 같은 직함도 경직되고 격식적이라 생각한다. 중년이 훨씬 넘은 사람들이 아주 어린 사람들에게조차도 "그냥 샐리 (헨리, 돈) {Sally (Henry, Don)}이라고 불러줘요"라고 말하는 것을 들을 수 있다. 이름을 부르는 관계가 된다는 것은 상대가 나를 받아들이고 친숙한 관계가 되었음을 알리는 표시로 받아들여진다.

대부분 소개는 이름으로 시작한다. "Mary Smith, 이분은 John Jones예요." 이렇게 되면, 여러분에게 선택권이 열려있게 된다: 여러분은 이 여자를 Mary라고 부를 수도 있고, 아니면 Ms Smith라고 좀 더 격식적으로 부를 수도 있다. 때로는 양쪽 다 몇 분 동안 격식적인 호칭을 쓰다가 어느 한 쪽이 "그냥 Mary라고 불러 주세요"라고 할 수도 있다. 만일 여러분이 그렇게 빨리 이름을 부르는 것을 원하지 않으면 안 하면 된다. 아무도 상관하지 않는다.

Ms는 미혼, 기혼녀 모두에게 쓰인다. 남자들은 결혼 여부가 밝혀지지 않기 때문에, 여자만 그래야 할 이유는 없다고 느끼는 여자들이 있다. Ms는 대화보다는 글을 쓸 때 더 흔히 쓰인다. Ms는 발음이 "mizz"인데 말하기가 그리 쉽지 않다고 여기는 사람들도 있다. 어떤 여자들은 여전히 전통적인 직함인 Miss와 Mrs를 받아들이고 때로 Ms보다 더 선호하기까지 한다. 하지만 그렇지 않은 여자들을 만나더라도 놀라지는 말 것이다.

미국인들끼리 말할 때는 Mr. Johnson, Mrs. Gray 또는 Ms Wilkins처럼 성(姓) 앞에 쓰이는 경우가 아니라면 이러한 직함을 거의 쓰지 않는다는 사실이 눈에 띌 것이다. 우리에게는 프랑스나 스페인어의 "Monsieur", "señor", "Madmoiselle" 또는 "Madame"에 정확히 해당하는 단어가 없기 때문에 대화할 때 예컨대 "오늘 아주 좋아 보이십니다, 선생님(You're looking very well today, Mr.)" 같은 말은 하지 않는다. 그래서 실제로 "Good morning, Mr"라던가 또는 "How are you, Mrs.?" 같은 표현은 거의 들을 수 없다. 만일 여러분이 고국에서는 대화 내내 이러한 호칭을 듣는 데 익숙해져 있다면, 이곳 미국에서는 쓰이지 않는다는 것이 처음에는 차갑고 살갑지 않으며, 심지어는 무례하다고 느껴질 수도 있을 것이다. 여러분이 원한다면 고국에서 쓰던 "Monsieur", "Señora"와 같은 호칭을 언제라도 대화 중에 끼어 넣어도 좋다. 이런 것이 미국인들에게는 흥미롭거나 색다르게 들리고, 심지어 아부를 받는다는 느낌도 조금은 들 것이다. 그렇지만 우리 미국인들이 그렇게 안 한다고 해서, 기분 나빠할 필요는 없다. 미국 남부에서는 "Sir", "Miss", 그리고 "Ma'am" 같은 호칭이 때로 사용되는데 이는 "Señor"/

"Monsieur", "Mademoiselle"/"Señorita", "Madame"/"Señora"가 사용되는 방식과 유사하다. 그러나 미국 대부분 지역에서, 이러한 직함은 너무나 격식적이어서 일상적으로 사용되기에는 적합하지 않다고 여겨진다.

이 나라에서 계급 차이는 거의 없기 때문에, 미국인들에게 명문귀족 사람들에게 붙는 각하(Lord), 백작(Count), 공작(Duke) 같은 세습 직함 따위는 없다. 그렇지만, 단지 물려받은 것이 아니라 (스스로의 노력으로) 획득한 신분을 나타내주는 직업상의 직함은 더러 쓰인다. 가장 빈번히 이런 직함이 붙는 직업에는 외교관, 주지사, 국회의원(또는 정부 고위직), 판사, 군 장교, 의사, 교수, 가톨릭 성직자, 랍비, 개신교 목사 등이 포함된다. 예컨대, 존스 대사(Ambassador Jones), 스미스상원의원(Senator Smith), 러셀주지사(Governor Russell), 할리판사(Judge Harley), 클라크장군(General Clark), 브라운박사(Dr. Brown)[의사], 그린박사(Dr. Green)[박사학위 소지자], 하킨스교수(Professor Harkins), 화이트신부(Father White), 코헨랍비(Rabbi Cohen), 토마스목사(Reverend Thomas) 같은 호칭을 들 수 있다.

일반적으로, 여타 직업을 가진 남자들은 "Mr."로, 여자들은 "Miss", "Mrs.", 또는 "Ms."로 호칭된다. 상대에 대한 호칭에 관해 확신이 들지 않는다면, 주저하지 말고 묻는다. 예컨대, "스미스부인이신가요(Is it Mrs. Smith)?" 또는 "롱박사이신가요(Is it Dr. Long)?"라고 물어볼 수 있다. 물어보기는 좀 거북하지만 여전히 존중하는 태도를 보이고 싶다면, 언제라도 Mr 또는 Ms라는 호칭을 쓸 수 있다. 상대방은 아마도 당신이 딜레마에 처해 있음을 깨닫고서 적절한 직함을 알려줄 것이다.

여러분이 직업상 신분이 높지 않다면 격식적인 호칭은 곧 없어진다는 것을 알게 될 것인데, 미국인에게는 우호적인, 비격식적인 관계가 직위나 신분보다 더 중요하기 때문이다. 미국인들은 상대를 존중하면서도 얼마든지 찰리(Charlie),

또는 페드로(Pedro)처럼 이름으로 부를 수 있다. 우리 미국인들에게 비격식성은 상대에 대한 존경심의 결여를 의미하지는 않는다.

자기 모국에서 상당한 관심과 대우를 받는데 익숙한 방문객들이 처음에는 모욕적으로 느끼는 미국 관습들이 또 있다. 미국에서 남들과 같은 대접을 받게 되면, 자신의 직위에 걸맞는 존경심을 충분히 못 받고 있다는 느낌을 가질 수도 있을 것이다. 그러한 경우, 문화적인 적응과정을 거치게 되면 이러한 것도 긍정적인 경험이 될 수 있을 것이다.

⌘ 손수 하는 사회

미국은 의도적으로 평등주의가 뿌리내린 사회이기 때문에, 미국인들은―변호사든, 은행장이든, 회사 중역이든, 상관없이―통상 자기 가방은 자기가 들고 다니고, 빨래도 스스로 하며, 식료품점에서도 줄을 서서 기다리고, 구두도 자기가 닦는다. 이 나라에서, 사람을 부리는데 드는 높은 비용을 감당할 수 있고 또 그렇게 하기를 원하는 사람이라면 누구나 그렇게 할 수는 있다. 하지만, 일상적인 일들―아무리 하찮은 것이라도― 을 스스로 한다고 해서 절대로 사회적으로 불명예스러운 것은 아니다. 사실 대부분의 미국인들은 스스로 일을 성취해나가는 데 자부심을 가지고 있으며, 집안일을 하는데 여가시간을 많이 투자하기도 한다. 목제 테라스를 만드는 일에서부터 식당이나 화장실을 리모델링하는 일에 이르기까지, 손수 하는 일에 필요한 물품을 파는 홈 디포, 로우스 같은 도매상점들이 전국에 걸쳐 있다.

가사 도우미나 운전사 또는 정원사를 부릴 능력이 되지만, 이들을 채용하지 않는 미국인들도 많다. 이들에게는 가족의 프라이버시, 독립성, 책무의 부담에서 해방되는 것들이 더 우선인데, 집안에 도우미가 있으면 이러한 것들이 적어도 부분적으로는 훼손되기 마련이다. 대부분의 경우, 가사 도우미의 자리는 작동이

쉬운 가전제품, 조리/포장 음식, 구김 안가는 천, 기타 일손을 절약해주는 것들로 대체되었다. 그렇다고 가사 도우미를 아무도 고용하지 않는다는 뜻은 아니다. 점차로, 중산층마저 보모, 집안청소일꾼, 정원사/조경사 등을 시간제로 고용하는데, 특히 한부모 가정이거나, 부부 모두 전업 직업을 가진 경우는 더욱 그러하다. 바바라 에렌레이와 알리 러셀 호크스차일드가 편집한『세계의 여성: 신 경제하의 보모, 가정부, 성 종사자』라는 책에서 보면, 난민과 경제적 이민자들의 유입으로 인해 미국인들이 여지껏 간직해 온 자립(정신)이 변하고 있다. 많은 미국 중산층들이 저임금에도 기꺼이 일을 하려는 가난한 이민자와 난민들을 이용해 먹고 있다. 이러한 서비스업에 고용된 사람이나 이들을 고용한 사람 모두가 통상의 직업인과 마찬가지로, 동일한 정부와 사업 규약에 예속되어 있음을 상기하는 것은 중요한 일이다. 피고용인들은 근로소득세를 내고, 또 사회보장국에는 고용인과 함께 자신의 부담금을 내야한다. 미국인들에게 청소원이나 정원사 같은 서비스업은 여타 다른 직종과 마찬가지로 받아들여지고, 때로 봉급도 사무원, 점원, 웨이터와 맞먹는다. 가사 도우미를 고용하는 미국인들은, 삶의 다른 영역에서와 마찬가지로, 이들을 사회적으로 동등한 사람으로 대우하려 노력하여, 자신들을 이름으로 호칭하라고 하고, 명령을 내리기보다는 요청을 하는 쪽을 택한다. (가사 도우미 고용에 관해 자세한 사항은 18장 참조)

⌘ 권위에 도전하기

많은 나라에서 권위는 도전의 대상이 아닌데, 이는 존경심 때문이거나 아니면 두려움, 때로는 계급의 위계질서가 오랫동안 고착되어서 도전하지 않도록 훈련이 되어 있기 때문이다.

미국인들은 어릴 때부터 질문하고 분석하고 탐구하는 훈련을 받는다. 어린아이는 "가서 직접 살펴 보라"는 말을 듣는다. 많은 학교에서 과제는, 다양한 자료와 개인의 사고력을 사용하는 것을 북돋는 쪽으로 꾸며진다. 세계의 설탕 공급(또는 금(金)표준, 헨리 8세, 페루의 미술 등)에 관한 글을 쓰는 과제로 인해, 어린아이라 해도 전혀 낯선 정보도 탐색해야 한다. 어린이들은 저학년부터 도서관과 인터넷 사용법을 배우고, 새로운 사고와 정보를 탐색하는 방법을 배운다. 일부 젊고 재능 있는 학자들은, 십대 때에 이미, 우주물리학에서 해양학에 이르는 모든 과학의 영역에서 독창적이며 귀중한 공헌을 해오고 있다. 산업계는 이러한 미개발의 자원(의 가치)를 너무나 잘 알고 있기 때문에, 매년 전국적인 경쟁을 통하여 총명하고 탐구적인 정신을 가진 젊은이들을 찾아내고 (그리고 나중에 고용하기 위해) 십대들에게 장학금을 제공한다. "권위에 도전하는 질문을 하라"는 표현은 오랫동안 미국 젊은이들의 좌우명이어서, (화장실) 낙서에서 보면, 그 옆에 "왜?"라는 질문이 쓰여 있는 경우도 종종 있다.

다른 나라 사람들이 보기에 이렇게 질문과 탐색에 대해 강조하는 것은 적절하지 않을 수 있다. 타국에서 온 방문자들은 종종 우리 젊은이들은 존경심이 없다고 느낀다. 새로 온 사람들은 젊은 직원이 나이든 중역에게 감히 도전하거나 논쟁하는 것을 보고서 놀라워하고 빈번히 화를 낸다. 이들은 젊은이들이 혁신적인 제안을 하는 것이 언제나 마음에 드는 것도 아니다. 중역자신의 청사진, 보고서, 분석 자료를 젊은이가 면밀히 검토하거나－심지어 이의를 제기할 수도 있다. 이를 모욕이나 체면 깎이는 일로 여겨서는 안 되고, 또 중역의 경험이나 능력에 대해 "신임하지 않음"을 나타내는 표시로 여겨서도 안 된다.

연구에 대한 우리의 접근 방식은 완전히 다르다. 우리는 사람에 강조점을 두지 않는다. 사람 그 자체가 아닌 그 사람의 "생각"이 분석대상인 것이다. 우리에게 이 둘은 전혀 별개이다. 이것이 우리의 마음이 작동하는 방식인 것이다. 즉 우리는 사실을 추구하되 한 개인으로서의 상대방을 공격하지는 않는다. 그러므로 사교적인 대화에서도 사람들은 종종 논쟁을 하고, 하나의 아이디어를 골라내어 독창성의 여부를 따지며 결론에 이의를 제기하기도 한다. 일반적으로 미국인들은 무례하게 굴려는 의도가 있는 것은 아니고 단지 깊은 관심을 가지고서 그 아이디어를 심도 있게 탐구하려는 것뿐이다. 미국인들은 대부분 국민들보다 더 이러한 성향이 있다. 그러나 일부 문화권(예를 들면, 이스라엘, 독일)에서는 미국인들보다 훨씬 더 강하게 사람들과 아이디어에 도전적인데, 이들은 너무 논쟁적인 사람으로 인식될 수도 있음을 염두에 두어야 한다. 물론 어느 문화권에서든 자신의 지식과 기술을 적절하게 다루지 않아서 무례하게 여겨지는 사람들이 있음은 사실이다. 이기적이거나 거만한 행동에는 종종 같은 사무실내의 동료들의 따돌림과 경멸이 뒤따른다. 그러므로 총명한 젊은 남녀들은 자신의 지식과 기술을 협조적이고 유익한 방식으로 이용하는 방법을 터득해야 한다.

단도직입성

미국의 개인적인 자유의 정도가, 많은 외국 방문자들에게는 과도하게 보여서 결과적으로 불편하게 느껴지는 것과 마찬가지로, 비 미국인들이 "완전한 정직성"에 대해 보이는 태도는 미국인들에게는 진지하지 않고 또 불확실하게 보인다.

많은 나라에서 사람들은 사실이든 아니든 상대방이 듣고 싶어 할 것으로 여겨지는 바를 말한다. 이들에게는 이렇게 하는 것이 공손한 것이다. 미국인들에게는, 동기가 제아무리 선한 것이라 해도 고의로 사실을 왜곡하는 것은 오해를 불러일으키는 것으로 — 심지어는 부정직한 것으로까지 여겨진다. 미국에서 단도직입성은 공손함보다 더 가치 있게 여겨진다. 우리는 어릴 때부터 "정직이 최상의 방책"이라는 가르침을 받는다. 이와는 대조적으로, "진실/사실을 아는 것은 좋은 일이지만, 야자나무에 대한 얘기를 하는 것이 훨씬 낫다"는 아랍의 격언이 있다. 아랍 세계와 여타 나라에서, 예절, 명예, 가족의 충성심, 그 외 많은 다른 가치관들이 우선순위에 있어 정직성보다 훨씬 앞설 수 있다. 그러나 우리 미국인들에게는 신뢰와 진실은 관계가 밀접하여 매우 중요하다. 어떤 사람에 대해 "그는 믿을 사람이 못된다"는 말은 가장 심각한 비난이다.

이러한 가치관의 차이를 살펴보건대, 특히 계약 협상 같이 정확성이 중요한 분야에서는 오해와 짜증이 빈번히 일어나는 것은 당연한 일이다. 어느 외국 사업가가 "우리한테 사업 거래는 구애와 비슷합니다"라고 말한 적이 있다. 미국인들은 통상 이러한 종류의 전략에 별로 능숙하지 못하다. 그 대신 통상적으로 미국인들이 하는 말은 믿을 수 있다. 여러분은 미국인들과의 협상에 있어 자신이 어떤 상황에 처해있는지를 알 수 있다. 광고와 정치 분야가 아니라면, 미국인들은 보통 자기네들의 제품이 바람직한 것이라는 확신을 심어주기 위하여 과장하거나 헛된 약속을 하지 않는다. 이러한 정확성(단도직입성) 대 예절(체면 유지)이라는 거듭되는 문제는 서로 다른 문화권의 사람들 사이에서 많은 오해를 불러일으킨다. 여러분이 이런 상황에 대해 사전 지식이 있다면, 문제를 인식하는 것이 때로 더 쉬울 것이다.

미국인들이 그냥 "Okay" "Sure" "Nope" 같이 단음절 단어로 말하고, 또 대답하거나 "Hi"라는 말로 인사를 한다고 해서 무례하게 군다고 생각하지는 말아야한다. 우리 미국인들의 간결성은 사람을 무시하는 것은 아니다. 다만 격식적인 어투에 익숙한 사람들에게 미국인들은 무뚝뚝하게 보일 것이다. 미국인들의 비격식성은, 화자들의 상황과 신분에 맞게 언어형식을 고르는 게 필요한 형식적인 만남/작별 인사 표현보다 더 바람직한 것으로 인식되고 있다.

욕설과 성에 대한 언급을 듣고서 놀랄 수도 (더 나아가 기분이 상할 수도)

있을 것이다. 이러한 류의 표현들은 일상적인 것이 돼 가고 있는데, 부분적으로는 최근의 음악과 영화가 그런 표현으로 가득 차 있기 때문이기도 하고 또 부분적으로 모든 언어는 끊임없이 변해가고 있기 때문이기도 할 것이다. 이런 표현들 가운데 어떤 것이 사용되고 어떤 것이 부적절한 지를 터득하기 위해서는 예민한 관찰 감각을 길러야 할 것이다. 확신이 없을 때는 피하는 것이 상책이다. 어떤 사람이 그런 표현을 할 때 이해를 못한다면, 무슨 뜻인지 조용히 물어볼 수 있다.

미국인들은 때로는 당황스럽기 때문에 무뚝뚝하다. 우리는 종종 사람들이 짧게든 길게든 우리를 칭찬하거나 감사표시를 할 때 이에 대해 정중하게 대답하는 것을 어색해 한다. 우리는 뭐라 말해야 좋을지를 몰라서 그러한 예법을 무시함직도 하다. 그러므로 "그런 말씀 마세요(Don't mention it)"라든가 "아무것도 아니에요(It was nothing)" 같은 표현을 들을 수 있는데, 이는 무례하게 대하려는 의도는 아니다. 사실 미국인들은 여러분들의 예의법절과 사려 깊음이 마음에 들지만, 자화자찬하는 것으로 비쳐지고 싶지는 않을 것이다. 미국사회의 모순 중 하나는 남의 칭찬을 받는 것 같은 상황에서 겸손한 태도를 가지는 것은 높이 평가하면서도, 구직 때 자신의 업적에 관해서는 전혀 겸손하지 않다는 것이다.

침묵

많은 미국인들은 침묵을 불편해한다. 이들은 침묵이 몇 초 이상 지속되면 이 공백을 "한담"으로 채우는데, 이는 대부분의 대화에서 중요한 부분이다. 한담이란 날씨, 영화, 책, 지역사회 행사, 가족과 같은 대화 주제를 가리킨다. "안녕하세요(Hello)"라는 인사를 건넨 후, 그 다음의 말은 예를 들면, "날씨 좋지요(Beautiful weather, isn't it?)" 또는 "어제 저녁 그 경기 보셨어요(Did you watch the game last night)?"같은 것이 될 수 있다. 그 뒤에도 한담이 더 이어진다. 이런 식의 대화는 파티에서, 버스나 지하철에서, 학교에서, 슈퍼마켓에서, 운동경기장에서, 또 백화점에서 들을 수 있다.

조용한 가운데 공부하기보다는 라디오를 틀어놓는 학생들이 많다. 가정주부들은 다른 방에서 일을 할 때조차도 소리와의 "교제"를 위해 텔레비전이나 라디오를 틀어놓기도 한다. 운전자들은 출근길에 승용차 라디오를 듣는다.

미국인들이 침묵을 불편해하는 이러한 모습은 혼란스러울 수 있다. 영어를 배우는 많은 방문자들에게 "침묵은 금이다"라는 말은 고국에 있을 때 익숙하게 듣던 격언이다. 미국인들도 조용한 장소를 찾는 때가 있기는 하다. 조용히 공부하는 것을 더 좋아하는 학생들도 있을 것이고, 자녀들이 조용히 하도록 독려하는 부모도 있을 것이며, 승용차 라디오를 틀지 않는 사람들도 있을 것이다. 그러므로 미국인이든 비 미국인이든 모든 사람은, 어떤 때는 침묵을 피하고 싶고, 또 어떤 때는 침묵 속에 있고자하는 이웃, 친구, 이방인들의 욕구에 민감하게 주의를 기울여 한다.

공인과 사인

의사소통 학자인 딘 바런드는 자신의 기념비적인 저서 『일본과 미국의 공인과 사인』에서 공인의 면모와 친한 친구에게만 보여지는 면모 사이의 경계가 문화마다 다르게 그어진다고 하였다. 미국인들이 어떤 식의 프라이버시는 별로 원하지 않다가 다른 식의 프라이버시는 강력하게 원하는 모습은 타국에서 갓 온 사람들에게는 종종 혼란스러울 것이다. 대체로 미국은 높은 담장과 안뜰이 있는 나라는 아니다. 우리의 잔디는 울타리도 없이 이웃과 붙어있는 일이 흔하다. 특히 작은 마을에서는 친구들이 미리 전화하지 않고도 서로 방문하고, 초인종을 누르지도 않고 상대의 집에 들어가는 경우조차 있다. 그렇지만 요즈음에는 출근 때나 저녁 외출 때, 아니면 쇼핑이나 여행을 갈 때 작동되는 보안시스템을 갖춘 집들도 많다.

　　미국은 큰 나라이다. 우리는 성벽이 둘러쳐진 도시에서 살아본 적도 없고, 이웃 나라의 적대적인 왕자들로부터 자신을 보호해야 하는 상황에 놓여본 적도 없다. 정착 초기에 미국의 대부분 지역은 인구밀도가 너무나 낮아서 이웃은 환영의 대상이지, 방어의 대상이 아니었다. 새로운 얼굴이나 새로 도착한 사람들로 인해 기쁨이 일었다. 이 나라가 발전 도상에 있던 19세기에 사람들은 협력하지 않으면 생존할 수 없었다. 이들은 서로를 보호해줬고 삼림을 개간할 때나 철로를 놓을 때, 축사에 지붕을 씌울 때, 밭의 옥수수껍질을 벗길 때 함께 노동하였다. 이들은 삶의 모든 국면에서 서로에게 의지하였다.

　　이러한 초기의 경험으로부터 개방성의 유산을 가지게 되었는데, 이는 여러 가지로 나타난다. 여러분은 우리의 집을 방문하게 될 때 ― 문이 없거나 벽이 없는 거실, 가족실, 식당에서 ― 이런 개방성을 느낄 수 있을 것이다. 직장과 거주 환경에서 프라이버시를 더 중시하는 문화권 사람이라면, 노크도 없이 사무실로 어슬렁거리며 들어오는 동료나, 방을 나가면서 문도 안 닫는 사람, 혹은 애초에 남의 방문이 왜 닫혀있는지를 궁금해 하는 사람들 조차에게도 익숙해질 필요가 있을 것이다.

　　실질적인 사업 토론이나 협상을 진행할 때 미국인들은 프라이버시를 고집하는데, 이런 경우가 개방성에 대해 예외적인 경우이다. 전화가 울려대고 사람들이 들락거리는 가운데 사업을 진행시키는 관행은 미국인들을 신경과민하게 만들고, 실망하게 만든다.

미국인들은 또 개인적인 프라이버시를 존중한다. 우리는 혼자만 있을 시간이 필요하다. 우리의 가족 단위는 작다. 각각은 자신을 별개의 개인으로 여긴다. 어린이들에게도 가능하면 자기만의 방이 주어지는데, 방문을 닫고 있는 것을 좋아한다. 많은 문화권에서는, 혼자 있고 싶어 한다는 것은 뭔가 잘못 됐다는 신호이다. 미국인들은 그렇지 않아서, 친구나 찾아온 친지와 늘 함께 있게 되면, 이를 꺼리는 경우가 흔하다. 여러분이 이곳에 와 거주하게 될 때, 미국인들은 처음의 환영(분위기)이 가시고 나면, 여러분이 도움을 청하거나 더 친밀한 관계를 모색하지 않는 한 (간섭하지 않고) 여러분을 내버려두는 경향을 보인다는 것을 알게 될 것이다.

사회적 거리와 신체 접촉

인류학자인 에드워드 홀은 그의 저서 『감춰진 차원』에서, 모든 인간은 대화 시에 자신과 상대와의 간격을 조절해주는 "쾌감대"가 있다고 하였다. 이 간격이 문화에 따라 달라지는 양상은 흥미롭다.

예를 들어, 그리스인, 아랍인, 남아메리카인은 통상 매우 가까이 서서 대화를 하는데, 대화가 무르익어 흥이 나면 더욱 가까이 다가서기도 한다. 미국인들은 이를 어색하게 느껴서 종종 몇 인치 가량 뒤로 물러난다. 연구에 따르면 우리 미국인들은 서로 21인치(53cm) 떨어져 있을 때 가장 편하게 느낀다고 한다. 아시아와 아프리카 대부분 지역에서는 대화 시의 두 사람 간의 간격은 훨씬 더 크다. 공간/간격의 문제는 거의 언제나 무의식적인 것이지만, 흥미로운 관찰 대상이다.

이 쾌감대는 또한 앉아 있는 사람들의 간격이나, 대화 시 서로에게 몸을 기울이는 정도, 논쟁이나 자기주장을 펼칠 때의 움직이는 방식, 혼잡한 상황에서의 행동 등에도 적용된다. 예를 들어 미국인들은 붐비는 엘리베이터 속에서조차도 몸이 닿지 않도록 애를 쓴다.

미국인들의 대화시의 쾌감대가 상대적으로 넓기는 하지만, 종종 손으로 — 손짓만이 아니라 접촉을 통해서도 의사소통을 한다. 따뜻한 감정을 나타내기 위해 상대의 어깨에 손을 올려놓는다거나, 위로의 표현으로 상대의 등에 팔을 두르기도 한다. 우스운 이야기임을 강조하기 위해 상대의 옆구리를 찌르거나, 안심시키기 위해 팔을 다독거리기도 하고, 애정 표현으로서 어린아이의 머리를 쓰다듬기도 한다. 이들은 기꺼이 상대방의 팔을 잡고 길을 건너는 것을 돕거나, 만나고 헤어질 때 포옹을 하는 경우도 빈번하다. 많은 사람들에게 — 특히 아시아 출신들에게 — 그러한 신체접촉은 환영받지 못한다. 그 반면, 남 유럽인과 라틴아메리카인들에게 미국인들은 자신들과 비교할 때 손짓과 접촉을 잘 하지 않기 때문에 차갑게 여겨진다.

이동하는 미국인

미국인들은 활동적인 국민이다. 많은 사람들은 기회가 되면 언제라도 여행을 하고, 대부분이 이 나라를 벗어나지는 않더라도 가족여행은 연중행사의 전통이 되었다. 특히 휴일의 고속도로는 자동차로 혼잡하다. 또 기차 버스 비행기도 만원이된다. 배낭을 매거나 자전거를 타고 산으로 바닷가로 국립공원으로 향하는 숫자도 점점 늘어가고 있다. 미국인, 그리고 미국문화를 접하기 위해 타국에서도 수백만 명의 관광객들이 미국인들의 대열에 합류한다. 미국인뿐만 아니라 전 세계에서 온 여행객들로 인해 혼잡스럽고 떠밀리더라도 놀라지는 말아야 한다.

"그냥 서있지만 말고, 뭐라도 해라"라는 금언에는 아무것도 안 하는 것보다는 무엇이든 하는 게 낫다는 의미가 내포되어 있다. 많은 사람들이 텔레비전을 보느라 너무나 많은 시간을 낭비하면서도, 텔레비전이나 책 없이 그냥 소파에 누워 있는 것은 대부분 사람들에게는 생각조차 할 수 없는 일이다. 텔레비전이나 책을 보고 있으면 무언가를 하고 있다는 느낌을 받기 때문일 것이다. 미국인들은 침묵에 대해 인내심이 낮은데, 그와 유사하게 전혀 아무것도 안하고 있을 때면 극도로 불편해진다.

1장에서 논의한 대로, 미국은 유동적인 사회이다. 온 나라를 가로질러서 친구도 가족도 없는 곳으로 이사를 갈 수 있다는 사실이 많은 외국 방문자들에게는 곤혹스럽게 보일 수도 있다. [이 나라에까지 찾아온 사람들에게는 그렇게 곤혹스럽지는 않을 수도 있겠다.] (낯선 곳으로) 이사 다니는 것은 매우 흔한 일이고, 사람들은 이사한 곳에서 아주 자유롭게 새로운 신분을 만들 수 있다. 사람들은 이름, 종교를 바꾸고, 그러는 가운데 경제적인 위치도 바꾸려 노력한다.

자연 지배

아시아인들과 같은 많은 사람들은 자연과의 균형을 추구한다. 많은 미국인들은 그 반대로 자연을 지배하려 노력한다. 우리는 강을 이용하고, 우주를 정복하며, 황무지를 경작하는 일에 대해 이야기한다. 아시아인들은 (그리고 많은 다른 나라 사람들 역시) 보다 더 타협, 의견일치, 화합의 관점에서 생각한다. 미국인들은 마음만 먹으면 무엇이든지 할 수 있다고 믿는다. "어려운 일은 오늘 이루어질 수 있다; 불가능한 것은 시간이 조금 더 걸린다." 그러므로 탐구하고, 도전하는ー때로는 거만한ー 정신이 작동하는 것이다.

다행히, 우리도 자연을 지배할 수 없다는 점을 깨닫기 시작하고 있다. 일시적인 이득을 위해 우리가 얼마나 낭비하고 망치고 오염시켰나를 이제 이해하기 시작한 것이다. 이제 우리는 이 나라의 자원, 환경, 건강에 관해 걱정을 하고 있다. 어디를 가든 이에 관한 기사를 신문에서 볼 수 있고 또 사람들이 널리 토론하는 것을 들을 수 있을 것이다.

개인의 성공과 직업/직장 전환

세계의 많은 지역에서, 개인적인 영향력은 출세하는데 필수적이다. 대부나 후원자가 필요하다. 그렇지만 이곳 미국에서는 꼭 그렇지는 않다. 모든 사람이 때로 영향력을 이용하는 것은 당연한 것이지만, 미국에서는 이것만 의지하여 크게 출세하는 사람은 거의 없다. 일반적으로 여기 미국에서 성공으로 이어지는 특성은 (어떤 직업에서든) 열심히 하겠다는 의지, 학식 또는 기량, 독창력, 그리고 상냥한 인간성이다. 달리 표현한다면, 개인적인 성공이라는 분야에서조차도 미국은 손수 해나가는 사회이다. 대체적으로, 성공은 대물림되는 것도, 부여되는 것도 아니다. 그러므로 우리의 고용관행은 많은 다른 나라와는 다르다는 의미이기도 하다.

어떤 나라에서는 직장을 그만두는 것은 충성스럽지 못한 것으로 여겨진다. 고용인과 피고용인 상호간에 깊은 충성심이 존재하기 때문이다. 평생직장이라는 안전조치와 가족적 명예가 연루되어있는 경우가 빈번하다. 그러나 미국인들은 "직업/직장 전전하기"를 미국의 유동성의 한 특성으로 여긴다. 우리는 자신을 발전시키고, 상층으로 올라가서, 더 나은 직업 자격요건을 갖추어 이 회사에서 저 회사로 옮기는 것은 우리의 권리라고 생각한다.

이렇게 끊임없이 인원이 바뀌는 것이 많은 외국인들에게는 불합리하게 보인다. "너의 뿌리가 어디냐?" "너는 어떻게 그렇게 차갑고 비인간적일 수 있니?"

"너는 사람이 아니라 기계를 대하는 것처럼 행동하는구나." 이런 외국인들은 많은 미국인들이 정말로 이리저리 옮겨 다니는 것을 좋아한다는 것을 이해하지 못한다. 새로운 직업/직장은 새로운 도전, 기회, 친구, 경험, 그리고 종종 이 나라의 새로운 지역을 경험하게 해준다.

직원이 직장을 그만두는 경우, 고용인도 아주 만족해할 수도 있다. 고용인은 그 직원의 최상의 아이디어를 이미 얻어냈을 수도 있다. 이제 새로운 직원이 새로운 아이디어, 더 나은 기량, 새로운 능력을 회사에 쏟아 부을 수도 있는 일이다. 그리고 또 신참자는 연배가 높지 않으므로 낮은 임금에서부터 시작할 수도 있다. 사실 미국에선, 직장을 바꾸는 일이 너무나 쉽사리 받아들여져서 유능한 직원은 두세 회사들 사이에서 왔다 갔다 하기도 하는데, 직장생활 하는 동안 한번 이상 원래의 회사로 환대를 받으며 되돌아가기도 한다. 옮길 때마다 직급이 더 높아지는 것은 물론이다.

물질주의

승용차, HDTV, 수영장 따위의 (높은) 사회적 신분 상징들은 종종 미국 방문자들을 혼란스럽게 만든다. 사치품 시장은 부자들에게만 소량의 고가품을 공급하고, 다른 사람들은 사치품 구경도 못해보는 제도에 익숙한 문화권들도 있다. 미국에서는 딱히 그렇지는 않다. 미국 경제는 대량 시장의 기반 위에서 꾸려져가기 때문에, 육체노동자, 광부, 농부, 심지어 생활보호 대상자들도 다른 나라에서라면 커다란 부를 상징하는 물건들을 소유하고 있다. 그러한 사치품을 사는데 필요한 작업시간으로 볼 때, 가격이 낮다. 비서, 고등학생, 은행계원, 점원, 수위도 자동차, 온갖 사치품을 사고 휴가 여행을 떠날 수 있는 능력이 있고, 실제로도 그렇게 하고 있다. 흔히 이들은 이런 물건들을 할부로 구입하는데, 합당한 기간에 걸쳐 갚아나가는 비용은 이들의 임금에 비춰보아 엄청나게 비싼 것은 아니다. 사실 해외에서는 사치품으로 여겨지는 물품들도 여기서는 필수품으로 여겨지는 경우가 많다.

이런 차이는 부를 자기 식대로 해석하여 캐딜락 승용차나 골프회원권을 상류층이나 고등교육의 표시로 생각하는 방문자에게는 곤혹스러울 수도 있다. 그래서 이런 방문자는 이런 것들을 소유하고 있는 사람은 자기 본국의 유한계급 자들이 누리는 사회적 신분을 지니고 있을 것으로 기대한다. 여기서는 꼭 그렇지는 않다. 우리는 꼭 고급품은 아니라 해도 정말로 많은 물건들을 소유한 것처럼 보인다. 텔레비전 프로그램과 잡지 기사 가운데는 우리가 가지게 된 모든 물건 관리를 다루는 분야가 있는데, 급성장의 궤도를 달리고 있다. 저장 컨테이너 쪽의 새로운 산업과 조직 전문가라는 성장세의 직업은, 새로운 물건에 대한 구매 욕구는 높으나, 물건 정리능력이 떨어지는 미국인들을 도와주고 있다. 소유 물품에 온통 사로잡혀서, 충동구매 때문에 정상적인 삶이 방해되는 지경에 이르는 사람들의 정신상태를 가리키는 진단 병명마저 있을 정도이다. 이는 부자들만의 고통이 아니다. 할인 매점에는 값싼 상품들을 얼마든지 구입할 수 있기 때문에, 노동자 계급조차도 필요 이상으로 구입할 수 있다. 게다가, 수양을 쌓은 사람들은 차고 세일과 앞마당세일(이사 세일은 말할 것도 없고 - 우리가 얼마나 유동적인가를 기억하자!)을 통해 소지품을 줄이려 노력하는데, 다른 한편에서는 이런 세일에서 온갖 것들 - 책, 잡지, 레코드와 테이프, CD, 가정용 영화, 의류, 소소한 기계류, 골동품, 심지어 텔레비전, 에어컨, 컴퓨터 같은 가전제품 - 을 사들인다.

여러분들도 틀림없이 곧 알게 되겠지만, 이런 한도 끝도 없는 물질주의의 주된 원인 중 하나는 광고이다. "이웃사람에게 지지 않는다"(keeping up with the

Joneses)는 말은 이웃사람들의 소비 습관이 우리 자신에게 미치는 영향을 나타내는 흔한 표현이다. 예를 들어, 우리 이웃인 질 존스(Jill Jones)가 새 차를 산다면, 우리 차는 상대적으로 덜 적절해 보일 것이다. 비슷한 예로, 이웃이 수영장을 설치하거나 집을 늘리면, 우리도 그렇게 하고 싶어질 것이다. 보스턴대학의 경제학자인 줄리엣 쇼어는 자신의 저서 『과소비 미국인: 왜 우리는 필요도 없는 것을 원하는가?』에서, 오늘날의 한 가지 문제는 우리는 이제 더 이상 우리자신을 이웃과 비교하지 않는다고 얘기한다. (사실 우리는 비교 대상이 될 만큼 이웃을 잘 아는 경우는 드물다.) 그보다는 텔레비전을 통한 대중 광고가, 우리들이 지지 않아야 되는 "가상적인 이웃"이라는 세상을 창조해 내었다. "연 수입이 만 팔천 불인 시인/웨이터, 3만 불인 교사, 연수입 6자리수인 편집자와 발행인들 모두가 동일한 하나의 준거집단에 속하려하는 바, 이로 인해 같은 상표의 생수와 포도주를 마시고, 같은 의복을 입으며, 아파트에는 똑같은 가구를 들여놓는 상황에서, 경제 수준이 낮은 쪽의 사람들은 자신들이 동일 집단에 속해 있는 것이 쉽지 않다는 것을 안다." 많은 미국인들은, 특히 다른 상품과 비교해볼 때 여러분의 눈에는 이상하리만치 낮은 휘발유 가격에 대해 (비싸다고) 불평하면서도, 커다란 차─SUV─를 모는 것이 의아하게 여겨질 수도 있다.

신축 주택의 평균 크기가 지난 50년 간 두 배로 커졌는데, 이는 존 드 그라프, 데이비드 완, 토마스 네일러가 최근의 동명의 저서에서 "부자병[애플루엔저]"라 이름 붙인 바로 그 증세이다. 결국 우리는 모든 새로운 물건들을 저장하기 위해 더 큰집이 필요하다.

물론 이렇게 사들이는 것에는 사회적, 경제적 (또한 환경적) 비용이 수반된다. 오래된 경제공황 시절의 격언인 "낭비가 없으면, 궁핍도 없다"(waste not, want not)라는 표현은 이제 더 이상 들을 수 없다. 물건을 사고 버리는데 이에 따르는 영향에 대해서는 별로 생각하지 않는데, 이는 미래에는 필히 다루어져야 할 현상이다.

편협성

거대한 국토로 인해, 많은 미국인들은 해외로 모험을 찾아 나서지 않더라도 미국 내에서도 얼마든지 우리의 마음을 사로잡는 것들이 많다고 생각한다. 미국인들 가운데 대략 20% 정도가 여권을 소지하고 있는 것으로 추정된다. 이들 중 많은 사람들은 귀화 시민이어서 주로 자신의 모국으로 여행하기 위해 여권을 취득했음을 고려한다면, 미국 태생의 여권 소지자 수는 한층 더 적다. 주요 방송국의 저녁 뉴스에는 미국, 미국인의 관심사와 직접 연관이 없는 뉴스는 거의 다루어지지 않는다. 미국은 미국 밖의 세상에 대해 아는 것이 별로 없는 사람들로 가득 차 있다. 미국태생의 시민가운데 외국어를 할 줄 아는 사람은 별로 없고, 대부분의 공립학교에서는 11, 12세까지 외국어를 가르치지도 않는다. 1년 정도라도 외국어를 배워야 할 필요를 느끼는 사람은 거의 없는데, 심지어 대학졸업자들도 그렇다.

그러나 이제 이는 변하고 있다. 2001년의 911사태와, 뒤이은 아프가니스탄과 이라크 전쟁 이후 편협한 세계관에는 결과가 따른다는 것을 깨닫는 미국인들이 늘고 있다. 대학생들 간에 해외유학에 대한 관심은 그 어느 때보다 더 고조되고 있다.

BBC 세계 뉴스는 전미 공영 라디오 방송국, 유선/위성 텔레비전, 그리고 인터넷으로 시청이 가능하다. 정부 기관 — 특히 법 집행기관과 타 부서 — 은 외국의 언어와 문화에 통달한 사람을 채용하는 것이 중요하다는 것을 인식하고 있다. 글로벌 시대의 사업체들은 해외지사에서 잘 꾸려나갈 수 있는 경영자와 중역을 채용하고 있다.

반면에, 더욱 새로이 고립주의를 열망하는 미국인들도 더러 있는데, 미국의 정책이 미국을 향한 폭력을 더 부추긴다고 생각하기 때문이기도 하고, 더러는 외국인들을 원조하려는 열망을 예전보다 덜 느끼기 때문이기도 하다. 이유가 무엇이든, 여러분이 만나게 될 많은 미국인들은 애처롭게도 세상에 대해 별로 아는 것이 없을 것이라는 것은 불행한 사실이다. 당신의 나라가 그 지역의 문화 중심지라거나 또는 탁월한 점이 많다는 사실을 미국 동료가 모른다면, 무시당한다는 느낌이 들 수도 있을 것이나, 너무 기분 나쁘게 받아들이지 않도록 한다. 많은 미국인들은 비록 무식하기는 하지만 여러분으로부터 배우기를 갈망한다는 것을 알게 될 것이다.

무릇 일반화와 마찬가지로 고정관념에 빠지지 않도록 주의한다. 실제로 세상사에 박식하고, 해외여행이나 거주를 해보았고, 또 정말로 외국어를 할 줄 아는 미국인들도 많다.

3 | 공존문화

미국에는 주된 지배적인 미국 문화이외에도 다른 문화집단들 — "공존문화"라 불리는 — 이 있음을 이해하는 것은 중요하다. 미국은 거대한 "인종 도가니"라는 생각은 오랫동안 신봉되어온 믿음인데, 이는 상이한 민족 집단들이 뒤섞임으로써 문화 차이가 제거된다는 의미였다. 실제로 이는 근거 없는 믿음이다. 미국은 절대로 인종 도가니가 아니고, 예전에도 정말로 그랬던 적은 없다. 이것이 오늘날 급변하는 사회생활상의 저변에 깔린 현실이다. 그러나 여전히 많은 유럽계 미국인들은 이 생각에 집착하여 문화 다양성이라는 개념을 거부한다. 이들은 많은 자기 선조들이 그들의 고유한 문화 양식을 퍼뜨리고, 영어를 국어로 채택하고, 그래서 "미국인"이 되었다는 믿음을 고수하고 있다. "문화간 관계" 이론가들이 "최소화"라고 부르는 이러한 사고방식은 문화 차이의 중요성을 최소화하고 공통적 속성을 강조한다. 사회의 문화적 제도에서 자신의 문화 척도가 우세한 지위를 차지하는 사람들에게 이는 매력적인 생각일 수 있겠지만, 이 나라의 교육제도, 정치, 직장에서 자신의 척도와 가치관이 반영되기를 바라는 소수민족들은 종종 이를 배척한다.

이 나라의 초기 이주민들은 대부분 백인 앵글로 색슨인이었고, 또 그들 중 대부분은 개신교도들이었는데, 종종 WASPs(White Anglo-Saxon Protestants)라고 (경멸적으로) 지칭된다. 미국 역사책에서 알 수 있듯이, 많은 이민 집단들— 아프리카인, 라틴계 미국인, 가톨릭신도(대부분 아일랜드인과 이태리인), 일본인, 중국인 — 은 오랫동안 경시되어 왔다.[3] 처음에, 이런 집단 구성원들은 가능한 한 동화되기 위해 — 즉, 주류 문화에 속하기 위해 열심히 노력하였다. 그러나 이들 집단들 가운데 많은 사람들에게 동화는 가능하지 않았다. 많은 이들에게 이는 바람직하지 않은 것으로 여겨지기조차 한다.

세월이 지남에 따라, 백인 앵글로 색슨 개신교도들의 비율은 하락하여서, 어떤 곳에서는— 특히 대도시에서 — 백인이 소수민족이 되어버렸다. 미국 인구 통계국에 따르면, 히스패닉(Hispanic)[4]계(즉, 푸에르토리고, 멕시코, 중남미 출신)가 아닌 백인이 미국 전체 인구의 69%를 차지하고 있는데, 이는 1970년의 83%에서 하락한 것이다. 라틴 아메리카계가 전체 인구의 13.5%를, 아프리카계 미국인이 13%, 아시아계 미국인과 태평양 섬 출신 미국인들이 4%, 그리고 미국 원주민(미국 인디언과 알래스카 원주민을 포함하여)이 약 1%를 차지하고 있다.

인종적, 민족적 다양성 이외에도, 미국에는 장애를 지닌 사람이 거의 5,000

---

3) 한 예로, 이민 초기에 "아일랜드인과 개는 출입금지"라는 팻말이 식당 입구에 걸려 있었다. (역자 주)
4) 사람들을 분류하는 대부분의 용어와 마찬가지로 Hispanic이라는 단어도 뜨거운 논쟁거리이다. 많은 사람들이 이보다는 Latino라는 단어를 더 선호하지만, 여기서는 인구 통계국의 전문용어와의 일관성을 유지하기 위해 Hispanic 을 쓰기로 한다.

만 명이 거주하고 있는데, 이는 거의 5명 중 1명 꼴이다. 끝으로, 미국 인구의 가장 극적인 변화 중 하나는 외국 태생 인구(이민자와 난민)의 증가이다. 거대도시 주변의 작은 도시 인구는 이제 50%, 심지어는 70%까지 외국 태생이다. 분명히, 이러한 민족 집단의 변동에는 긍정적이든 부정적이든 사회문제가 따르는데, 이는 미국에게 주요한 난제로 대두되고 있다.

현재, 학교, 정부 문서, 선거 투표용지 등에서 이중 언어 사용 — 주로 영어와 스페인어 — 이 얼마나 허용되며, 또 얼마나 장려되어야 할 것인가를 두고 논의가 분분하다. 미국은 공용어가 없지만, 이를 영어로 정하려는 정치적인 계기가 존재하는데, 그 저변에는 영어 배우기를 거부하는 사람들이 많다는 인식이 깔려 있는 것이다. 그러나 실상을 들여다보면, 대부분의 이민자들 중, 첫 세대는 새로운 언어를 거의 배우지 못하나, 그들의 자손(2세대)는 이중언어자이며 이중문화자이고, 손자들(3세대)은 할아버지의 모국어에 대해 아는 것이 거의 없다.

민족 차이

오랫동안 무시당해온 소수민족들은 점점 더 자신의 고유한 민족적, 인종적 배경으로 선회하여, 자신들의 지난 역사에서 자신만의 집단 긍지와 정체성을 찾으려 한다. 일반적으로 조상이 유럽인이 아닌 미국인들은 지배적인 문화권에 비해 덜 개인주의적인 집단 출신이다. 이런 사실로 인해 이러한 집단의 다수가 가지고 있는 가족/집단 정체성이라는 강한 의식을 많은 백인들이 이해하기는 더욱 어렵다.

미국사회에서 민족 갈등의 문제는, 세계 언론을 통하여 너무나도 선전이 되어서 미국방문자들은 흑인과 백인이 전국 도시의 사무실, 공장, 학교, 공공 기관 등에서 나란히 일하는 모습을 보거나, 타 민족 간에 긴밀한 우정이 존재하는 것을 보고서 놀라는 일이 흔하다. 그러나 미국의 많은 지역은 그리 잘 융합되어 있지 않다는 사실을 기억하자. 민족 집단 구성원들의 대부분은 (유럽계 미국인을 포함하여) 자신들이 대다수를 점하는 지역에 거주하려는 경향을 보인다.

많은 유색인들[5]은 정도의 차이는 있지만 차별을 받을 것이라는 우려를 가지고 미국에 도착한다. 불행히도, 특히 주택, 학교, 직업과 같은 결정적인 분야에서 멸시, 모욕, 편협함이 여전히 존재한다. 여전히 마찰이 있고 때로 폭동도 일어나고 평등교육은 꿈으로 남아있다. 백인에게 주어지는 충분한 기회를 다른 민족 집단은 누리지 못하는 지역도 존재한다.

타 인종간의 진정한 우정, 완벽한 신뢰, 허물없는 사회적 교류는 아직은 일반적인 것이 아니다. 그러나 특히 젊은이들 사이에서 장벽은 계속 허물어지고 있다.

미국의 비주류 집단은 인종과 민족성만으로 설명될 수 있는 것은 아니다. 장애, 나이, 성 지향성 등이 모두 다 개인의 문화 정체성에 영향을 미친다. 방문자는, 비주류 집단의 구성원들이 자신의 민족 집단과 동질성을 느끼는지, 아니면 더 큰 차원에서 미국민 전체와 동질성을 느끼는지를 염두에 두는 것이 중요하다. 달리 말하면 이들은 양쪽 모두의 집단에 속해 있다. 문화적으로 본다면, 많은 이들은 주류 문화와 자신의 고유 문화 사이를 왔다 갔다 할 수 있고, 양쪽 다 편하게 느낄 수도, 또는 어느 한쪽을 더 편하게 느낄 수도 있다. 게다가 타문화간의 결혼은 복합적인 문화 정체성으로 이어진다. 아프리카, 아시아, 캐리비아, 유럽, 라틴 아메리카, 혹은 미국 원주민의 피가 뒤섞인 사람을 만나는 것이 드물지 않게 되었다. 다음 항에서는 미국 내의 커다란 공존문화집단을 간략히 검토해보기로 한다.

---

5) people of color는 유럽계가 아닌 사람들을 통칭하는, 현재 선호되는 용어임.

아프리카계 미국인

대중매체가 발전상에 대한 언급은 거의 하지 않고 대체로 부정적인 측면을 강조해 왔기 때문에, 미국을 처음 찾는 사람들은 먼저 아프리카계 미국인들의 넓은 경제적 편차에 놀란다. 교육은 더 나은 직업으로 나아가는 길을 열어주었다. 흑인 중역, 판사, 선거직 공무원, 교수 등은 이제 더 이상 드물지 않다. 중, 상류 지역의 주택과 아파트를 구입하는 아프리카계 미국인이 더욱 많아지고 있다. (흑백) 융합은 지역마다 다르고 또 발전 속도도 느리지만, 지난 50여 년 간 많은 발전이 이루어졌다.

해외로부터의 흑인 방문자들은 자신의 교육적 배경, 경제적 지위, 인간성 및 미국 내의 자신의 환경 등에 따라 인정받는 정도가 다르다는 것을 알게 될 것이다. 많은 흑인 방문자들은 아프리카계 미국인과 동등한 정도의 편견을 경험하지는 않는다. 외국학생, 교수, 사업가 등의 (방문자의) 특수 신분으로 인해 사람들은 미국 내의 현지 흑인들을 대할 때보다 더 존중하는 마음으로 대하게 된다. 많은 아프리카계 미국인들은 여러분이 즉각 깨닫지 못하는 사소한 차별행동을 더 잘 의식한다는 것 또한 사실이다.

대부분의 지역에서, 여러분의 인종/민족성 때문에 폭력이나 개인적인 공격을 당할 것을 우려할 필요는 없다. 물론 예외가 있음은 슬픈 일이다. 어느 나라에서와 마찬가지로, 미국에서도 특별한 주의가 필요한 지역은 있다. 그러므로 처음에는 특히 더 피해야할 지역에 관하여 현지 동료와 의논하는 것이 좋다.

많은 아프리카계 미국인들은 선조가 노예였기 때문에, 이들은 종종 "강제 이민자"로 여겨진다. 흥미로운 것은, 최근의 많은 캐리비아 이민자들은, 역시 아프리카 노예의 후손이면서도, 스스로를 아프리카계 미국인으로 여기지 않는데,

자신들은 자발적으로 미국에 왔다는 것이 부분적인 이유이다.

아프리카계 미국인의 정체성은 복잡하다. 문화적으로 아프리카계 미국인들은 유럽계 미국인들과는 확연히 다른 패턴을 보인다. 예를 들면 아프리카계 미국인들 사이에서 직함이 더 널리 사용되고, 이름은 종종 친한 친구, 그리고 같은 나이 또래의 식구들 사이에서만 쓰인다. 게다가 토마스 코치맨이라는 연구자에 따르면, 흑백간의 많은 개인적인 갈등은 상이한 감정표현 양상에서 기인한다. 백인에게 목청을 높여 분노를 표현하는 것은 종종 몸싸움의 전조인 반면에, 흑인들 간에는 토의 중에 감정을 충실히 나타내는 것은 정직한 것으로 인식된다.

인종장벽이 없어지려면 아프리카계 미국인들이 동화되어야 하고 또 기꺼이 그렇게 해야 한다고 믿는 사람들이 많다. 다른 이들은 아프리카계 미국인의 문화와 유산은 너무나 중요해서 희생시킬 수 없다고 믿는다. 미술, 문학, 그리고 랩, 힙합, 블루스, 재즈 등의 음악 형태 같은 현대 아프리카계 미국인의 우수한 문화 업적은 사회적, 경제적으로 뛰어나기 위해 완전한 동화가 필요한 것은 아님을 보여준다. 그러나 하나의 사회로서 미국은 아직 갈 길이 멀고, 아프리카계 미국인들(특히 남자)은 여전히 감옥에 갇혀있는 비율이 높고, 대학에서는 낮다. 그러나 어느 정도 개선이 이루어지고 있고, 흑인 방문자들은 아프리카계 미국인 및 다른 집단의 구성원들 모두로부터 선의와 우정 어린 인정을 더 많이 받게 될 것이다.

아프리카계 미국인 민권운동가였던 마틴 루터 킹을 기리는 첫 공휴일은 전국적으로 매 해 일월에 지켜지고, 이월은 "흑인 역사의 달"이다. 종교전통과 아프리카 역사를 혼합한 현대의 축일인 "콴자"는 점차로 전국적으로 치러지고 있다.

라틴계 미국인

실제 인구수로 볼 때, 라틴계 미국인들은 미국에서 가장 큰 소수 집단일 뿐만 아니라 가장 빠르게 성장하고 있는 집단이기도 하다. 라틴계 미국인들은 멕시코 계가 주종을 이루고 있고, 중, 남미 아메리카인들이 그 뒤를 잇고 있는데, 주로 서부, 서남부, 중서부에 거주하고 있다. 푸에르토리코인들[6]은 대체로 동부 해안, 특히 뉴욕에 밀집해 있지만, 대거 중서부로 이주하고 있는 중이다. 그리고 많은 쿠바계 미국인들은 플로리다에 정착하였다. 1980년대 중미의 정쟁의 여파로 더욱 수많은 이민자들이 엘살바도르, 과테말라, 니카라과로부터 몰려들었다. 라틴계 사람들이 들어옴에 따라 스페인, 인디언, 그리고 아프리카 문화가 특수하게 혼합되어 미국 전체의 문화에 섞여지게 되었고, 더불어 중남미의 캐리비아와 그 외 다양한 지역의 문화유산이 더해지게 되었다. 어떤 멕시코인은 연설에서 미국의 라틴계 문화유산에 대해 다음과 같이 얘기하고 있다:

> 우리는 여러 지역을 탐사하고 지도에 표시를 했었는데, 예를 들면, 후에 플로리다, 조지아, 루이지아나, 미주리 주가 된 지역이 그런 곳입니다. 우리는 최초의 카우보이들이었습니다. 오랜 관개 지식을 통해 우리는 애리조나와 캘리포니아의 사막지역을 오아시스로 바꿔놓았습니다. 우리는 수많은 수로와 철도를 건설하였고, 원래 우리가 개척하였던 많은 오솔길들이 나중에 남서부의 고속도로가 되었습니다.
> ■ 길버트 폼파 (미시간주 폰티악시 경찰 방범홍보지국, 전 지국장)

1990년대에 라틴계 미국인들의 수는 60% 증가하였다. 라틴계 미국인들의

---

6) 미국 영토인 푸에르토리코 인들은 당연히 미국 시민들이다.

수는 이제 너무나 커져서 (2003년에 거의 3천 9백만 명으로서, 전체 인구의 약 13%이다), 전국적으로 수많은 지역에서 이중언어 (스페인-영어) 학교들뿐만 아니라 이중언어 도로 표지판, 지시문들을 많이 볼 수 있다. 이중언어정책, 특히 학교에서의 그것은 미국 내에서 상당히 중요한 문제이며, 많은 사람들이 지지하고 있다. 그러나 다른 한편에서는 공립학교에서 학생의 제 1언어(비단 스페인어뿐만 아니라 여타의 언어도 포함하여)로 교육하려는 노력은 미국사회의 "인종 도가니" 모습을 파괴하고 통일성을 저해하는 씨앗을 심는 일이라고 느끼는 사람들도 존재한다. 그래서 "영어 유일" 논쟁을 마주 대할 수 있을 것인데, 특히 이 주제에 대한 국가 정책이 논의되는 신문에서 더욱 눈에 띈다.

　　라틴계 미국인들을 정치무대의 "잠자는 거인"으로 여기는 사람들이 많다. 이들의 정치적 영향력이 아직은 인구수에 상응하지는 못하지만, 이들은 정치적 각축장에서 자신들이 정치세력을 가질 수 있는 잠재력을 지니고 있음을 깨닫기 시작하였다. 캘리포니아, 텍사스, 애리조나, 그리고 뉴멕시코 주에는 모두 많은 라틴계 인구가 있는데, 150년 이상 전까지만 하더라도 멕시코 국경이 지금보다 훨씬 더 북쪽까지 뻗어있어서 이 주들을 모두 (오레곤 주의 일부까지) 포함하고 있었음을 감안하면, 이는 놀랄 일도 아니다. 그래서 "우리가 국경을 넘어온 것이 아니라, 국경이 우리를 넘어왔다"라고 말하는 멕시코 계 미국인들이 많다. 앞서 언급한 대로, 플로리다(쿠바 계)와 뉴욕(푸에르토리코 계)에도 라틴계 인구가 많다. 라틴계 미국인들은 국가 정부 직책과 판사직에 임명되고, 주와 연방 정부 입법부와 주지사 직에 선출되고 있다.

　　아프리카계 미국인들처럼, 라틴계 미국인들도 종종 유럽계 미국인들과는 확연히 다른 문화 패턴을 보인다. 예를 들면, 라틴계 미국인들 간에는 직함이 널리 쓰이고 이름은 친한 친구와 비슷한 연령대의 가족 친지로 국한되어 있다. 또한 많은 라틴계 미국인들은 앵글로계 미국인들보다 더 신분을 의식하며, 권위와 위계질서에 대한 존중심이 더 높다. 시간 관념은 덜 확고한 편이고, 인간관계를 매우 중시한다. 마지막으로, 라틴계 가정 내의 가족유대는 훨씬 더 긴밀하고, 직계가족만이 아닌 방계가족/확대가족도 훨씬 더 중시된다.

아시아계 미국인

미국인구의 4%가 아시아 계인데 대부분 캘리포니아와 하와이에 몰려있지만, 뉴욕, 보스턴, 미네아폴리스, 휴스턴, 시카고에도 많이 있는데, 이제는 전국적으로 확산되고 있다. 대부분은 대도시 지역에 거주하고 있다. 오랫동안 미국의 이민법은 아시아계 이민자 수를 엄격하게 제한하였는데, 그 결과 다른 이민 집단에 비해 증가가 완만하였다. 1882년에 제정되었던 중국인배제법안은 1943년에 폐지되었으나, 1970년대에 이민법이 완전히 개정되고 나서야 비로소 진정한 변화가 일어났다. 미국의 지난 인종의식적(인종차별적)인 정책들은 이민 양태에도 영향을 미쳤는데, 예를 들면, 일본계 미국시민들은 2차대전 동안 특수 죄수 수용소에 억류되었던데 반해, 독일계와 이태리계 미국인들은 자유로웠다.

많은 아시아계 미국인들은 인도차이나 난민들로서, 일부에서는 이들을 "생존자 계급"이라 부르는데, 이는 자국을 벗어나면서 겪었던 시련 때문이다. 대체로 이들은 가족 응집력이 대단하고 교육을 매우 중시한다. 아대륙(인도, 파키스탄, 방글라데시, 스리랑카)과 필리핀계 이민자들도 적기는 하나 점점 더 증가하고 있다.

중국, 일본, 한국계의 수가 훨씬 많은데, 이들 집단 내에는 유교 윤리가 여전히 강력한 행동 요인이다. "이 윤리관에서는 가족중심 지향성이 높아서, 사람들은 자기 자신이 아닌 가족의 명예를 위해 일한다"라고 사회학자인 윌리엄 리우는 설명한다. 이러한 유교 윤리는, 미국의 건국 시조 시대의 개신교 윤리가 그러했던 것처럼 매우 강력하여, 실로 거대한 동인으로 작용한다.

　　많은 아시아계 미국인들이 교육에 큰 가치를 부여하는 바, 이로 인해 미국의 가장 경쟁력 있는 대학교들 — 하버드 대학교, 매사추세츠 공과대학(MIT), 버클리 소재 캘리포니아 대학교(UC Berkeley), 로스앤젤레스 소재 캘리포니아 대학교(UCLA) 등에 입학하는 숫자가 균형에 맞지 않게 높다. 이는 다시 "소수자 모델" 집단이라는 고정관념을 만들어내게 되었는데, 이는 긍정적인 고정관념이기는 하지만 그 어떤 민족 집단에 대한 부정적인 고정관념과 마찬가지로 해로우며 부정확할 수도 있다.

　　미국의 이민 정책은 고등교육을 받은 사람들에게 유리한데, 이로 인해 미국으로의 "두뇌유출"이라는 결과가 나타난다. 아시아의 엔지니어, 의사, 과학자들이 최근 몇 십 년 간 대거 미국으로 몰려들고 있다. 가장 잘 알려진 인물로는 건축가인 아이 엠 페이와 노벨물리학상 수상자인 안 왕과 사무엘 팅을 들 수 있다. 미국은 또한 다양한 분야에서 두각을 나타내는 많은 다른 아시아인들로 인해 크게 풍요로워졌다.

미국 원주민

2000년의 인구 통계국 보고서에 따르면, 전 인구의 1%인 미국 인디언과 알래스카 원주민들은 미국 내에서 가장 급성장하는 인구 집단이다. 타 인종과 혼혈로 인한 부분적 미국원주민의 숫자는 220만 명이나 증가하였는데, 이는 110% 증가한 것이며, 스스로를 순수한 미국 인디언 또는 알래스카 원주민으로 분류하는 사람들의 숫자는 2000년에 50만 명이나 늘어났고 이는 26% 증가한 것이다. 물론 이런 증가는 부분적으로는 출생률의 변화라기보다는 자발적 신고의 증가로 인한 것이다. 그러나 애초 이 땅의 최초의 거주자들의 인구가 15세기의 유럽인 도래 이전의 1200만 명에서 지금과 같이 쇠락한 것에 비하면, 이러한 증가는 미미한 것이라는 것은 슬픈 사실이다.

미국 내에 500여 이상의 공인, 비공인 부족이 존재한다. 오늘날, 가장 큰 부족들로는 체로키족, 나바호족, 촉토족, 수족, 치페와족이 있다. 대부분의 미국 원주민들은 미국의 서부에 거주하고 있다. 알래스카 원주민 집단에는 이누이트 족, 알류트족이 있다. 많은 미국 원주민들은 "보호거주지"라 부르는 자치 공동체 에서 거주하지만, 전국 도처에 있는 혼합된 공동체에서 사는 사람들도 있다. 미국 원주민 부족들은 미국과의 조약에 따라 다스려지는 독립된 국가를 이루고 있다.

하와이 원주민과 다른 태평양 섬 주민들 또한 중요한 토착민 집단들이다. 이들의 수효는 거의 오십만 명에 달하는데, 이들 중 거의 반 가량은 하와이와 캘 리포니아에서 살고 있다. 인디언 부족들이 누리는 정치적 신분(즉 자치권)은 없 지만, 이들 하와이 원주민들은 강력한 정치 세력이며, 자치 민족으로서 인정을 받 기 위한 운동이 전개되고 있다. 물론 이러한 운동에는 많은 논쟁이 뒤따르고 있 으며 어떠한 결과가 나오게 될지는 예견하기 힘들다.

원주민의 문화는 미국 주류 문화와는 뚜렷이 대조된다. 노인 공경, 자연과 의 조화로운 삶, 가족 간의 유대, 조용한 관조, 시간에 대한 비선형적 이해 등은 모두 원주민들 사이에 공통적이다. 전국에 걸쳐 다양한 부족들이 운영하고 있는 유흥시설과 카지노를 통해서 미국 원주민들과 가장 잘 교류할 수 있다. 이들의 독특한 정치적 지위로 인해, 미국 원주민들은 다른 사람들보다 더 쉽게 게임장 허가를 얻어낼 수가 있고, 그 결과 여러 부족들은 자기네 땅에서 많은 카지노를 운영하고 있다. 이는 상당한 정치적 논쟁의 원인인데, 도박 반대파 대 게임산업/원주민 옹호자들의 이해가 얽힌 힘 겨루기가 이어지고 있는바, 원주민 옹호자들은 "미국원주민은 수세기 동안 미국정부로부터 홀대를 당해 왔기에 언제든 온전한 자결권을 누려야 한다"고 믿고 있다. 특히 미 서부의 부족들은 관광객에게 자기 영토를 구경시키는 일이 흔하다. 이러한 관광 프로그램은 예전의 생활방식을 틀에 박힌 식으로 "재창조"하여 보여주는 것에서부터 며칠 간에 걸친 원주민 안내 이벤트에 이르기까지 다양한데, 이러한 것을 통하여 외부인들이 미국 원주민과 그들의 현안문제들을 더 가까이 접할 수 있다.

기타 집단

미국인들의 다양성은 여러 민족적 분파에만 국한된 것은 아니다. 은퇴자들, 동성애자, 양성애자, 그리고 장애인들 또한 정치적, 문화적, 심지어 거주 지역 공동체를 형성하고 있다.

⌘ 은퇴자   미국 은퇴자 협회는 이 나라의 가장 크고 가장 영향력 있는 정치 집단들 중 하나이다. 정치인들은, 법안을 제정하거나 바꾸는 경우, 6천만 명 이상의 회원이 있다고 하는 이 협회의 견해를 신중하게 받아들인다. 은퇴 공통체 지역은, 특히 플로리다와 애리조나에서, 가장 급성장하는 부동산을 형성하고 있다. 미국 대부분 지역에서 60세 이상을 대상으로 하는 특별한 사교, 레크리에이션, 심지어 데이트 행사도 열린다. 많은 미국인들은 연로한 부모님이 은퇴자의 집이나 양로시설/양로원에 들어가시도록 독려한다. 대부분 가정이 한

부모 또는 맞벌이 가정이기 때문에 연로한 부모님들이 집에서보다는 그러한 시설에서 보살핌을 더 잘 받을 것이라 믿는 사람들이 많다. 또한 많은 노인들 역시 성인이 된 자식들 ─ 많은 경우 자기 자신들의 아이를 기르고 있는데 ─ 에게 부담을 지우고 싶어하지 않는다. 그렇지만, 여전히 노인들이 성인이 된 자식들과 함께 사는 경우 ─ 다른 나라에서는 훨씬 흔한 일이지만 ─ 가 드물지는 않다.

ℋ 장애인   미국에는 영구 장애를 가진 인구가 5천 4백만 명으로 추산되는 데, 이는 거의 전 인구의 20%에 해당한다. "장애"라는 단어는 단지 신체적인 차이만을 지칭하는 것은 아니다. 정신분열과 조울증에서부터 주의력결핍/과잉행동 장애에 걸친 정신질환과 학습장애를 겪고 있는 사람들도 수백만 명 있다. 지난 몇 십 년 동안 정신질환에 대한 이해는 급신장하였고 매우 심각한 경우를 제외한 모든 질환은, 어렵기는 해도 능동적인 사회구성원으로 기능할 수 있을 것을 목표로 치료되고 있다.

많은 다른 나라에서도 그렇듯이, 장애인들 역시 중요한 정치적, 문화적인 세력집단이다. 예를 들어 농아자들은 정상 청력을 가진 사람들이 쉽게 접할 수 없는 독특한 문화에 참여하는 경우가 많다. 1992년 이래로, 미국 장애자법은 공공장소, 사업체 그리고 교육시설에 누구라도 쉽게 들어갈 수 있음을 보장하는 강력한 구속력을 발휘하고 있다. 대부분의 운동을 휠체어를 타고도 할 수 있게 되었고, 특별히 장애인을 위한 클럽, 이익집단, 사회단체가 활발히 운영되고 있다. 물론 장애인들은 더 넓은 집단에 참여하도록 독려되고 또 흔히 그렇게 하고 있다.

16세까지 의무교육이기 때문에 장애를 지닌 아이들은 교육제도에 엄청난 부담일 수도 있다. 공립학교는 학생 당 많은 비용을 쓰면서도 결과는 신통치 않다고 비난당하는 일이 종종 있는데, 상당한 비용이 특수 학생에게 쓰이는데도 모든 학생들이 공적비용의 직접적 수혜자인 것처럼 보인다는 것이 실상이다. 교육제도와 그 난국에 대한 더 자세한 논의는 19장을 참조한다.

　　응급치료의 발전으로 인해 10년 전 같으면 사망에 이르렀을 심각한 부상도 영구손상 정도로 그치게 되었다. 장애 제대군인은 대략 2백 4십만 명 정도이다. 새로운 군사 과학기술로 인해 전투 중에 사망하는 군인들은 더 적어졌지만, 전사자에 대한 영구 부상자 비율은 급격히 증가하였다. 장애자들은 소수 집단이지만, 누구라도 아무런 예고 없이 장애자가 될 수 있다는 점을 장애인 옹호자들은 지적하고 있다. 아직도 개선의 여지는 상당히 많기는 하지만, 미국은 세계에서 장애인에게 가장 문호가 열려있는 나라들 중 하나이다.

⚥ 여성동성애자, 남성동성애자, 양성애자, 성전환자

레즈비언이라는 단어는 동성애 지향성을 가진 여성을 지칭하는 용어이고, 게이는 통상 남자 동성애자를 가리킨다. 하지만 게이라는 단어가 양쪽 모두를 가리키는 용어로 사용되기도 한다. 성전환자는 생물학적인 성별이 사회적 성별과 다른 사람인데, 남자인데 여자로 (또는 그 반대로) 산다는 의미이다. 현대 미국의 동성애자 권리 역사는 1969년 뉴욕시의 폭동에서 시작되었다. 폭동이 일어난 한 술집의 이름에서 따온, "스톤월" 폭동은 동성애자에 대한 경찰의 조직적인 괴롭힘의 결과였다. 경찰은 동성애자로 가장하고서, 성적으로 접근하는 사람들을 체포하였는데, 당시에 동성 사이의 성은 불법이었다. 괴롭힘을 당하는데 지친 동성애자들은 분연히 일어나 동등한 시민으로서의 자신들의 권리를 선언하였다. 빌 클린턴 대통령은 자신의 첫 공적 정책 발의의 하나로서, 군대내의 동성애자 금지를 종식시킬 것을 제안하였던 바, 논쟁 양편 모두를 만족시키지 못한 "묻지도 말하지도 말라" 정책을 타협안으로 제시하였다.

이 정책으로 인해 동성애 남녀의 군 입대가ー아는 사람이 없는 한ー가능하게 되었다.

한 국가로서 우리 미국인들은 먼 길을 걸어왔다. 동성애자임을 감히 밝힐 수 없는 나라 출신인 사람이 샌프란시스코나 뉴올리언즈에 있다면, 미국은 동성애자 천국쯤으로 보일 수도 있을 것이다. 반대로 북유럽출신이 미국 소도시에 있다면, 동성애자들이 처해있는 억압된 환경을 보고 충격을 받을 수도 있을 것이다. 많은 다른 사회와 마찬가지로 미국도 동성애에 대해 단일한 견해를 가지고 있는 것은 아니다. 이제는 텔레비전 쇼에 동성애자 극중 인물도 등장하고, "이성애자를 위한 동성애자의 시각"이라는 인기 프로그램은 남성 동성애자들이 패션과 유행에 식견이 있다는 세간의 믿음을 두드러지게 보여주고 이성애자들은 그들의 조언에서 혜택을 받을 수 있다. 4장과 7장에서도 언급되겠지만, 최근 미국 일부 지역에서 동성애자 결혼을 인정하려는 운동이 일어나고 있다. 그러나 연방정부 차원에서 "결혼보호법"이 있는데 아이러니하게도 이 법에 따르면 각 주는 다른 주에서 이루어진 결혼을 인정하지 않을 수 있는데, 이는 특히 동성애자 결혼 인정이 확산되는 것을 막는데 목적이 있다. 미국 성공회는 최초로 공공연하게 동성애자 감독을 가지게 되었는데, 이로 인해 소동과 거센 갈등이 야기되었고 그 결과 성공회가 두 조직으로 분리될 지경에 처해있다.

사회계층

미국인들은 우리가 사회계층이 없는 사회라고 주장하고 싶어한다. 거대한 중산층, 높은 생활수준, 대량생산된 의류, 일상적인 대화체, 만연한 (성이 아닌) 이름 사용 등은 모두 한데 어울려서 미국은 계층이 없는 나라라는 인상을ー특히 갓 미국에 온 사람들에게 – 준다. 그러나 이렇게 겉으로는 평등한 모습 밑에서 사실상 미국인들은 사회계층의 차이를 상당히 의식하고 있다.

　실제로 펜실바니아 대학교의 영문학 교수인 폴 퍼셀은 자신의 기지에 넘치는 저서 『사회계층: 미국 신분제도 안내서』에서 미국 내에는 분명히 구별되는 사회계층이 아홉 가지나 존재할 수도 있다고 이야기한다. 그는 이것들을 세 가지의 범주로 묶는다: 제 1범주=(극단의) 최상층, 상층, 중상층; 제 2범주=중산층, 상 프롤레타리아 층, 중 프롤레타리아 층, 하 프롤레타리아 층; 제 3범주=빈곤층 및 (극단의) 최하층 이 그것이다. 이러한 아홉 계층은 실제적인 사회학적인 구조라기보다는 좀더 공상적인 면이 많기는 하지만, 미국적인 삶을 관찰하는 사람들에게는 쉽게 공감되는 부분이 많다.

　2003년 미국 인구통계국에 따르면, 미국 가정의 ⅕의 연간 수입은 18,000달러 이하이고, 또 ⅕은 83,000달러 이상이며, 5%는 150,000달러 이상이었다. 그러나 미국에서는 누구나 자신의 실력대로 (또는 불운 때문에) 계층 간 이동이 가능하고 또 이동하고 있음을 기억해야 한다. 신분 상승을 위해서는 충분한 에너지, 강한 결심, 능력이 필요하다. 판매원, 공장 노동자, 택시운전사, 은행계원에서 시작할 수 있다. 미국인들은 "자수성가한" 사람을 존경하는데, 실제로 자수성가형이 많다. 사람들의 젊은 시절 얘기를 들어보면 이러한 성공 스토리가 주변에 많다. 광부의 딸로서 선도적인 언론인이 된 여자, 옷솔을 팔며 고학한 남자가 이제는 그 회사의 사장이 되었다는 이야기 등이 그러한 예이다. 이러한 것들은 극적인 성공 스토리이지만, 실제로는 상류층으로 성공한 한 명 뒤에는, 덜 극적이지만 확실히 사회, 교육, 경제적으로 부모보다는 성공한 수천 명이 있다. 물론 그 반대로 쇠락한 사람들도 있다.

　사회계층 간 이동이 있다는 것은, 미국 내에서 "사회계층"이라는 단어는 많은 다른 나라와는 확연히 다르다는 것을 보여준다. 이 나라는 민족, 인종, 사회가 고도로 다양할 뿐만 아니라, 지역적인 이동도 엄청나다. 사람들은 더 나은 직업을 찾아 매우 빈번히 한 지역에서 다른 지역으로 이동한다. 어느 통계 발표에 따르면 다섯 가정 중 한 가정은 3년마다 이사를 다닌다.

끊임없이 새로운 공동체/지역사회에 뒤섞이고, 새로운 환경과 사람들에 다시금 적응하는 일들은, 미국에서 사회계층이라는 난해한 문제를 이해하는데 중요한 요인들이다. 손수 하는, 독립적이고, 의구심을 가지는 미국인들의 성격도 또 다른 요인이다.

많은 나라에서 한 개인의 사회적인 위치는 아직도 가족, 더 큰 친족 집단, 심지어는 마을이나 지역 전체가 공유하는 집단의 문제이다. 그러나 미국에서는 사회적 위치는 적어도 어느 정도는 가족이나 집단에 따라 결정되기보다는 개인적인 차원의 것이다.

2차 대전 이전에는 미국에서도 확장된 가족 단위가 지금보다는 더 강했다. 삼촌, 고모/이모, 조부모, 모든 연령대의 자식들이 함께 휴가여행도 하고, 경축일에 함께 모였고, 긴밀한 결속력이 있었다. 그러나 경제 발전이 이루어짐에 따라, 사회 패턴도 변하게 되었다. 재능 있는 수학자, 과학자, 관리자에 대한 수요가 갑자기 증가하였고, 따라서 이들은 빨리 더 높은 사회적 지위로 상승하였고 더 많은 부를 축적하게 되었다. 사세가 확장되어 가는 회사들은 직원들을 새로운 지역으로 전근시키게 되어 안정된 가족적 유대가 무너지게 되었다. 또한 더욱더 많은 사람들이 도시지역의 아파트나 작은 집에 살게 되어, 조부모나 다른 가족 구성원은 더 이상 함께 살 수 없게 되었다.

개발도상국에서조차 동일한 변화가 일어나고 있다. 이제는 신문을 해독할 수 있거나 트랙터를 고칠 수 있는 사람이 전통적인 의미의 지도자 자리를 차지하였다. 과학 기술은 젊은이들을 유리하게 만들었다. 기술을 가진 젊은이들은 앞서 나가게 되고, 새로운 방식으로 또 새로운 지역에서 가정을 꾸리게 되고 종종 전통적인 가치관과 관습을 버린다. 끊임없이 "앞으로 그리고 위쪽으로" 나아가려는 물결이 확산됨에 따라, 이러한 21세기의 욕구로 인해 사회계층 구조가 와해되었다.

미국 가정 내의 한 사람만이 성공하여 대학 총장, 회사 대표, 저명한 정부 요직인사가 되고 다른 가족들은 평범한 직장, 평범한 환경에 머무르는 경우가 허다하다. 새로운 지경을 개척해야 할 때, 친척이나 공동체에 대해 아무런 의무감도 느끼지 않는 미국인들이 많다. 때로 이전의 환경으로 되돌아오는 경우도 있겠지만, 멀리 떠나 다시는 되돌아오지 않는 사람들이 많다. 물론 애정과 충성심이 넘치는 강한 유대를 유지하는 사람들도 있다.

대부분의 사람들에게 "사회계층"은 복잡하고 수시로 변하는 개념이다. 그러므로 계층의 경계는 상당히 중첩된다. 설문 조사에 의하면 미국인 5명 중 4명은 자신이 중산층이라고 대답하였다. 대부분의 다른 나라에서 더 높은 비율의 사람들은 사회계층을 더 정확히 규정하는 경향을 보이며, 따라서 이들은 스스로를 상류층, 중상층, 중하층, 하류층으로 분류한다. 요즈음 미국의 사회구조와 계층구조는 커다란 변화를 겪고 있다. 미국이 산업위주 사회에서 전자/정보 위주의 사회로 전환됨에 따라, 전통적인 노동자 중산층이 사라지고 있다. 인원감축, 컴퓨터화, 그리고 하청/외주(外注)의 경향이 지속됨에 따라 많은 실직자들이 저임금의 서비스 업종으로 몰리게 되고 따라서 중산층이 줄어들게 될 것이라 우려하는 사람들이 있다.

이전보다 더 높은 사회 직위를 가지는 것을 성공이라고 정의할 수 있다. 이는 태생과 관계없이 기술, 지식, 지도력, 때로는 순전히 인내심으로써 이루어질 수 있다. 미국적 상황에서 통상적으로 성공에는 금전적 수입 증가가 뒤따른다. 그러므로 상층으로 옮겨가는 사람들은 한 단계 한 단계 올라감에 따라 경제적 지위도 상승하게 된다.

그 결과 미국에서 성공과 사회계층은 그 사람의 직업과 소비 행태에 의해 결정된다. 계층은 가변적이고 경쟁적인 상태이기 때문에, 사람들은 자동차, 집, 클럽 회원권, 휴가여행 등과 같은 가시적이고 남이 쉽게 알아볼 수 있는 신분 상징으로써 자신의 지위를 나타내려 노력한다. 성공한 사람들은 종종 사회적으로나 경제적으로 제자리에 머물러 있는 사람들을 은연중에 무시한다.

많은 미국인들이 자신의 지위를 잃을까봐 서로를— 타 민족집단을— 배제하려는 경향을 폭 넓게 보이는데 (그러나 이에 대해 논의는 별로 이루어지지 않는다), 인종/민족 차별은 이러한 경향과 대비하여 이해되어야 한다. 인종적 편견은 사려 깊은 사람들이 제거하려 끊임없이 노력하는 분쟁의 원천이기는 하나, 실상 미국에서의 편견은 인종적 편견이라기보다는 경제적인 편견인 경우가 더 많다.

결국 미국의 사회계층과 신분은 미국인들조차 정의 내리기 어렵다. 여러분이 그렇게 할 수 있으리라 기대하는 사람은 없다. 그러나 미국에서 사회적 지위는 안정적이고 상속되는 것이 아니라는 점을 여러분이 이해할 수 있다면, 이나라에 대해 더 많은 것을 알 수 있게 될 것이다.

제2부
미국의 제도

4 | 사회생활

미국인들은 능동적인 사회생활을 영위하기에, 이곳에 처음 온 사람들이 미국의 관습을 익혀서 인간 관계를 형성하고 유지하는 것이 곤혹스러운 일이 될 수 있다. 이 장에서는 통상적인 친구 사귀기, 교제하기, 데이트하기 등을 살펴본다. 능동적인 사회생활에 참여하는 것은 틀림없이 여러분의 미국 생활 경험에서 가장 보람 있는 — 때로는 좌절감을 안기는 — 부분이 될 것이다.

우정

이렇게 유동적인 사회에서 우정은 긴밀하고, 강력하고, 관대하고 실질적일 수 있지만, 상황이 변하면 짧은 시간 안에 사라질 수도 있다. 두 사람은 일이 년 동안 경축일 인사장을 교환하고, 얼마간 편지도 몇 통 주고받다가, 중단해 버릴 수도 있다. 이 두 사람이 몇 년 후에라도 우연히 만나게 되면 끊겼던 우정이 다시 이어져 이를 기뻐하는 경우도 흔하다. 그러나 우정이 좀 더 천천히 형성되지만 평생 지속되고 서로에 대한 의무감은 종종 양쪽 가족들에게까지 깊숙이 확대되는 나라 사람들에게 이는 당혹스러운 것일 수 있다.

미국에서 여러분은 거리낌없이 남의 집을 방문하고, 경축일을 함께 보내고, 그들과 그들의 자녀들과 즐거운 시간을 가질 수 있다. 그렇다고 지속적인 의무감을 가져야 한다는 우려는 할 필요가 없다. 상대의 호의를 주저하지 말고 ― 나중에 보답하지 못한다 해도 ― 받아들일 일이다. 보답을 바라는 미국인들은 없을 것이다. 여러분이 고국에서 멀리 떨어져 있음을 이들도 알고 있기에 말이다. 미국인들은 여러분을 환대하는 것을 즐거워하고, 여러분이 그들의 호의를 받아들인다면 기뻐할 것이다.

미국인들이 자기의 사적인 일상생활에 외국인들을 따뜻이 포용한다 해도, 시간이 많이 필요한 경우라면 별로 관대하지 않다는 점은, 많은 외국인들이 부딪히는 또 다른 어려움이다. 이는 일부 나라의 관행과는 정 반대인데, 그런 나라들에서는 사람들은 자기 시간을 너그럽게 내주지만 그렇다고 꼭 자기 집으로 초대하는 것은 아니다. 어떤 나라들에서는 안면이 있는 정도의 사람을 마중하기 위해 한밤중에 공항에 나오기도 하고, 손님 마음대로 쓰도록 차를 내어주기도 하며, 며칠간 말미를 내어 가이드 역할을 하기도 하는데, 이는 다 이들이 대단히 관대하다는 것을 증명해주는 것이다. 그렇지만 이렇게 친절을 베푸는 사람들이 자기 아내를 소개한다든가, 자기 집안 일에 손님을 초대하지는 않는다. 양쪽 모두 따뜻한 감정은 공통이지만, 표현 양식이 다를 뿐이다.

미국 생활의 거리, 속도, 압력은 대단하다. 또한 가사 도우미가 없다면, 요리, 청소, 애보기, 또 다른 집안일 등은 각 개인의 하루 일과 (직업, 공동체, 사회의 임무는 물론) 가운데서 이루어져야 한다. 그 결과, 많은 미국인들은 집에서 따뜻하게 맞이하기는 하지만, 일상의 틀에서 벗어나 손님에게 많은 시간을 할애할 수가 없다. 우리는 여러분 스스로 대중교통을 이용하여 공항에서 호텔로 갈 것이고, 또 그 호텔에서 전화를 할 것이라 예상한다. 여러분이 회사의 회장이나 정부 고관이 아니라면, 스스로 (택시를 타고) 호텔에서 호스트의 사무실(또는 집)로 갈 것으로 기대한다. 그렇지만 일단 도착하면 충분하고 따뜻하며 진정한 환영을 받을 것이다. 많은 방문자들은 이곳 미국에서 여러 가정의 초대를 받았을 것이다. 어떤 나라들에서는 집에서 접대하는 것은— 손님을 위해 특별한 일을 하지 않고, "그저" 집에서 만든 음식을 접대하기에 — 친절하지 못한 것으로 여겨지기도 한다. 음식점에서 접대한다는 것은 존중과 환영을 더 한다는 의미이다. 또 장소가 혼잡하다던가, 프라이버시 문제, 언어적 어려움, 가정의 관습 등의 다양한 이유 때문에, 많은 나라에서 외부인은 집으로 초대되지 않는다.

미국에서는 가정접대나 음식점접대는 둘 다 흔한 것이지만, 순전히 사업 관계가 아니라면, 공공장소보다는 집으로 초대하는 것이 더 친절한 것으로 여겨진다. 대도시 출신일수록, 더 그러하다. 그러므로 여러분의 호스트가 집으로 초대한다고 해서 낮은 대우를 받는다고 생각하지는 말아야 한다.

호텔 방에 반기는 꽃도 없다고 해서 무시당한다고 생각하지도 말아야한다. 이러한 우아한 일은 태국, 필리핀, 캐리비아, 네덜란드, 꽃이 비싸지 않고 풍성한 여러 많은 나라들에서나 있는 일이다. 하지만 이곳에서는 꽃은 엄청나게 비싸고, 호텔 배달은 불확실하며, 도착시간도 종종 지연, 변경되기도 하고 아니면 취소되기도 한다. 그러므로 통상 환영의 표시로 꽃을 보내지는 않는다. 그러므로 환영받지 못한다고 느끼지는 말 것이다! 겉으로 눈에 보이는 표상들은 문화마다 다르다. 중요한 것은 내적인 환영의 감정인 것이고 그것이 진정한 것이다.

파티

세계여행을 하다보면 눈에 띄는 흥미로운 관습들 가운데 사람들이 파티에서 행동하는 다양한 방식이 있다. 어떤 나라들에서는 남녀가 각자 방의 반대편 끝 쪽에 몰려 서서 자기들끼리 얘기를 나눈다. 또 어떤 나라들에서는 방 한쪽 켠 큰 의자에 앉아서 옆 사람하고만 얘기하거나, 조용히 음식을 먹으며 광경을 지켜본다. 어떤 나라에서는 사람들은 소개받기 전에는 끈기 있게 조용히 있다가 제대로 소개받은 사람하고만 얘기하는 것이 정상이다.

여러분이 미국에서 큰 파티에 처음 참석하면, 호스트가 여러분을 근처의 두세 사람에게 소개하는데, 다른 사람들이 계속 들어오면, 새로 오는 사람들을 맞이하기 위해 자리를 뜰 수가 있다. 그러면 여러분은 스스로 이 무리 저 무리로 옮겨가며 자기소개를 할 것으로 기대된다. 이게 너무 불편하게 느껴진다면 누군가에게 "제가 여기 처음 와서 아는 사람이 없습니다. 저를 좀 소개시켜 주실 수 있겠는지요?"라고 요청해도 무방하다. 대부분의 사람들은 여러분이 도와달라고 한 것을 기쁘게 생각하여 기꺼이 여러분을 데리고 다니며 소개시켜서 여러분을 편하게 해줄 것이다.

미국인들은 파티에서 많이 움직인다. 작은 모임에서는 앉아있기도 하겠지만, 방에 의자의 수보다 사람 수가 많아지게 되면 — 혹은 그러기 조금 전에 — 사람들이 하나둘씩 (음료수를 가지러 간다든가, 친구를 맞이한다든가, 먹을거리를 가져온다든가 하는) 핑계거리를 대고 일어서는데, 곧 모든 사람이 서서 돌아다니며 이 무리 저 무리와 잡담을 나누는 것을 볼 수가 있다. 어느 시점이 지나면 앉아 있는 것은 지루해진다. 우리는 사람들이 옮겨 다니면서 "자발적 실행자"가 되기를 기대한다. 미국인이 자기소개를 하는 것은 아주 흔한 일이다. 방을 이리저리 다니며 마음 내키는 곳에서 잠시 멈춰 얘기하고 자신과 동료를 소개한다. 그러면 여러분도 자신의 이름을 말하고 함께 있는 사람을 소개하는 것으로 응대한다. 남자들은 적어도 악수를 하는 것이 일반적이다. 때로는 여자들도 악수를 한다. 남자가 여자와 악수를 하는 것은 여자가 먼저 손을 내밀 경우일 뿐이다. 그렇지 않다면, 남자는 그냥 목례를 하고 인사를 한다.

이러한 비격식적인 소개가 끝나고 나면, 잠시 함께 얘기를 나눈다. 아마도 여러 사람들이 여러분에게 다음과 같은 피할 수 없는 질문을 할 것이다: "여기 처음 오셨나요?" "미국에는 얼마동안 계셨나요?" "가족 분들도 함께 오셨나요?" "무얼 하시나요?"(여러분의 직업을 지칭하여). 곧 할 말이 생각나면 대화가 얼마 동안 이어질 것이다. 그러다가 어느 편에서든 스스럼없이 다음과 같이 비격식적인 얘기를 할 수 있다: "예, 만나서 반가웠습니다" 또는 "곧 또 뵙지요". 이는 양편이 다른 무리로 옮겨간다는 신호이다.

큰 파티에서의 기본 규칙은 "한 장소에 너무 오래 머무르지 말라"는 것이다. 흥미롭게 여겨지는 사람들을 선택하여 다가가 말을 건넨다. 이 나라에서 파티의 핵심은 사람들과 만나 이야기하는 것이다. 우리의 견해로는, 호스트의 지붕 아래 모두가 함께 모여 있다는 사실 그 자체가 일종의 소개인 것이다. 그래서 모든 사람이 모든 사람과 스스럼없이 얘기를 할 수 있는 것이다.

우리의 이러한 쉽게 오고가는 양태는 많은 외국인들에게는 낯설다. 많은 미국적인 것들이 그러하듯, 이 또한 대부분 우리의 크기, 수효, 그리고 끊임없이 변동하는 인구에서 기인한다.

초대

(문서화된) 초청에는 가능한 빨리 응답해야 한다. 어떤 초대장 밑에는 R.S.V.P ("꼭 참석여부를 알려주십시오"라는 뜻의 불어 약어)라고 적혀있다. 그러한 초청장에는 응답을 할 필요가 있지만, 그러한 요청이 없다하더라도 여전히 참석여부를 호스트에게 알려주는 것이 예법이다. 전화번호가 있다면 전화를 하면 되지만, 그렇지 않다면 참석 여부를 알리는 짧은 편지를 써 보내는 것이 제일 좋다. 종종 초청장이 이메일로도 오는데, 이럴 경우 이메일 답장도 무방하다.

　　문서로 된 것이든 아니든, 초청을 거절하는 것은 얼마든지 괜찮다. 하지만 감정을 상하지 않게 하려는 해롭지 않은 "악의 없는 거짓말"(white lie)이 사실대로 말하는 것보다 더 선호되는 경우가 여기에 해당한다. 예를 들어 "죄송합니다만, 그 날 저녁에 다른 약속이 있어요" 같이 말할 수 있다. 이미 호스트와 친한 친구가 되었다면, 무슨 약속인지 꼬치꼬치 캐묻지 않을 것이다. 실제로 참석할 계획도 없으면서 초청을 수락하는 것은 공손하지 않은 것으로 여겨진다. 참석할 수 있을지 확실하지 않다면, 거절하는 것이 일반적이다.

　　초청을 직접 받거나 비격식적인 전화로 받는 경우가 많다. 초청을 수락할 때 다음의 4가지를 반복하는 것을 습관화할 필요가 있다. 1) 요일, 2) 날짜, 3) 시간, 4) 장소. 예를 들면 다음과 같이 말한다. "제가 제대로 알고 있는지 확인해보겠습니다. 화요일, 1월 11일, 7시 30분, 선생님 댁에서요." 그렇게 하면 자신이 올바르게 알고 있다는 것이 확실해진다.

　　호스트의 집을 어떻게 가야 하는지 모른다면, 길을 물어서 적어 놓는다. 길 찾는 지시사항을 옳게 알아들었는지를 확인하는 좋은 방법은 호스트가 하는 말을 즉시 되풀이하는 것이다(예를 들면, "브로드웨이에서 우회전"). 얘기가 다 끝나면, 지시사항 전체를 다시 한번 되풀이한다. 호스트에게 지시사항을 이메일로 보내달라고 요청하거나, 인터넷을 이용하여 자신의 주소지에서 파티장까지 운전 지시사항을 얻어낼 수 있다.

미국에서 전화는 널리 보급되어 있어서 의사소통이 아주 쉽기 때문에, 초청을 수락하고도 **미리** 전화로 알리지도 않고 참석하지 않는 것은 무례한 일로 여겨진다. 어떤 일 때문에 참석할 수 없다면, 갈 수 없음을 알게 된 즉시 호스트에게 전화를 해야 한다. 상황을 간략히 설명하고 사과한다. 호스트는 여러분 대신 다른 사람을 초청할 수도 있고, 또 여러분이 주빈이라면 호스트가 여러분의 스케줄에 맞춰 파티 날짜를 변경할 수도 있다.

공고

이 나라에서 교회, 학교, 회사 부서, 클럽 등에서 주최하는 단체 활동 등의 대부분의 사교생활은 이러저러한 공공 파티에서 이루어진다. 이는 저녁 만찬, 피크닉, 여행, 주말 캠핑, 스키 여행, 강연, 연주회, 환영회, 볼링 등 다양한 활동일 수 있다. 주최측에 아는 사람이 있다면, 그러한 모임에 환영받을 것으로 간주된다. 안면식과 관계없이 여러분이 참석할 수 있는 모임들은 많다. 포스터가 보이거나, 안내문을 읽을 때 또는 이벤트를 알리는 신문 기사를 보면, 초대받기를 기다리지 말고, 원한다면 그냥 가도록 한다. 사실상 개인적으로 초청 받는 사람은 아무도 없다. 이러한 공고는 "대중에게 개방되어있다"는 의미이다. 그러한 지역사회 행사는 우호적이며 새로 사람을 만날 수 있는 훌륭한 방법이다. 여러분이 환영받을지에 대해 확신이 안서는 경우에는 그냥 다른 사람에게 물어보면 된다. 그렇지만 꼭 초대받지 않았다 해도 주저할 것은 없다. 협력해야 하는 파티라면, 자신의 몫의 일을 하고 참석하면 된다. 때로 이러한 이벤트는 "포틀럭"일 수 있는데, 이는 모든 사람이 요리 한두 접시를 가져와서 함께 먹는 파티를 의미한다. 어떤 때는 참가비가 있기도 하고, 또 어떤 경우는 모든 것이 공짜이기도 하다.

도착할 때와 떠날 때

⌘ **식사**　　　초청장에 지시된 시각이거나, 정해진 시각 후 5분에서 15분 이내에는 도착해야 한다. 너무 일찍 도착한 경우에는 집 주위를 돌거나, 자동차에서, 또는 로비에서 기다린다. 이 나라에서는 호스트가 요리를 장만하기 십상이다. 이들에게 막바지 준비할 시간을 주도록 한다. 그러므로 일찍 도착하지 않도록 한다. 그 반면에 2, 30분 이상 늦어지겠다 싶은 경우에는, 전화로 알리는 것이 호스트에 대한 예의이다. 이들은 조리대 불을 끄고서 음식을 망치지 않게 된데 대해 여러분에게 감사하게 생각할 것이다.

⌘ **칵테일 파티, 환영회, 티 파티**　　　공식행사 초청장에는 예컨대 오후 5시-7시처럼 시작 시간과 끝나는 시간이 명기되어 있다. 이는 이 시간 사이에는 언제라도 편한 때 도착해도 된다는 의미이다. 꼭 끝나는 시간에 떠나는 것은 아니고, 늦어도 마감시간 30분 이내에는 떠나야 한다. 다른 손님들의 예를 따르는 것이 신참자에게는 훌륭한 방책이다.

⌘ **댄스파티**　　　사람들은 대부분 댄스가 시작된 지 30분에서 1시간 뒤에 도착한다. 플로어에 사람도 별로 없고 밴드도 신통치 않아도 상관없는 진짜 춤꾼이라면 몰라도, 아직 제대로 시작도 하지 않은 댄스보다 더 따분

한 것은 없다.

⌘ 연주회/연극

적어도 개막 시간 10분전에 도착하도록 계획한다. 사전에 좌석이 배정되지 않는 "일반배석"의 경우라면 훨씬 더 일찍 도착한다. 코트를 벗고, 프로그램을 읽고 나서, 연극이나 연주회가 시작되기 전에 자리에 앉는다. 많은 극장이나 연주회장에서는 늦게 도착하는 경우 첫 번 휴식시간이 되어야 자리에 앉을 수 있다. 또한 프로그램이 끝날 때까지 자리에 앉아있도록 계획을 짜야 되겠지만, 꼭 일찍 떠나야 되는 경우라면 휴식시간에 떠난다. 일부 국가와는 달리, 실황 공연에서는 관객들은 다른 사람의 감상을 방해하지 않을 것으로 기대된다.

⌘ 결혼식, 장례식, 공공 강연, 스포츠

정해진 시간보다 10분 가량 일찍 도착하여 편히 자리를 잡고 시작하기를 기다린다. 어떤 경우에는 좋은 자리를 얻으려면 더 일찍 도착해야 할 것이다.

⌘ 업무약속

정확히 약속시간에, 또는 몇 분 일찍 도착한다. 바쁜 사람을 기다리게 하는 것은 예의에 어긋나는 것으로 여겨진다. 반대로 상대방이 여러분을 기다리게 하더라도, 초조함을 보이지 않도록 노력한다. 만나는 장소가 상대방의 사무실이라면 그 사람이 상석을 차지하게 된다. 그게 싫다면, 여러분의 사무실 또는 음식점이나 호텔 로비 같은 중립적인 장소에서 만나도록 약속한다.

음주

미국인들의 음주 습관은 매우 다양하다. 알콜 음료는 전혀 대접하지 않는 가정들도 있다. 어떤 가정에서는 식사 전에 칵테일, 식사 중에 포도주, 식후에 술을 대접한다. 미국의 칵테일에 익숙하지 않은 경우에는 조심할 필요가 있다. 독한 경우가 종종 있기 때문이다. 남자는 물론 여성들도 술을 마시지만, 칵테일을 원하지 않는 경우에는 주저하지 말고 셰리(스페인산 백포도주), 듀보네(프랑스 식전 와인), 또는 (코카콜라나 과일주스 같은) 비 알콜성 음료를 요청한다. 어떤 가정에서는 칵테일 시간이 상당히 길어질 수도 있다. 그럴 때 한잔 이상 마시고 싶지 않다면, 거절해도 무방하다. 또한 내키는 대로 천천히 마셔도 된다. 술과 함께 나오는 음식을 조금 먹는 것도 좋다. 이러한 스낵은 치즈와 크래커, 올리브, 땅콩, 찍어먹는 크림 과 함께 나오는 감자 칩, 또는 다른 작은 "손으로 집어먹는 음식" 같은 것들이다.

호스트가 "무얼 마시겠습니까?"라고 묻는다면, "어떤 것들이 있나요?"라고 대답하거나, 좋아하는 특정 음료를 요청할 수도 있다. 대부분의 가정에서 접대하는 칵테일은 흔히 다음과 같은 것들이다:

- **진토닉**: 특히 여름철 음료로 인기 있다. 진과 퀴닌 탄산수 그리고 얼음을 섞어 만드는데, 흔히 박하 잔가지와 레몬 혹은 라임조각을 첨가한다.
- **스카치 또는 버번**: 두 가지 종류의 위스키로서, 물 또는 탄산수와 함께, 혹은 "온더락스"로 나온다. 온더락스란 아무것도 첨가하지 않고 얼음 위에 술을 부은 것을 의미한다. 위스키를 조금 덜 강하게 마시고 싶으면 "물을 조금 탄 온더락스"를 요청할 수 있다.

- **마티니**: 무색의 강력한 술로서, 달지 않은 베르무트와 진으로 만들며, 온 더락스로 혹은 얼음 없는 "스트레이트"로 마신다. 레몬이나 올리브를 약간 첨가한다. 또한 보드카 마티니를 요청할 수도 있다.
- **맨해튼**: 달고 어두운 색깔인데, 단맛의 베르무트와 위스키로 만들고, 온 더락스나 스트레이트로 마신다.
- **블러디메리**: 순한 술로서 종종 점심 혹은 브런치(늦은 아침에 아침과 점심을 겸한 식사)에 접대하는데, 향신료가 들어있는 토마토 주스와 보드카/진 한두 온스를 섞어서 만들며 얼음 위에 부어 내온다.
- **스크류드라이버**: 보드카와 오렌지 주스를 섞은 것으로서, 종종 브런치 때 나온다. 얼음 위에 부어서 칵테일로 마시는 사람들도 있다.

얼음에 섞은 술은 스트레이트로 마실 때보다는 덜 독한데, 특히 얼음이 조금 녹은 다음에는 더욱 그렇다. 미국인들은 세상에서 그 어떤 사람들보다도 얼음을 더 많이 사용한다.

많은 사람들이 칵테일보다는 맥주나 포도주를 더 좋아하여, 칵테일을 대접하는 집에는 대부분 맥주와 포도주도 있다. 호스트가 무엇을 마시겠느냐고 물어보면, 백포도주, 혹은 적포도주를 요청할 수 있다.

직장 동료들이 귀갓길에 한 잔하게 되는 경우, 통상 제안을 한 사람이 첫 술값을 낸다. 종종 동료가 두 번째 비용을 낸다. 그렇지만, 이런 것은 그리 엄격한 규칙은 아니어서, 각자 자기 술값을 내기도 한다. 보통 어떤 사람이 "한잔 어때?"라고 하는 경우에는, 각자 지불한다. 업무상의 점심 중에 한 잔 하는 사람들이 많다. 원하지 않는 경우에는 확실히 거절할 수 있다. 점심때 맥주나 와인을 주문하는 경우도 흔하다.

식사 때 커피나 차(계절에 따라 차갑고 뜨거울 수 있다), 혹은 청량음료를 대접받는다고 해서 놀랄 필요는 없다. 물은 언제나 나오지는 않으므로, 집에서나 음식점에서 기탄 없이 요청할 수 있다.

가정만찬

미국인들의 가정에서 먹는 저녁은 비격식적이고 편안하다. 여러분은 아마도 가정 스타일로 대접을 받을 것이다. 접시와 그릇이 이 사람 저 사람에게 건네 지거나, 아니면 호스트가 테이블 한쪽 끝에서 접대할 수도 있다. 모든 연령대가 함께 식사한다. 많은 현대 미국가정에서 맡은 일의 경계가 뚜렷하지 않다. 칵테일 대접, 저녁 준비, 식후 식탁 치우기, 설거지 혹은 설거지 기계에 그릇 넣기 — 이러한 일은 가족 중 어느 한사람, 혹은 여럿이서 할 수 있다. 이러한 일을 여러분이 도울 것인가 하는 문제는 여러분의 지위와 나이, 또 그 집에 얼마나 자주 갔었는지, 그리고 가정 관습에 달려있다. 여러분이 홈스테이 학생이거나 장기 방문자라면, 그 가족의 일원으로 취급될 것이고 따라서 이러한 책무에 참여하게 될 것이다. 여러분이 잠시 방문하는 사업가, 중역 혹은 특별 손님이라면, 그런 일을 도울 것으로 기대하지는 않는다. 일반적으로, "소매를 걷어붙이고" 이러한 집안 일을 돕는 (또는 적어도 돕겠다고 나서는) 사람들은 호스트를 하인처럼 취급하는 사람들보다 더 높이 평가된다. 최소한도, "테이블을 치우는" 일을 돕거나, 테이블에서 싱크대까지 지저분한 접시를 나르는 것은 좋은 일이다.

식사 때는 호스트가 먹기 시작할 때까지 기다리고, 모든 사람들과 비슷하게 식사를 마치는 것이 관례이다. 때때로 호스트를 쳐다보고 자신의 속도를 가늠한다. 미국인들은 많은 다른 나라 사람들보다도 다소 빨리 먹는 경향을 보인다.

다른 사람들은 다 먹었는데 혼자서 뒤쳐지게 되면 당황스러울 것이다.

종교적인 (또는 다른) 이유 때문에 못 먹는 음식이 있다면, 초청을 받을 때 호스트에게 미리 설명하도록 한다. "종교 때문에 돼지고기를 안 먹는다는 걸 알려드려야 하겠네요", "고기를 먹지 말라는 의사선생님의 말에 따라 식이요법을 좀 엄하게 하고 있습니다", "제가 채식주의자인데 이것 때문에 혹 불편하게 해드리는 것은 아닌지요" 같이 말할 수 있다. 미리 설명할 수가 없다면, 식탁에 앉아서 못 먹는 음식이 있나를 알아본 뒤 설명을 하면 된다. 아니면 손대지 말고 접시에 그냥 남겨둬도 된다. 처음에는 미국음식이 입맛에 안 맞을 수도 있겠지만, 모든 음식을 조금씩이라도 맛보고 수고로움에 감사를 표한다면 호스트가 기뻐할 것이다. 그 집에서 요리를 만든 사람(또는 사람들 ─ 남편과 아내가 함께 준비했을 것이므로)은 여러분을 즐겁게 하려고 노력을 많이 했을 것이다.

나이프를 쓸 때 포크를 오른손에서 왼손으로 ─ 다시 원래대로 ─ 옮기는 미국인들의 습관은 많은 사람들에게 낯선 것이다. 여러분도 이러한 어색한 관습을 애써 해야 된다고 생각할 필요는 없다. 편한 대로 하면 된다. 그렇지만, 빵을 국물에 적신다든가, 냅킨을 턱 밑에 끼우는 것은 ─ 이렇게 하는 미국인들도 있기는 하지만 ─ 옳지 않은 것으로 여겨진다. 호스트를 눈여겨보는 것이 좋다. 식탁에서 음식을 먹을 때 (쩝쩝거리는) 소리를 내거나 트림을 하거나 혹은 다른 소음을 내는 것은 절대로 적절하지 않다. 호스트가 담배를 피우지 않는 한, 식탁에서 담배를 피워서는 안 된다. 아니면, 흡연 장소가 있는지 물어볼 수도 있다. (13장 미국인의 식습관 참조)

떠날 때는 호스트에게 감사를 표하는 것이 자연스럽다. 그렇지만 정말로 예절 바르고 상냥한 사람이라 여겨지고 싶다면, 하루 이틀 이내에 편지를 보낸다. 상대방은 매우 기뻐할 것이다. 그게 아니라면, 대신 전화로 감사를 표할 수 있다.

전화는 파티 바로 다음날 해야 한다. 모든 사람이 이렇게 하는 것은 아니지만, 어려운 일도 아니고 또 호스트 가정은 여러분의 (예절바른) 제스처를 오랫동안 기억할 것이다.

⌘ 뷔페 식사

"앉아 먹는 저녁식사"와 대조적으로 "뷔페" 식사는 가사 도우미 없이도 손쉽고 비격식적이어서 인기 있는 접대 방식이다. 무엇이 적절한가하는 것에 관한 엄격한 규칙은 없다. 호스트가 사람들을 안내하여 좌석을 알려줄 것이다. 집안의 배치라든가 사람 수는 몇 명인가에 따라 가정마다 운영방식은 다르다. 사람들이 편안하게 즐겁고도 편한 시간을 함께 하는 것이 요체이다.

⌘ 포틀럭

특히 젊은 독신자들 사이에서 매우 인기 있는 접대 방식이 "포틀럭" 저녁식사이다. 이 방식에서는 손님 각각이 각기 다른 음식을 가져와야 한다. 예를 들면, 한사람은 샐러드를, 또 다른 이는 주 요리를, 세 번째 사람은 부 요리를, 네 번째 사람은 디저트를 가져오는 식이다. 이러한 식사는 종종 "주제"가 붙어 있는데 — 예를 들면, 중동요리, 멕시칸요리, 중국요리 같은 것이다. 그 날의 주제는 여러분 고국의 음식일 수도 있는데, 어떤 사람이 여러분 나라의 음식을 알아보지 못한다 해도, 기분 나쁘게 생각하지는 말 것이다.

⌘ 선물

점심이나 저녁초대를 받으면 꽃이나 작은 선물을 가져오는 것은 언제나 환영받고 또 정중한 일인데, 특히 첫 방문이거나 생일, 크리스마스와 같은 특별한 경우라면 더욱 그러하다. 그렇지만, 우리는 서로의 집에 비격식적으로, 그리고 자주 들락거리기 때문에 선물은 절대로 의무적인 것이 아니다. 정말로 뭔가를 선물한다면, 작고 간단한 것이어야 한다. 선물이라기보다는 우호적인 제스처로서 예컨대, 포도주 한 병, 여러분 고국의 기념품, 작은 캔디상자, 비싸지 않은 꽃 한 다발 같은 수수한 것이면 된다. 하루를 자거나 주말 손님이라면, 선물을 가져오는 경우가 관례적이지만, 그렇더라도 화려하지는 않지만 한 끼 식사 초대 때의 선물보다는 조금 더 특별한 것이면 좋다. 사치스러운 선물은 미국인들을 불편하게 만든다는 점을 기억하자.

남녀관계

미국인들은 여전히 남녀간의 평등의 의미를 이해하려 노력하고 있고, 어떤 남자들은 역할이 변하는 것에 곤혹스러워하고, 심지어는 자기주장이 강하고 행정, 경영직에 있는 여자들에게 위협감을 느끼기도 한다. 남자는 돈벌이하고 여자는 가정주부여야 한다는 전통적인 생각을 가진 남자들에게는 지금은 힘든 때다. 그러나 일반적으로 문화적 조정이 이루어지고 있고 대부분 사람들은 남녀가 실제로 평등한 관계를 이루어 갈 수 있음을 깨닫고 있다.

♋ 남녀간 예절 평등을 향한 운동에도 불구하고, 전통적인 예절을 좋아하고, 남자들이 그러한 예절을 베푸는 것을 기분 나빠하지 않는 여자들은 여전히 많이 있다. 그리고 많은 남자들도 역시 여전히 여자들에게 그러한 예절을 ― 특히 공식적인 경우에 ― 보이기를 원한다. 대부분의 경우, 남자들은 아직도 여자들을 위해 문을 열어주고, 먼저 가도록 양보한다. 미국에서는 통

상 여자들이 남자보다 먼저 방, 극장, 음식점등에 들어간다.

⌘ 성인 데이트　　　　특히 도시에서는 남녀가 밖에서 많이 어울린다. 스키도
　　　　　　　　　　함께 타고, 일도 함께 하며, 음식점이나 상대의 아파트에
서 식사도 함께 한다. 겉보기와는 달리, 데이트를 한다고 꼭 이들이 성행위에 관
심이 있다는 의미는 아니다. 물론 어떤 남녀한테는 사실일 수도 있다.

　　　남자가 여자를 음식점에 초대할 때 남자가 저녁 값을 냈다고 여자가 성행
위의 부담을 느끼지는 않는다. 남자의 제의를 받아들여 함께 시간을 보낸 것만으
로도 두 사람의 즐거운 저녁시간에 보탬이 된 것으로 느낄 뿐, 남자에게 더 이상
의 의무감은 갖지 않는다. 남자가 여자에게 식사나 선물을 제공한다고 해서 성적
인 친밀함까지 살 수 있는 것은 아니다.

　　　미국 여성들은 교제를 쉽게 하고 또 평등함을 유지하는데 익숙해져 있다.
미국의 여성들은 유순하거나, 순종적이거나, 남의 말에 복종을 잘 할 것으로 기대
한다면, 그런 사람은 이곳 미국에서 곤란을 겪게 될 것이다. 오늘날의 미국여성은
매우 자립적이다. 자신의 일은 스스로 선택하고, 또 남자 혼자서만 결정하는 것이
아니라 함께 결정을 하기를 원한다.

　　　데이트 비용은 누가 내는가? 대략적인 일반 원칙은 여자가 직장이나 대학
에 다닌다면, 각자 자기 몫을 낸다는 것이다. 남자가 여자에게 데이트 요청을 하
는 경우에는 남자가 돈을 써야 하지만, (각자 자신의 비용을 낸다는 의미인) 더치
페이[7](going Dutch)[8]는 흔한 일이 되었다. 그러나 정상적인 근무시간을 떠나 남

---

7) Dutch pay는 back mirror처럼 올바른 영어 표현이 아니다. (역자 주)
8) 네덜란드 사람들에게는 사과를 드린다. 그러나 무의식적으로 경멸적인 투가 들어 있기는 하지만
　　이는 미국에서는 흔한 표현이다.

자가 여자에게 특별한 것을 제안하는 경우－예를 들면, 칵테일이나 저녁식사, 댄스, 또는 영화 등－이러한 초대 자체가 "나의 손님으로 오라"는 뜻이다. 모든 데이트 양상이 변해가고 있다. 젊은 남녀는 누가 어떤 비용을 낼 지에 대해 아주 공개적으로 솔직하게 이야기를 한다. 여러분은 거리낌 없이 친구에게 조언을 구할 수 있다.

⌘ 독신녀　　　여자 혼자서 아침, 점심, 저녁을 먹기 위해 음식점에 갈 수는 있지만, 대체로 대부분의 여자들은 대도시의 세련되고 비싼 음식점이나, 쇼/댄싱을 하는 화려한 나이트클럽은 피한다. 독신녀들은 또 친구와 대동하거나 독신 바가 아니라면, 선술집(public bar)도 피한다. 그렇지만 호텔의 칵테일 라운지에는 편하게 갈 수 있다.

요즘 세상에서, 일반적으로 독신녀는 대도시 공공장소에서 자신에게 접근하는 독신남과 대화를 오래 하지 않는 것이 좋다. 몇 마디 나누고 웃음을 짓는 것은 괜찮지만, 남자가 대화를 계속하고자 한다면, 이 사람은 아마도 [섹스를 하기 쉬운 데이트 상대라는 의미인] "오가다 만난 상대"(pickup)를 찾는 것일 수도 있다. 잘 알기 전에는 이런 사람이 여러분의 주소나 방 번호를 보거나 듣지 못하도록 해야 한다.

일을 얻기 위해 미국에 오는 독신 남녀는 종종 친구를 사귀거나 데이트 상대를 만나는 방법을 터득해야 한다. 대체로 사무실 남녀 직원들은 배우자와 자녀가 있는 집으로 귀가하기 위해 5시에 서둘러 퇴근하는, 가정을 가진 사람들이다. 종종 독신자들은 날마다 보며 함께 일하는 사람과 내밀한 관계를 가지게 되는 것을 두려워한다. 또한 요즈음은 8장에서도 논의되겠지만, 직장내 성희롱에 관해서 논의도 많이 이루어지고 있다.

여러분이 독신 여성이라면, 남자를— 또는 여자를— 만나는 제일 좋은 방법은 스포츠 활동이나 클럽, 동호회 등을 통하는 것이다. 스키, 볼링팀에 가입하기; 골프나 테니스하기; 수영, 합기도 클럽에 가입하는 등을 들 수 있다. 여러분이 그렇게 운동체질이 아니라면, 합창반이나 독서클럽에 가입하거나 남녀 모두에게 적합한 야간 수업— 예를 들면, 도자기반, 사진반, 사교댄스반— 등을 들으면 좋다.

여러분이 데이트 신청을 받으면, 여러분 자신이 속도 조절을 할 수 있다는 점을 명심한다. 이 나라에서는 남자가 데이트 신청도 하고 계획도 짜지만, 어떤 것이 상대를 즐겁게 할지를 먼저 알아보려 할 것이다. 그러면 여러분이 좋아하는 것들을 알려줄 수 있는 기회가 있게 될 것이다. 예를 들면, 하이킹이나 음악 감상, 여럿이 함께 하거나 단둘이서만 촛불을 켜고 식사를 하는 것[9] 등이다. 이러한 결정과 더불어 우정의 단계를 정하는 것도 (여성인) 여러분이다. 원한다면 플라토닉한 관계를 유지 할 수 있다. 남자가 점점 더 애정 표현을 하려 하는 것 같은데 여러분은 그러고 싶지 않다면, 여러분은 그 점을 분명히 할 수 있다. 선택권은 여자에게 있다.

여러분이 독신 남자를, 여럿이 모이거나 단둘만의 저녁이나 파티에 초대하는 것은 정말로 괜찮다. 그러나 전혀 모르는 사람으로부터 데이트 신청을 수락하는 것은 현명하지 않은 것이다. 또한 여러분의 아파트에서 한잔하자고 청하면 남자는 때로 이를 섹스에의 초대로 오해할 수도 있다는 점을 명심하자.

♋ 독신녀와 독신남

대부분의 대도시에는 각지에서 일하러 온 독신 남녀가 많이 있다. 이들은 새로운 사람을 만나기 힘들기 때문에 "독신자 클럽"이 많이 생겨났다. 이런 클럽가운데는, 누구나 자유롭게 성적 대

---

9) dine by candlelight: 남녀간의 로맨틱한 관계를 보여주는 풍경이다. (역자주)

상을 고를 수 있는 곳들도 있고, 또 어떤 곳은 정말로 좋은 클럽이어서, 남녀가 사귈 수 있도록 연극파티, 칵테일파티, 또 다른 활동을 제공해주기도 한다. 이렇게 조직화된 클럽들은 때로 월간 책자를 발행하기도 하고, 그 달에 계획되어 있는 활동들을 알리는 게시판도 갖춰져 있다. 관심이 있다면 어떤 파티나 행사도 참여할 수 있다. 남성이든 여성이든 마음에 맞는 사람들을 만날 수 있다면 좋지만, 그렇지 않다고 해도 다시 시도해 볼 수도 있다. 비록 혼자 가더라도 문간에서 여러분을 맞이하고, 다른 사람에게 소개도 시켜주어서 한데 섞이기 쉽도록 해주는 사람들은 언제나 있기 마련이다.

어떤 단체에 가입하면, 천천히 시작하도록 한다. 처음에는 조금 삼가 하여 조심한다. 친구하자고 덤비는, 극도로 친절을 베푸는 유형은 실은 그 클럽의 "따분한 사람"이어서 자기 말을 들어줄 새로운 사람을 찾는 것일 수도 있다. 누구와 너무 가까워지기 전에 시간을 가지고 상황을 지켜보도록 한다. 이러한 종류의 클럽들은 종종 종교적인 교제나 협회를 통하여 알아낼 수 있고, 그렇지 않다면 주변 사람들에게 물어도 되고 또 지역 신문을 살펴볼 수도 있다.

또 미혼, 기혼 남녀들이 모두 이용할 수 있는 다양한 스포츠/운동 클럽들이 있다. 이러한 클럽들은 자신이 좋아하는 것을 하면서 동시에 다른 사람을 만날 수 있는 위험하지 않은 한 방법이 될 수 있다.

개인광고는 독신 남녀가 만날 수 있는 방법으로서, 인기가 매우 높다. 이는 클럽이나 빠를 별로 좋아하지 않는 사람들에게 매력적이다. 많은 잡지와 더불어 대부분의 일간, 주간 신문들이 다양한 포맷과 응답 양식을 갖춘 개인광고를 제공한다. 이러한 광고에 응답을 보내거나, 스스로의 광고를 보낼 수도 있다. 값비싼 데이트 서비스에 비하면 이러한 광고 서비스는 통상 합당한 가격이다.

인터넷상의 개인광고는 인기가 매우 좋은데, 이러한 대중적인 인기 때문에 한때 개인광고에 연관되었던 사회적인 오점이 크게 제거되었다. 인터넷 중매 서비스는 비싼 경우가 많기는 해도 가입자들을 걸러주어서 편리하고 안전하지만, 여전히 조심스러워야 함은 물론이다.

상대방을 잘 알 때까지는 개인적인 만남은 공공장소에서 하고 주소나 직장 정보는 알려주지 않도록 한다. 중매서비스 또한 점점 인기가 높아지고 있다. "스피드 데이트" 파티와 같은 혁신적인 접근 방법들도 인기를 얻고 있다. 이는 각 사람이 정해진 몇 분 동안 상대방과 대화를 나누면서 많은 사람들을 알아 가는 방식이다. 서로 관심이 생기면 좀더 긴 데이트가 주선된다.

그러나 구매자들은 조심! 개인광고에 응답을 보내는 것은 특히 대도시에서는 위험할 수 있다. 모험을 해보기 전에 동료나 친구들과 의논을 해본다. 광고 중에는 덜 위험한 사람들의 명단이 있을 수도 있다.

⌘ **성적 관계**   여자가 남자와 단둘이 있는 것을 마다하지 않는다는 것은, (미국 남자를 포함하여) 세상의 많은 남자들에게는 성적으로 접근 가능하다는 암시로 비쳐진다. 이는 물론 사실이 아니지만, 처음부터 이러한 것을 깨닫는 것은 중요한 일이다. 너무 빨리 접근하면 미국여자들은 겁을 먹고 달아나 버린다. 미국 여성들은 매우 친절해 보일 수 있지만, 그렇다고 첫 만남에서 (또는 그 어떤 다른 때에도) 성관계를 맺으려는 의도는 없다. 대부분의 미국 여성들은 난잡하지 않다. 성관계를, 심지어 혼외 성관계도 가지려 결정할 수도 있겠지만, 남자에게 진정한 애정을 느끼지 않는다면 그렇지 않다. 또 대부분 한 번에 한 남자와 상당기간 동안 사귄다. 대부분은 "손쉬운 한 건 상대"(an easy score)를 찾지 않고, 또 그럴 것이라는 가정은 마음에 들어하지 않는다.

고국에 아내나 남편이 있다면, 처음부터 이 사실을 주변 사람들에게 알리도록 한다. 그런다고 꼭 달라질 것은 없지만, 주위 사람들은 여러분의 상황을 알고 싶어한다. 상대방이 속이거나 거짓말을 하거나 우리를 오해하게 만든다는 의심이 들면 우리는 속은 느낌이 들게 되고 즉각 관계를 끊어버린다.

일반적으로 미국여성과 데이트하는 남성들은 첫 데이트 때, 또는 첫 몇 번의 데이트 때 성관계를 맺으려는 시도는 하지 말아야 한다. 오늘날처럼 표현의 자유가 있는 세상에서, 성관계를 맺는 것에 대한 여자의 느낌에 대해 질문할 수 있다. 그렇지만 상황이 매우 친숙하게 여겨지더라도 너무 빨리 너무 일찍 행동에 돌입하면, 기회는 희박하게 될 것이다.

또 기억해야 할 중요한 점은 너무 적극적으로 성을 추구하다보면 법적인 문제에 얽힐 수도 있다는 것이다. 대부분의 주에서는 쌍방의 동의 없이 성이 이루어지면, 법적으로 강간으로 간주된다. 그러므로 데이트 상대가 동의를 하지 않거나 동의를 할 수 없는 경우에는(예컨대, 술이나 다른 약물로 인해 능력상실이 된 경우), 여러분은 강간의 의사가 없었다 하더라도 여성이 고소할 수도 있다. 비록 성이나 성적 관심을 직접적으로 이야기하는 것이 어렵더라도(미국인들의 직접적인 의사소통방식에도 불구하고 대부분의 미국인들에게도 어렵다), 오해를 피하는 것은 필수적이다. 그렇지 않으면 끔찍한 결과를 낳을 수도 있기 때문이다.

⚣ 남녀동성애자의 사회생활　　　　대부분의 도시에는 남녀 동성애자가 이용하는 빠와 음식점들이 있다. 동성애자나 양성애자들은 전화부에서 동성애자 모임 센터나 봉사 센터 목록을 찾을 수 있는데, 이를 통하여 그 지역 빠, 단체, 혹은 클럽들에 대한 정보를 얻어낼 수 있다. 또한 대형 서점에서 신문과 잡지를 통해 동성애자가 이용할 수 있는 시설의 목록을 알아낼 수 있다.

최근에는 일부 주와 시 당국들이 동성애자 커플에게 결혼 증서(또는 그에 해당하는 증서)를 교부하기 시작하였는데, 이로 인해 때로는 흥미로운 국가적인 논쟁이 야기되었다. 사태의 추이에 따라서는 동성애자들이 결혼을 할 수 있는 기회를 가지게 될 수도 있다! 그렇지만, 상대방은 미국 시민이거나 영주권자인데 자신은 그렇지 않다면 조심할 필요가 있다. 아마도 이민법이 동성애자 결혼을 받아들이기까지는 상당한 시간이 필요할 것인데, 거주권 연장이라는 측면에서 보면 동성애자 결혼은 이성애자 결혼의 지위를 누리지 못할 것이다. 동성애자 결혼을 한다면 이것은 당사자가 더 이상 "임시" 방문자일 의도가 없다는 증거로 받아들여질 수도 있는데, 이러한 경우 비자 갱신이나 체류연장 시에 문제가 일어날 수도 있다.

여타 나라에서와 마찬가지로 이곳에서도 언제 누구에게 "커밍아웃"10)을 선언할 것인지, 그리고 과연 선언을 할 것인가 하는 것은 대답하기 어려운 문제이다. 공적인 생활에서 확실히 "아웃"을 선언한 사람들도 많고, 자신의 성 지향성을 비밀로 하려는 사람들, 즉 아직도 "골방 속에 있는"(in the closet) 사람들도 많다. 아마도 대부분의 동성애자들은 균형을 맞춰서 직장에서는 자신의 성 지향성을 비밀로 하지만 사회생활에서는 공개적일 것이다. 예전보다는 덜 분명하고 덜 공개적이기는 하지만, 동성애자들에 대한 편견이 여전히 존재하는 것은 슬픈 일이다. 주변에서 이를 얼마나 받아들이는가를 알아차릴 수 있다면, 미국 생활에 좀 더 편히 적응하는데 도움이 될 것이다.

---

10) coming out 은 원래 coming out of the closet 인데, 더 이상 숨어있지 않고 골방에서 밖으로 나온다는 뜻임. (역자주)

5 시민생활

민주적이며 자유로운 사회인 미국은 시민들의 참여 활동에 크게 의존하고 있다. 비록 유권자 전체의 절반만이 투표에 참여하지만, 시민의 의무에는 투표만 있는 것은 아니다. 또한 대부분의 미국인은 자신이 속한 종교집단, 사회복지단체, 이웃과 지역사회를 포함한 수많은 자선단체에 자신의 시간과 돈을 들여 봉사한다.

정치제도

정부가 중앙집권화되고 강력한 힘을 발휘하는 국가에서 온 사람들은 개인의 정치참여활동을 당혹스럽게 생각할 수도 있다. "풀뿌리민주주의"는 그들에게 혼란스럽게 보인다. 즉, 우리 시와 읍, 군, 주 사이의 관계와 국가내부의 관계를 그들이 이해하기는 힘들다.

미국인에게 "state(주의 의미로서)"라는 단어는 연방정부에 의해 다소 느슨하게 결합되어 있는 50개의 국체 중의 하나를 의미한다. 그러나 시리아, 북한, 파라과이, 그리고 많은 여타의 나라사람들에게 "state(국가의 의미로서)"는 우리의 연방정부보다 훨씬 더 강한 절대적인 권력을 가지고 있는 강력한 중앙집권적인 정부를 의미한다. 이러한 종류의 규율에 익숙해져 있는 사람들에는 중앙집권적인 권력이 정상적이고 편안한 느낌을 준다. 그러한 사람들은 지도자가 단호하고, 신속하게 그리고 단독으로 행동하기를 기대한다. 이들은 미국인들이 타협, 위원회의 결정, 그리고 사람들과의 협의를 선호한다는 것을 이해하기는 어려울 것이다. 협의 상대가 지도자의 정적인 경우에는 더욱 그러할 것이다.

우리 정부가 "여론의 향방을 확인하는 데는 장기간에 걸친 업무 지연과 법률적, 정치적 공방이 뒤따르는데, 이는 종종 우리정부가 사안에 대해 관심이 없거나 실제 자신의 입장표명이 성실하지 않다는 의미로 잘못 해석되기도 한다.

미국에 처음 입국하는 사람들은 미국인이 (1) 법률 (2) 정책 (3) 현실간의 차이를 인식하고 있고 또 이들 사이에 여유의 폭을 두고 있다는 점을 이해할 필요가 있다. 이 세 가지 요소들 사이에는 종종 밀고 당김이 있는데, 이는 마치 배가 맞바람과 격랑을 만나면 삐걱대고 뒤틀리는 것과 같다. 하지만, 배는 온전한 상태를 유지하며 느리지만 계속 전진한다. 배가 이렇게 할 수 있는 이유는 모든 접합부위가 유격이 있기 때문이다. 그러므로 배와 같이 국가는 가라앉지 않고 심한 스트레스 속에서도 물위에 떠있게 될 수 있는 것이다.

시민의 권리와 관련하여 전 국가적인 깊은 불화의 문제를 살펴보자.

- **법률**: 연방법에 따르면 현재 그 누구에 대해서도 법률적 혹은 헌법적으로 인종차별이 없다.
- **정책**: 연방정책에는 차별은 불법적이며 "가장 신속하게" 제거되어야 한다고 되어 있다. (그러나 "차별철폐조처"에서 나타나는 소위 "역"차별은 여전히 가능하다. 물론 어떤 형태가 허용되는가는 여전히 뜨거운 논쟁거리이다.)
- **현실**: 너무 느리고, 속도도 고르지 못하고, 때로는 2보 전진, 1보 후퇴하며, 어떤 주에서는 다른 주보다 더 빠르게 진행되기는 하지만, 미국은 장애인들뿐만 아니라, 소수인종에 대한 인종차별을 종식시키려는 노력을 하고 있다.

미국은 오랫동안 국가적, 주, 지방, 개인 수준에서 일어나는 수많은 여러 심각한 문제와 씨름해오고 있으며 점진적으로 타협점을 내놓고 다양한 문제를 해결하고 있다. 깊은 지역적, 감정적, 개인적인 차이점에도 불구하고 미국은 자국의 법에 따라 이러한 과정을 헤쳐나가면서, 제 궤도를 유지하고 있다.

고도로 중앙집권적인 국가의 사람들은 이해하기가 어렵겠지만, 정말로 권력은 궁극적으로 미국 국민의 손에 놓여 있는 것이 사실이다. 이것은 정치적, 경제적, 또는 사회적 권력 그 어느 분야에도 적용된다. 미국인들은 권위적인 지도자나 정부를 신뢰하지 않으며, 이들의 억압을 오래 참지 않는다. 미국인들은 권력이 집중되는 것을 좋아하지 않는다. 이것이 그들이 원하는 방식인 것이다. 그래서, 시민권, 불법이민, 이혼법, 여성봉급의 평등성, 낙태법, 동성애자 권리, 의료와 같은 사회적인 문제들은 오랫동안 주와 국가 양측의 차원에서 열띤 논란거리였다. 국법은 많은 주의 차이와 입장을 반영하고 있다. 변화는 끝없는 토론 뒤에 천천히 다가온다. 결국 변화가 쌓여 새로운 법이 제정되는 과정도 역시 전체 다수의 승인을 얻어 천천히 이루어진다. 그러므로 대부분의 법은 한번 자리를 잡으면 안정된 상태로 유지된다.

다수당-소수당의 정치학

소수당의 구성원이 열띤 경쟁 속에서 치러진 선거 결과를 차분히 받아들인다는 것, 그리고 호된 정적 간에도 협력한다는 사실은 많은 외국인 방문자에게는 이해하기 어려운 개념이다. 어떤 사람들은 라니 기니어라는 법률학자가 명명한, [우리 체계에서 51%의 득표가 100%의 힘을 발휘하게 된다는 의미인] "다수의 폭력"이라는 것을 두려워한다. 많은 나라들과 다르게, 미국의 주 의석은 최소한의 표를 얻는 모든 정당 간에 배분이 이루어지는 것은 아니다. 그보다는 각각의 의석은 별도로 각각 투표되고, 자기 지역구내에서 가장 많은 득표를 한 후보자가 우승하게 되는 것이다. 실제로 그러한 체제 내에서 소수의 목소리를 들을 수 있다고 생각하기는 어렵다. 2000년 대통령선거전에서 조지 부시는 앨 고어보다 더 적은 대중의 표를 얻었지만 결국 선거인단 선거 과정에서 대통령이 되었다. 비록 대통령 선거가 과거 선거인단에 의해 결정되어 왔으나 이러한 일이 벌어진 것은 100년이 넘는 기간 중 처음 있는 일이었다. 선거인단은 후보자가 인구가 가장 많은 주들만의 지원을 받아 대통령이 되는 것을 막기 위해 고안된 것이다. 미국 방문자들이 주목할 만한 흥미로운 사실은, 많은 굴곡과 그 모든 열성적인 당파근성에도 불구하고 2000년의 대선은 이러한 체제가 얼마나 안정적인가를 보여준다는 점이다. 결국 대부분의 미국인들은 심각한 파업이나 데모 또는 폭동 같은 것 없이 결과를 받아들였다.

미국인들은 어려서부터 이러한 정치제도를 배우기 시작한다. 때로는 초등학교 1학년 때부터 선거유세를 하고, 투표하고, 학급위원회와 학급임원을 급우 가운데서 선출한다. 또 다른 경우는, 유치원에서부터 찾아볼 수 있는 것으로, 선생님은 아이들을 "과일쥬스 위원회", "금붕어먹이 주는 위원회"," 칠판청소 위원회", 또는 다소 이상하게 들리는 다른 위원회에 지명한다. 투표과정, 책임의 개념, 다수소수의 개념이 곧 어린 미국인들에게 친숙하게 된다. 이들은 패배를 받아들이고 내일을 향하여 나아간다. 다시 말하면, 미국의 정부조직의 유형 속에서 사는 법을 배우는 것이다.

기부방법

미국인들은 자신이 믿는 대의를 위해 기부하려는 성향이 매우 높다. 그러므로 미국인들은 대학, 병원과 비영리시설, 자선, 종교, 구제조직과 환경단체에 넉넉히 기부한다.

개개인이 자선사업가가 되는 미국체제는 우리의 개인사업 체제와 궤를 같이한다. 대기업과 가족재단은 매년 자선목적으로 수백만 불을 기부한다. 또 그러한 큰 기부자와 함께, 수백만의 개인들이 자선단체에 직접 기부를 한다. 그러므로 학교, 기업, 공장─즉 직원이 있는 거의 모든 곳은 이런 저런 목적을 위해 기부하도록 장려한다. 가장 잘 알려진 방법 중의 하나는 "유나이티드 웨이"라는 자선단체를 통하는 것인데, 이는 기부금을 모아서 금전, 옷, 또는 식량으로 바꿔 다양한 가치 있는 목적을 위해 분배해주는 상부기구이다. 사무실에서는 1주에서 1개월 정도에 걸쳐 직원들의 그 해 목표액을 모금하는 "운동"을 벌인다.

더욱이 많은 조직들은 직접적인 메일 (또는 전화) 호소를 통해 기금을 모은다. 그러한 조직들로부터 편지가 자주 오는데, 개인들은 어느 곳에 기부를 할지를 선택하게 된다. 기부가 의무사항은 아니지만, 많은 사람들은 그들이 할 수 있는 범위 안에서 그렇게 한다.

일 년 내내, 특히 추수감사절과 공휴일 기간에 자선단체들은 가난하고 궁핍한 사람들에게 나눠주기 위해 새 옷이나 헌 옷, 장난감, 음식 등을 모은다. 게다가, "걷기 마라톤", "자전거마라톤", "전화마라톤"은 가치 있는 목적을 위해 기금을 모으는 또 다른 방법이다. 예를 들어, 해마다 많은 도시들은 에이즈와 유방암에 대한 연구를 지원하기 위해 걷기, 자전거 타기 또는 달리기 행사를 개최한다. 이러한 행사기간에 참가자들은 에이즈 환자와, 암 및 에이즈 연구를 위한 기금모금을 위해 1마일, 또는 몇 마일, 수마일 까지도 걷는다(또는 자전거를 타거나 달린다). 이 행사에 참가하는 사람들의 친구들은, 거리에 따라서 상당량의 기부를 서약한다.

궁핍한 사람들을 돕기를 원하는 마음가짐 때문에 기부문화가 활발하긴 하지만, 또 다른 요인으로는 미국사람들은 자선 기부금에 대해 세금 감면이라는 혜택을 받는다. 미국의 4가구 중 3가구가 매년 자선단체에 기부를 한다. 개인들이 매년 소득신고를 할 때 다양한 형태의 자선기부금에 대한 공제를 받게 된다. 미국제도는 자선단체가 선한 활동을 지속할 수 있도록 이런 방식으로 돕는다.

자원봉사

노동통계국은 2002년에 16세 이상의 미국인들 중 5천9백만 명 이상이 자신들의 시간을 자원봉사에 할애한 것으로 추정하고 있다. 이것은 16세 이상 미국인의 25%이다. "시간은 돈"이기 때문에, 시간 자원 봉사는 자선단체에 돈을 기부하는 것보다 더 관대한 것으로 간주된다. 미국인들은 보통 가난하고 집 없는 사람들에게 먹을 것을 주고 노인이나 맹인들에게 책을 읽어주고, 또 집을 구입할 수 없는 사람들에게 집을 지어주는 자원봉사를 한다. 아메리코/비스타와 같은 정부후원 프로그램은 젊은이들이 기꺼이 1년 또는 그 이상의 서비스를 제공하도록 유도하고 있다. 25만 명 이상이 1994년 이래 아메리코에서 봉사를 해오고 있다. 수많은 고등학교와 대학교들이 자원봉사 필수사항, 또는 자원봉사 기회를 제도화하였는데, 이는 "봉사학습" 과목이라는 교육과정에 연계되어 있다.

6 | 종교생활

미국인들 중 거의 3분의 2는 종교가 중요하다고 말한다. 미국에서 성과 폭력을 묘사하는 영화가 끊임없이 제작되어 나옴에도 불구하고 (또는 그에 대한 반응으로서), 미국인들 사이에서 종교는 증가추세에 있다. (다소 문자 그대로 신약을 받아들이는) 근본주의 기독교가 성장하고 있다. 미국은, 종교의 자유를 강조하고는 있지만, 첫 인상으로는 상당히 동질적이다. 미국인들 중 거의 90%가 기독교의 일정 형태와 관련을 맺고 있다. 유대교와 이슬람교는 각각 인구의 약 2%를 점유하고 있으며, 기독교 다음으로 가장 많은 신자를 가지고 있는데, 이슬람교는 미국에서 가장 빠르게 증가하는 종교이다. 물론 이러한 숫자만 보면 종교분야라는 범주가 훨씬 다양하다는 사실이 잘 드러나지 않는다. 게다가, 대도시와 중소도시에서, 이슬람, 힌두, 불교, 바이교를 포함한 대부분의 세계의 주요 종교를 위한 예배장소를 찾아볼 수 있다. 또 이는 미국에서 가정을 꾸리고 있는 사람들이 온 세계 각지 출신이라는 점을 반영하는 것이다. 그러나 더 작은 읍 또는 시골지역에서 십중팔구는 (가톨릭과 몇몇 신교도 형태를 포함한) 기독교 교회만을 (그리고 유태교회 하나 정도를) 찾아볼 수 있을 것이다. 미국인의 일상 대화에 대한 유대-기독교 가치관의 지배력은 전혀 놀라운 것이 못된다.

미국의 여러 문화 양상들과 마찬가지로, 종교의 대중적 표현(물)에 대해 감정대립이 일어나고 있다. 최근 앨라배마주의 한 판사는 커다란 십계 전시물을 옮기는 것을 거부했다는 이유로 면직되었다. 이러한 사건은 미국인들이 그러한 문제에 대해 의견대립이 상당하다는 것 보여준다. 최근의 한 조사에 따르면, 미국인의 70%가 강한 종교적 믿음을 지닌 대통령을 원하는 반면, 50%는 깊은 신앙심을 토로하는 정치인들을 불편해 한다. (미국국기에 대한) 충성의 맹세는 보통 공식행사에서 암송된다. "하나님 아래"라는 말은 냉전 기간이던 1950년대에 추가되었다. 이것이 정교분리라는 소중한 개념을 위반하는지의 여부는 끊임없는 논쟁거리이다. 또한 냉전 중에, "우리는 하나님을 믿는다"라는 구절이 국가적인 모토로 도입되고, 또 지폐에도 인쇄되었다(동전에는 이미 새겨져 있었다). 세속주의 또한 미국의 대중들 사이에서 우세를 보이며, 일반적으로 무신론자와 불가지론자들은 직장, 학교에서 받아들여지는데 별 어려움이 없다.

미국 인구는 이동성이 높기 때문에 새로운 장소에서 자유롭게 탈바꿈을 한다. 그러므로 우리는 문화에 구애받지 않고 내 뜻대로 다른 종교로 개종할 수 있다. 회교도 또는 불교도가 기독교가정에서 나오는 것은 흔한 일이 되었다. 종교가 서로 다른 사람끼리 결혼한다고 해서 한 배우자가 상대방의 신앙으로 전환할 필요도 없다. 부부가 (각자의 신앙을 버리고) 완전히 다른 신앙으로 개종할 수도 있다. 예를 들어 유니테리언 교회의 경우 종종 그들 구성원들 중에 기독교인들과 결혼한 유태인이 있다. 우리는 이슬람교, 유대교, 힌두교, 불교, 기독교의 통합을 표방하는 많은 종교간 모임 등을 통하여 자신만의 신앙형태를 자유롭게 만들어 낸다.

1백 년 전에는, 다양한 개신교의 분파들은 명백히 서로 구분되어 있어서 다른 분파들끼리 결혼하는 법은 거의 없었다. 2차 대전 후 대학등록인 수가 극적으로 증가하게 되자, 종교간의 결혼은 가파르게 증가했다. 오늘날 침례교, 감리교, 장로교, 회중교, 루터교가 서로 어떻게 다른지를 설명하기는 어렵다. 가톨릭(그리고 다양한 동방정교 분파들)은 프로테스탄트와는 상당히 구별되어 있었다. 그러나 점차적으로 종교간 결혼이 더 많이 생겨나자 그러한 구별은 모호하게 되어가고 있다.

특히, 작은 마을에서 교회들은 더욱 더 사교 생활과 지역생활의 중심이다. 저녁만찬, 춤, 토론그룹, 스포츠, 사교모임, 청년모임과 같은 활동들이 이루어지는 것을 보게 될 것이다. 비록 여러분이 이러한 행사에 개인적인 초청을 받지 못했다 하더라도, 가기만 하면 어떠한 행사에서도 환영을 받을 것이다. 그러한 행사는 모든 사람을 교회 생활에 참여시키려는 분명한 목적을 가지고 열리기 때문이다. 대부분의 종교집단은 신앙이나 국적과 상관없이 여러분을 환영할 것이다. "복음주의적"인 교회에서는, 방문자를 "개종"시키려 열을 올릴 수도 있다. 그러나 대부분은 그저 여러분을 만나는 것을 좋아하고, 여러분 자신의 종교적 배경에 호기심을 가지게 (또는 존중하게) 될 것이다. 거의 모든 분파에는 복음주의적 교회가 있다. 따라서, 몇 번의 교류만으로 특정 분파를 일반화하지 않는 것이 중요하다. 루터교도인 가족이 새로운 도시로 이사가면, 그 지역 루터교회가 자신의 취향에 비해 지나치게 분방하거나 보수적이지만, 그 지역의 감리교모임은 자신들에게 맞다고 생각할 수도 있다. 또는 그 반대의 상황도 가능할 것이다..

남부 주에서는, 새로 알게 된 사람들이 여러분이 다니는 교회가 어딘지 물어보는 것이 예사다. 통상적으로 이는 그들의 신앙 쪽으로 끌어들이려는 시도는 아니다. 오히려, 상대방이 속해있는 경제적 지위와 지역사회를 가늠하기 위한 일상적인 방식인 것이다. 흔히 다른 도시로 이주한 미국개신교도들은 편안한 느낌을 주는 교회를 "물색"한다. 여러분도 여러 다양한 교회로부터 (선한 의도의) 초대를 받게 될 것이다. 분명히 이들은 여러분이 개종할 것을 바라서가 아니라, 사교기회를 자주 가지기 위해서 자신들의 교회에 출석하기를 원할 것이다.

여러분의 새로운 집 근처에서 신앙에 맞는 교회모임을 찾지 못하면, 전화번호부의 업종별 안내란에서 "교회와 유대교회" (또는 더 큰 도시에서는 "교회, 유대교회, 그리고 회교사원") 항목을 찾아보면 된다. 여러분이 좋아하는 종교 집단을 발견하고 정규적으로 참석하고자 하면, 목사, 랍비, 이맘, 신부, 또는 다른 지도자에게 자신을 직접 소개한다. 중개자를 통한 소개가 중요하지는 않다.

많은 교회와 여타 예배장소들은 사교적인 측면을 많이 제공하기 때문에, 이를 지나친 것으로 여기는 사람들도 있다. 원하지 않는 활동에 참여할 필요는 없다. 사람들은 여러분에게 환영받고 있다는 느낌을 주고 싶어서, 특별한 활동에 참여하기를 권할 수 있다. 그러나 여러분이 예배에만 참여하고자 한다면, 그 이상 하는 것에 의무감을 느낄 필요는 없다. 그것은 완전히 개인적인 선택의 문제이다. 대부분의 교회가 예배 외에도 어린이들을 위한 육아교실, 좀 더 나이든 어린이들을 위한 방과 후 활동, 점심, 토론집단, 또는 자원봉사활동기회, 야외활동, 기도 또는 연구모임, 여성모임, 그리고 (어떤 교회에서는) 미혼자모임 등을 제공한다.

많은 교회에서 예배 후 "커피타임"이 열린다. 이는 비격식적이고 친교적인 것으로 모든 사람들이 친교실로 들어와 커피, 케익 또는 도넛을 먹는 것을 환영한다.

남이 권할 때를 기다리는 사람들은 없다. 친교실은 모든 사람들에게 개방되어 있다. 아는 사람이 있든 없든, 사람들은 서로 대화를 나누며 자기소개를 하는 것이 보통이다. 간단한 다과를 들며, 그곳에서 만나는 사람들과 이야기를 하다가 원할 때 떠나면 된다. 이는 이웃과 지역사람들을 만나는 유쾌하고 손쉬운 방법이다.

7 가정생활

직장 내 여성의 높은 점유율, 출생률 감소, 높은 이혼과 별거율로 인해 아버지는 일터에, 어머니는 앞치마를 두르고 집에 있으며, 두 자녀들로 구성된, 한때는 전형적이었던 가정을 찾아보기 어렵게 되었다. 믿기 어려운 일이지만 이러한 모습은 전 미국가정의 7% 이하이다. 오늘날 한부모 또는 맞벌이 부모가 가정을 꾸려 가는 방식이 훨씬 보편화되었는데, 이는 20년 전만 해도 예상할 수 없는 일이었다.

가사일과 아이 돌보는 일을 항공승무원인 아내와 분담하고 있는 한 아버지는 "우리는 잘 해나가고 있습니다."라고 말한다. "아이들을 과거보다 더 잘 알고, 함께 보내는 시간의 질이 높아지고, 아이들도 잘 적응하고, 또 직장생활이 아내의 삶을 한 차원 높여줬습니다"라고 덧붙여 말한다.

모든 가정이 그렇게 개방적인 것은 아니다. 대부분의 집안일도 하는 직장

여성이 하루 종일 직장 일을 마치고 주말이나 저녁에 매일 매일의 가사 일을 해나가는 것은 아주 어려운 일이다.

사회는 직장에서 여성의 비율이 높아져 가는 상황에 적응하는 방법을 모색하고 있다. 이러한 추세가 가정의 안정에 미치는 영향에 대해 많은 연구가 이루어지고 있다. 흥미로운 것은, 현재까지 직장여성과 이혼 사이에 어떤 상관성이 있다는 증거는 없다. 사실 바쁜 아내와 높은 수입은, 가정의 안정을 높이는데 기여하는 것처럼 보인다. 이전에 미국에서 가정생활의 쇠퇴를 예측했던 사회 관찰자들은 현재 그들의 예측을 수정하고 있다. 그들은 이혼율이 더 이상 상승하고 있지 않다는 징후가 있다고 말한다. 더 많은 사람들이 좀 더 성숙한 상태에서 늦게 결혼한다. 이혼의 가능성이 가장 높은 것은 젊은 사람들의 결혼이다 . 결혼하지 않는 "동거"는 특히 아이들이 없는 경우 모든 사회계층에서 보편적인 현상이다.

가정은 다양성과 복잡성을 지닌 제도이며, 전통적인 가정은 단지 그러한 형태의 하나라는 인식이 점점 더 많아지고 있다. 오늘날 물가는 지속적으로 증가하고 따라서 재정적 압박도 증가하는 상황에서, 가정이 이전의 전통적 형태로 되돌아 갈 가능성은 희박하다.

특히 부부가 전일제 직업을 갖고 있는 경우에, 미국남자들은 다른 나라 남자들 보다 훨씬 더 가사 일을 많이 한다. 남녀 양편 모두 아이돌보기, 쓰레기 버리기, 접시 닦기 등의 많은 가사일 가운데 해야 될 일은 무엇이든 구별 없이 한다. 남자들은 보통 잔디를 깎고 중요한 집 밖의 일을 하고, 여성들은 종종 쇼핑을 한다. 그러나 어떤 가정에서는 그 반대일 수도 있다. 요컨대, 집안업무와 관련하여 남편과 아내 사이에 뚜렷한 구분이 없다.

남녀평등은 여전히 미국에서 민감한 문제이다. 직업을 가질 수 있는 나이의 여성 중 거의 60%가 일을 하고 있으며, 사업과 정치, 사회, 교육, 지역사회 문제에서 두드러진 역할을 수행한다. 여성들은 법과대, 의대, 그리고 많은 분야의 대학원에서 수적으로 남성을 능가하고 있다. 집 밖에서 일하는 여성들은 책임과 봉급에 있어서 남성과의 평등을 요구한다. 그러나 여전히 갈 길이 멀다. 전문직, 사무실, 가게, 공장과 모든 직종의 일자리에서 여성들은 종종 동일한 직종의 남성보다 낮은 봉급을 받는다. 그러한 차별은 불법이다. 그러나 종종 성별의 차이가 봉급 차이의 유일한 이유라는 것을 입증하는 것은 어렵다. 한편, 직업을 가지고 있는 기혼 미국여성 중 30%가 남편보다 많은 봉급을 받는다. 점점 더 많은 미국 가정(노동청통계에 따르면 약 5.6%)에서 남편은 집에 있고 아내가 직장에 다닌다. 몇몇 "집안에 있는 아빠들"은 자발적이 아닌 임시실직의 결과이지만, 육아비용 증가와 더불어 아이들의 삶에 더욱 친숙하게 참여할 수 있는 기회라는 점에서 이러한 선택을 하는 남자들이 많다.

일부 미국의 기혼여성들은 여전히 가정주부를 선택한다. 오늘날 세상에서는 가정과 아이들을 돌보는 모든 임무를 감당하는 것은 직업으로 간주되는데, 어떤 경제학자는 가정주부도 집밖에서 일을 하고자 하는 사람과 마찬가지로 봉급을 받아야 한다고까지 제안하는 경제학자들도 있다.

이름에 담긴 의미

기혼 부부 중 더욱 많은 사람들이, 남성의 성을 새로운 가족이름으로 채택하는 전통이 바람직하지 못하다고 여긴다. 그러므로 새로운 평등성을 찾고자 하는 사람들이 다양한 대안적 관습을 선택하고 있는 것은 극히 보편적인 것이다. 새로운 관습 중 하나는 각각의 성인이 원래의 가족의 성을 지키는 것이다. 아이들은 아버지의 성, 또는 스미스-존스처럼 하이픈으로 연결된 양친의 성을 취한다. 때때로 전 가족이 하이픈으로 연결된 이름을 취하거나, 어떤 경우는 아이들과 어머니가 아버지의 성을 가족의 성으로 택하고 어머니는 자신의 성을 중간 이름으로 간직하기도 한다.

미래 세대는 이러한 새로운 관례에 동의하게 될 것이다. 이러한 상황에서 알론조 데이비스-케라미다스가 어른이 되어 알리슨 톰슨-가르시아와 결혼을 하면 아이들의 성은 데이비스-케라미다스 톰슨-가르시아가 될 수도 있겠다! 자신들의 성을 둘 다 버리고 새로운 성을 만들려고 하는 부부도 더러 있다. 예를 들어 존 골드스미스가 리자 쉬만과 결혼하여 그들의 성을 둘 다 바꿔 골드만으로 할 수도 있다. 이는 과거와의 연결고리를 끊고 미래를 바라보려는 우리의 의지를 보여주는 또 다른 예이다.

동성애자 가정

3장과 4장에서 언급되었듯이, 게이와 레즈비언이 결혼할 권리를 가져야 하는가 하는 문제는 지금 집필하는 시점에서도 미국 내에서 뜨거운 논란거리이다. 어떤 판사들은 게이결혼의 금지는 개인의 성별에 따른 불공정 대우를 금지하는 보호법을 위반하는 것이라고 판결하였다. 그 결과 게이결혼은 매사추세츠에서 행하여지고 있다. 그곳과 다른 몇몇 주의 입법자들은 게이결혼을 금지하는 주 헌법을 수정하려고 한다 . 이로 인해 미국헌법의 "온전한 믿음과 신뢰" 조항을 둘러싸고 복잡한 양상이 전개되었는데, 이 조항에 따라 한 주에서 인정된 결혼은 모든 주에서도 유효한 것으로 간주되어야 한다고 믿는 법률학자들이 더러 있다. 그래서 일부 정치가들은 결혼을 "한 남자와 한 여성간의 결합"이라고 정의하는 미국헌

법의 수정을 제안하고 있다.

게이결혼의 옹호자들은 형평성의 문제라고 생각하고 있으며, 반대론자들은 결혼은 전통적인 구성원만을 위한 특별한 제도라고 믿는다. 법적인 결과와 관계없이, 수백만의 미국어린이 (연합뉴스에 다르면 1백만에서 9백만에 이른다)가 게이 혹은 레즈비언 부모에 의해 양육되고 있는 것이 현실이다. 이 어린이들은 종종 이러한 논쟁의 중심에 있게 된다. 게이결혼의 반대론자들은 게이부모의 어린이들은 해를 입게 된다고 주장하는데, 찬성하는 사람들은 그러한 해악은 순전히 합법적인 결혼으로 인정받지 못하는 그들 부모들이 받게 되는 차별에서 기인한다고 말한다. 게이커플이 공동으로 어린이를 입양하는 것을 허용하는 주는 거의 없다. 그러나 한부모가 아이를 입양할 수 있는 것처럼, 게이커플 중의 한 사람이 입양하는 것은 허용될 것이다. 게이는 이전의 이성애적 관계로부터 얻은 아이에 대한 양육권도 가질 수 있으며, 또 레즈비언커플인 경우 한 명의 파트너가 정자기부자의 도움으로 아이를 낳을 수도 있다. 이러한 모든 다양한 상황에서, (생물학적 또는 입양에 의한) 법적 부모만이 양육권을 가질 수 있다. 예를 들어 아이가 다쳤을 때 병원은 법적 부모의 치료 승인권만 인정한다. 게이 공동부모(co-parent)는 학교일에 관여할 수 없으며, 어린이와 교사는 법적인 부모가 올 때까지 기다려야 한다. 이것은 특히 법적인 부모가 직장에 다니고, 공동부모는 전업엄마 (또는 아빠)인 경우에 문제가 된다. 이는 그 반대의 경우보다 더 그러한데, 파트너의 아이보다는 자신의 법적인 자녀를 위한 고용주지원 보험을 들기가 더 수월하기 때문이다. 물론 게이커플의 어린이들은 친구는 물론이고 교사와 다른 어른들로부터의 편견에 맞닥뜨린다는 것도 문제다.

한부모와 혼합가정

높은 이혼율은 똑같이 높은 재혼율로 이어지고 있다. 이혼은 모든 어린이들에게 힘겨운 것이다. 그리고 부모가 재혼할 때 자녀가 겪을 수 있는 스트레스는 그 이상이 된다. 양부모, 양자녀, 이복형제 자매, 공동 양육권 등을 둘러싼 복잡성은 많은 미국인의 일상이 되었다. 남자들은 여자보다 재혼할 가능성이 더 높으며 이로 인해 많은 자녀들이 한 주는 아버지와 양어머니, 이복 형제와 자매들과 함께 하다가, 다음 주는 혼자서 일하는 어머니와 함께 하는 삶 사이를 오간다.

이러한 확장된 관계를 이끌어 나가는 것은 수백만 미국인들 특히 아이들에게 가장 힘겨운 사회 문제 중의 하나임이 입증되고 있다. 여러분과 여러분의 자녀가 새로운 친구를 사귈 때, 이러한 "확장된" 가정의 문제로 인해, 여러분 자신이 경험하는 사회생활이 조금 더 복잡하게 된다. 직장으로의 카풀, 탁아소, 축구연습장으로 아이들 데려오고 데려가기 등의 일정을 잡을 때, 여러분은 혼합가정의 일정이 복잡하다는 것을 곧 알게 될 것이다. 계획을 수립할 때 어떤 사람은 매주가 아닌 격주 목요일만 가능하다는 것을 알게 될 수도 있다. 여러분자녀의 친구의 부모들을 알게 되면, 여러분은 그들에게 모든 것을 두 번, 즉 한번은 아버지와 그의 아내에게, 다음에는 어머니와 그녀의 새 남편에게 해야 될 수도 있을 것이다.

미국인과 애완동물

현재 미국에는 사람보다 애완동물이 더 많다. 미국의 애완동물용품 제조자협회에 따르면, 미국인들은 2003년 애완동물에게 3백2십4억 달러를 썼다고 한다. 이

액수는 10년 전보다 2배이고, 장난감이나 사탕을 구입하는 비용의 거의 절반에 해당한다. 미국인들은 애완동물음식과 애완동물 병원 치료 외에도 애완동물에게 장난감을 사준다. (많은 사람들이 개를 함께 데려가기도 하지만) 휴가철에는 애완동물을 애완동물 호텔에 맡기기도 한다. 대도시에서 미국인들은 개를 산보시키고 목욕과 손질을 해주기 위해 사람을 고용한다. 또 아침 일찍 "강아지 탁아소"에 맡기기도 한다. 애완동물 옷도 인기인데, (대부분의 미국인들은 좀 어리석은 짓이라고 생각하지만) 이는 용납되는 특이행위이다. 어떤 사람들은 자신의 애완동물을 "대리자녀(surrogate child)"라고 생각하기까지 한다. *Doing Business with the USA*(www.diversophy.com)라는 회사에 따르면, 83%가 자신을 애완동물의 엄마 또는 아빠라고 부른다. 미국동물병원협회의 조사에 따르면 애완동물이 있는 미국인들의 63%가 매일 애완동물에게 "사랑해"라고 말하며, 44%는 애완동물의 생명을 구하는데 4천 달러까지 쓰겠다고 한다. 많은 미국인들은 성탄절과 발렌타인과 같은 선물을 주는 휴일에 애완동물을 포함시키고, 어떤 사람들은 애완동물을 위해 생일파티도 열어준다.

　　미국의 애완동물들은 전통적인 개, 고양이, 새장의 새에 한정되어 있지 않다. 토끼, 기니피그, (저빌 쥐, 햄스터, 생쥐, 쥐를 포함하여) 우리에 넣은 설치류도 아주 흔하다. 앵무새, (일종의 길들여진 족제비로 알려진) 유럽의 긴털족제비, 담비도 뱀과 이구아나와 같은 많은 종류의 파충류처럼 상당히 인기가 있다. 배불뚝이 돼지조차도 인기가 있다!

　　애완동물은 우리의 정신과 육체건강 그리고 특히 노인들에게 좋다고 믿는 사람들이 많다. 애완동물 외에도, "반려 동물"은 맹인과 기타 여러 장애인들을 돕는데 활용된다.

8 | 회사생활

미국 정부의 일반적인 정책은, 외국자본을 국내자본과 동일선상에서 받아들이고 대우해주는 것이다. (통신, 방위, 연안운송과 같은) 몇몇 민감한 분야를 제외하고 미국 내 외국투자에 대한 연방차원의 제한은 거의 없다. 그러나 몇몇 주는, 주의 헌법 안에서, 관할구역 내의 투자를 상당히 규제한다. 모든 사업문제에 있어서 주법에 대한 상세한 이해는 필수적이다. 또한 모든 주는 주 내의 모든 지역을 통괄하는 고유의 세금제도를 가지고 있다. 주에 따라 숙련노동력의 가용성, 오염통제의 요구조건 등과 같은 사안들은 매우 다양하다.

1974년, 직접적인 외국투자가 국내에 미치는 충격을 살피기 위해, 외국인 미국투자 연방위원회가 설립되었다. 외국 모기업의 미국 내 지점 또는 자회사(일정규모 이상)는 미상공부에 분기보고서를 제출해야한다.

미국 내에서 사업을 하기 위해, 새로 들어온 사람들은 전통적으로 미국경제의 힘이 개인사업 분야 위에 구축되어 왔음을 알게 될 것이다. 독점, 카르텔, 기타 무역 규제는 법에 의해 금지된다. 어떤 산업들, 예를 들어 은행업, 보험, 운송과 공공시설들은 다양한 정부규제를 받고 있다. 정부의 서류업무에 대해 많은 불만이 있지만, 사실 많은 다른 고도 경제선진국들보다 연방규제는 훨씬 적다.

서류 업무가 상당히 많이 요구되는 이유는 세금, 소비자보호, 식약, 환경통제, 평등노동기회와 같은 문제에 대해 많은 정부기관이 꼼꼼하게 살피기 때문이다. 그러한 많은 보호 장치는 사실 관심 있는 시민들의 노력의 결과로 추가된 것이다.

노동조합

처음 미국에 온 사람들은, 주로 미국의 거대한 크기와 근로자의 다양성 때문에, 미국의 노동조합은 상당히 다르다는 것을 알게 될 것이다. 몇몇 전국적인 조합이 있으나, 이들 중 대부분은 지역 또는 지부 규정에 의해 운영된다. 노동조합이 조직되는 범위는 산업유형과 지역에 따라서 상당히 다르다. 노동조합이 발휘할 수 있는 세력의 크기도 상당히 다르다. 노동조합의 비율이 가장 높은 산업은 광산, (전기업무와 배관과 같은 하위 부서를 포함한) 건설, 제조, 인쇄, 항공, 공공시설 등이다. 간호사와 공립학교교사도 노동조합원인 경우가 많기는 하지만, 노조가 가장 적은 분야는 의료, 법률, 은행, 보험과 같은 직종이다. 서비스 직종은 예외는 있으나 보통 노조를 결성하지 않으며, 그러한 분야에서의 노조설립에는 상당한 논란이 있다.

경영진과 노동조합간의 계약은 법으로 강제할 수 있는 일정시간 동안만이다. "와일드캣(wildcat)", 즉 불법적인 파업은 드물다. 보통 합법적인 파업은 주로 협상과정의 일부로서 계약이 만료되는 시점에서 발생한다. 흔히 노동조합과 경영자 측 모두 사전에 그에 대한 내용을 알고 있으며 이에 따라 대비계획을 세운다.

　　노동조합은 조합의 힘을 약화시키려는 목적을 지닌, 잘 조직화되어 있고 재정적인 측면이 우수한 사업체로부터 상당한 압력을 받아왔다. 초창기에는 조직된 노동조합이 입법화과정에서 자신들의 이익을 대변해줄 수 있는 전국적인 후보자들을 선출하려고 노력하는 등 상당한 정치력을 가지고 있었다. 그러나 업체는 자신들의 선거 전략을 가지고 강력한 정치행동위원회를 가동하여 사업체 지향적인 (전국, 주, 지방 정부 차원의) 후보들을 지원하고 있다.

직장 여성

7장에서 언급한 바와 같이, 직업시장으로의 여성들의 유입은 빠른 속도로 계속되고 있다. 여전히 대부분은 전통적으로 여성들에 의해 채워지던 직업인 사무직, 판매, 생산직, 교육, 간호, 그리고 서비스 직업에 종사한다. 그러나 더욱 많은 사람들이 한때 거의 남성의 전유물이었던, 고소득, 고위직종으로 이동하고 있다. 여성들은 지금 대학학부나 대학원과정에서 그리고 로스쿨이나 의과대학원 같은 전문 대학원에서조차도 남성보다 수가 더 많다. 분석가들은 여성 직장인이 증가하는 이 같은 추세가 큰 폭으로 지속될 것으로 전망하고 있는데, 이는 인플레이션과 생활비 증가로 인해 여성들도 직업을 가지지 않을 수 없게 되고, 또 많은 여성들이 점점 더 가정 밖에서 일을 선택하기 때문이다. 많은 가족들의 경우, 맞벌이는 보통 정도의 생활수준을 유지하는 데 드는 높은 비용을 충당하기 위해 필요하다.

가난한 사람들은 빚을 지지 않기 위해 항상 노력해 왔는데, 지금은 중산층도 마찬가지이다.

　　최근 몇 년간 (적은 식구의) 단독벌이가정을 꾸려나갈 정도의 "생활 임금"에 대한 요구가 대두되어 왔다. 그러나 이러한 요구는 진정한 장기적 영향을 행사할 것 같지는 않다. 맞벌이 가정의 필요성은 여전하고 또 (앞으로도) 그렇게 인식될 것이다. 게다가 미국인들은 예전보다 더 늦게 결혼하여 아이들을 가지므로, 남녀 모두가 직업을 가질 것으로 예상된다.

업무 분담과 시간제 근무

많은 중산층 맞벌이 가정들은 한 사람은 집에서 아이들과 함께 있을 수 있도록 -임시로든 지속적으로든, 적어도 하루에 몇 시간 동안은- 그들의 생활방식을 바꿔가고 있다. 가치관과 생활유형의 변화로 인한 새로운 경향은 시간제 근무 또는 업무공유 직업의 증가로 나타난다. 또한, 퇴직할 나이가 되는 많은 사람들은, 일주일에 며칠간 또는 하루에 몇 시간 동안 일을 함으로써 활동적인 생활을 유지하고 싶어한다.

　　많은 업체들은 이러한 변화를 받아들이고 권장하기까지 하는데, 전일제 근무 직원에게 지급해야 하는 연금분할금과 건강보험료와 같은 혜택금 지급을 피할 수 있기 때문이다..

　　직장윤리의 악화보다는 시간제 일에 대해 더 이렇게 관심이 높아졌다는 것은 우선순위의 순서가 달라졌음을 반영하는 것이다. 강도의 차이는 다양하지만 교육, 직업, 가정내의 책임, 레저에 대한 시간 조정이 이루어 질 수 있을 것이다. 또한 지역사회는 사람들이 시간을 내어 병원에서 봉사하고, 또 자신의 집의 개선과 같은 가치 있는 활동으로 인한 혜택을 얻을 수 있다. 또한 직업의 수효가 증가하는 것도 또 다른 혜택이다.

　　이러한 (시간제 근무의) 추세는 합당한 것인데, 일은 필요하지만 전일제로 근무할 필요가 없거나 원하지 않는 사람을 쓰게 되면 모두에게 이익이 되기 때문이다.

외국인의 미국 투자에 대한 태도

미국인들은 국내에서 수십 억 달러에 해당하는 재산을 포함하여, 부동산을 소유하는 외국인들의 수가 증가하는데 대해 우려하고 있다. 어떤 사업가는 "우리의 유산 소유권을 넘기면, 즉 우리의 재산과 자원을 외부인에게 넘기면, 우리는 그들에게 정치력을 넘겨주는 것인데, 이는 경제력과 같은 것이다. 우리는 이런 식으로 사안을 인식해야 한다."고 우려를 표명하였다. 전국의 근로자들은 외국주인 밑에서 일하게 될 것을 우려한다. 미국의 해외투자액이 미국에 투자된 외국자본보다 훨씬 더 크다는 것을 알고 있는 사람은 많지 않다. 어느 정도의 외국자본이 미국에 재투자되는지를 아는 사람은 더욱 없고, 그러한 투자가 어떠한 이익을 가져다 줄 것인지를 이해하지도 못한다.

　　요컨대, 외국회사가 투자를 과중하게 하는 경우 자국민들은 반대를 하게 되는데, 미국인들 또한 똑같은 반대의사를 나타낸다는 것이다. 그러나 대부분의 미국인들은 외국의 뿌리를 가지고 있으며, 많은 사람들이 여전히 예전 고국에 유대감을 느끼고 있다. 추상적인 "외국인"이라는 개념은 의혹을 일으킬 수 있어도, 개인으로서의 외국인들은 환영을 받을 것으로 기대해도 된다. 불법이민의 문제로 인해, 미국인들은 합법적인 비자를 가지고 온 사람과 그렇지 못한 사람들에 대해 의식하게 되어있다. 자원과 직업이 꾸준히 김소하는 가운데, 어떤 주--특히 멕시코와 국경을 맞대고 있는 주에서는 불법이민이 정치적인 문제가 되었다. 한편, 외국투자로부터 이익을 얻는 많은 미국사람들은 자연히 이러한 경향을 환영하고 따라서 체류하려는 사람들의 미국입국을 환영한다. 외국인 소유의 설비가 직업, 투자, 세금수입이 더욱 요구되는 지역 내에 설립된다면 큰 환영이다. 물론 부동산 사람들도 기뻐한다. 많은 대규모 농장주들은 외국 구매자들에게 토지를 판매하여 큰 이득을 보았다. 많은 주 그리고 많은 도시조차도 활동적으로 외국인투자를 유치하기 위해 해외에서 경쟁하고 있으며, 자신들의 지역에 자리를 잡는 투자자들에게 특별세금면제와 우호적인 금융지원을 제안하고 있다. 사업체를 옮겨오는 사람들은 고립주의의 분위기를 느끼게 되지는 않을 것이다.

2001년 9월 이후의 애국주의 물결에도 불구하고 미국인들은 여전히 대체로 외국회사를 환영한다. 9/11 이후 외국의 직접투자가 감소하였으나, 이는 열정의 부족보다는, 경제가 불확실하기에 야기된 전 세계적인 현상임을 주목해야 한다. 그러나 2002년에 중국은 외국투자의 가장 큰 수혜자로서 미국을 추월해 버렸다는 것 또한 사실이다.

모험심과 실험정신

"모험이 없으면 얻는 것도 없다"는 말은 위험에 대한 우리의 태도를 요약하고 있는 격언이다. 우리는 모든 발전은 기꺼이 위험을 감수하려는 자세에서 비롯된다고 믿는다. 미국경제의 심장부에는 수백만의 소규모 사업체가 있으며 이들이 미국의 사기업 채용부분의 반을 차지하고 있다. 경제가 하락하는 동안에는, 진정한 의미의 새로운 일자리는 거의 다 소규모 사업체이다. 많은 미국인들은 안정되지만 상대적으로 성장 잠재력이 낮은 큰 회사보다는 (스톡옵션이 있는) 봉급이 적은 회사가 "첫 직장"으로 더 좋다고 생각한다. 90년대 후반과 21세기 초의 "인터넷기반 기업의 호황"에도 불구하고 여전히 그렇게 생각한다.

노동통계부에 따르면 모든 신규사업체의 절반이 4년 내에 문을 닫는다. 이러한 기업가 정신은 아마도 미국기업의 기백일 것이다. 그리고 정부의 정책 (예를 들어, 큰 사업체에 적용되는 여러 필수 요건들을 소규모업체에게는 면제해준다)은 이러한 기업 정신이 계속 유지되도록 뒷받침해준다. 우리 미국인들의 이러한 도전정신은 개척정신이 강했던 우리 조상들로부터 직접 물려받은 것이다.

북미인들은 프론티어정신으로 임했던 과거를 가지고 있다. 많은 미국인들의 뿌리는 반항아적 집단이다. 이들은 끔찍한 시련을 겪으면서 고국을 떠나, 커다란 위험을 감수하면서 새로운 땅에 정착한 사람들의 자손들이다. 똑같은 정신을 가진 이민자들의 물결이 구세계를 떠나 신세계인 미국으로 몰려들었다. 이 나라의 과거의 개척정신과 완강한 이민자들의 물결이 모험을 두려워하지 않는 미국의 특성을 이루게 되었다. 우리 미국인들은 언제나 새로운 개척지, 새로운 도전을 탐구한다.

이러한 탐구적인 요소와 무한해 보이던 원자재로 인해 우리는 아끼지 않게 되었다. 우리는 더 빠르고 더 강하고 더 안전하다고 여겨지는 새로운 기계, 제품, (생산) 공정을 택하고 기존의 것들은 (아무렇지도 않게) 버려버린다. 언제나 원자재가 부족하고 (따라서 아끼는 것이 최선인) 나라 출신들에게 이는 충격적인 일이다. (미국인들의) "낡은 것을 버리고 새것으로 교체하는 것이 돈이 덜든다"는 철학은 이들에게는 낭비이며 바보스러운 일로 여겨진다.

제자리에 머물러 있는 사람은 없다는 것이 미국인들의 견해이다. 그러므로 앞으로 나아가지 않는다면, 그것은 뒤처진다는 의미이다. 이로 인해 이 나라 사람들은 연구하고, 실험하고, 탐구하는 것을 크게 드높이는 태도를 가지게 되었다. 대부분의 모험가, 반항아, 망명자들은 오직 지난 200년 동안에 미국으로 오게 되었다. 미국은 젊고 활기가 가득 찬 나라이다.

시간

대부분의 미국사람들은 시간의 가치를 높이 평가하기 때문에, 다른 사람 때문에 예의 수준을 넘어서는 정도로 시간이 허비되는 것을 극도로 싫어한다. 시간에 대한 이러한 시각은 미국인들이 인내심이 부족하기 때문일 수도 있다. 미국인의 가치관에서 인내는 높은 순위를 차지하고 있지는 않다. 즐거움, 일의 성취, 휴식 같은 형태로의 보상이 없이 시간이 흘러가게 되면, 우리는 불안하게 움직이게 된다. 시간에 대한 시각이 우리와는 다른 나라에서 온 사람들은 이러한 속도 조절의 문제가, 사업이나 일상생활 모두에서, 적응하기에 가장 어려운 것이라고 느낄 수도 있다.

"우리는 단지 시계의 노예들이다"라는 말이 있다. 시간은 마치 만질 수 있는 물건처럼 다뤄지고 있다. 우리는 시간 예정표를 만들고, 시간을 절약하고, 낭비하고, 훔치고, 죽이고, 잘라버리고, 계산도 한다. 또한 시간에 대한 비용청구도 한다. 시간은 귀중한 상품인 것이다. 많은 사람들은 각자의 일생 짧다는 것을 극명히 의식하고 있다. 한사람의 모래시계 속에서 모래가 다 빠져나가면, 그는 다른 사람으로 대체될 수 없다. 우리는 매 순간이 중요하게 다루어지기를 원한다.

미국에 새로 온 사람들은 사업상의 (인간미 풍기는) 전화 인사말을 그리워할 수도 있다. 예를 들어, 여러분은 환영의 차 한 잔 또는 커피 한 잔을 마시며 이루어지는 고국의 전통적인 친교 의례를 그리워할 수도 있다. 또 여러분은 카페나 커피점에서의 느긋한 업무상의 대화를 그리워할 수도 있다. 일반적으로 미국인들은 그렇게 오랜 시간 한담을 하면서, 느긋한 환경에서 방문자를 평가하지 않는다. 이들은 신뢰감이나 친밀감을 쌓아가느라고 방문자들을 저녁에 초대한다든가 골프장으로 데리고 나가지도 않는다. 대부분의 미국인들에게 이러한 친밀감은 업무수행보다는 중요하지 않다. 미국인들은 사교적인 예절을 기준으로 사업동료를 평가하기보다는 과거의 업무 수행상의 신임도를 알아보려 한다. 일반적으로 우리 미국인들은 사교적인 면이 아닌 업무 차원에서 (상대를) 평가하고 탐색하기 때문에, 매우 빨리 업무에 대한 논의를 시작한다.

대부분의 미국사람들은 일정 달력에 배치된 시간 구분에 맞춰 생활한다. 이러한 달력의 일정은 15분 정도로 짧게 구분되어 있는 경우가 많다. 우리는 종종 달력상의 2, 3개 (또는 그 이상) 구획 분을 한사람 몫으로 잡는다. 그러나 사업세계에서는 거의 항상 현재의 업무 뒤에 바로 다른 약속들이 잡혀 있다. 그러므로 시간은 항상 우리 머릿속에서 똑딱거린다.

그 결과 우리들은 시간을 절약하는 일에 열심이다. 우리들은 노동을 줄이는 장치를 꾸준히 만들어낸다. 우리들은 즐겁지만 시간이 더 걸리는 개인적 접촉보다는 팩스, 전화기, 이메일, 메모 등을 통해 신속하게 의사소통을 한다. 그러므로 개인적인 만남은 대부분 점심식사, 퇴근 후 시간 또는 주말 사교모임에 국한된다. 그런 시간에서조차도 우리는 종종 업무 문제를 토론한다.

전자 의사소통을 통해서는 사람간의 접촉과 감성의 교류가 전달되지 않지만, 미국인들에게 이는 진행되는 업무의 중요성과는 관련이 (거의) 없다. 어떤 나라에서는 아주 중요한 사업은 눈을 마주치고 서로 얼굴을 대면하는 만남에서만 이루어진다. 미국에서도 최종합의는 통상 직접 만나 서명으로 이루어진다. 그러나 점점 더 사람들은 문제를 해결하기 위해서 국내에서만이 아니라 (위성을 통해) 국제적으로 텔레비전이나 컴퓨터 화면 상에서 "화상회의"를 진행한다. 요즈음 동상적인 업무는 점점 더 음성이나 전자 장치를 통해 이루어지는 추세가 강하다.

미국은 확실히 전화, 팩스, 인터넷의 국가다. 이것은 부분적으로 우편서비스는 덜 효과적인데 비해 전화서비스는 신뢰도가 높기 때문이다. 게다가 비서 봉급, 인쇄비, 우표 값도 상승세이다. (특히 사업체) 전화회선 유지비는 최근 몇 년 동안에 상당히 증가했으나, 통화 당 비용은 사실상 감소했다. 전화는 빠르고, 익숙한 장치이다. 우리는 즉각 업무를 처리하고 답변을 들을 수 있다. 게다가 어떤 사람들은 서로 멀리 떨어진 장소에 있어도 자신의 책상을 떠나지 않고서 함께 회의를 할 수 있다. 큰 나라에서 이는 중요하다.

오늘날의 전자문화에서 이메일의 신속성에 견줄만 한 것이 없다. 사업체와 개인들은 편지봉투와 우표 그리고 팩스조차도 이메일로 대신하고 있다. 컴퓨터자료들은 엄청난 속도와 효율성으로 이곳에서 저곳으로 전송될 수가 있다. 인터넷이라는 단어는 상호 연결된(*inter*connected) 그리고 네트워크(*net*works)에서 따온 말이다. 사업체와 개인들이 이러한 원격통신서비스에 연결되어 있는 경우 파일과 메일, 공개토론과 엄청난 자료에 접근할 수 있다.

미국에 처음 오는 사람들 가운데는 업무를 너무 빨리 수행하는 것은 공손하지 못한 것으로 생각되는 문화권 출신도 있을 것이다. 어느 정도의 시간이 경과되도록 여유를 주지 않을 경우, 이들 문화권 사람들의 눈에는 처리되는 업무가 별로 중요하지 못해서 실제로 존중할 가치가 없는 것처럼 보인다. 그러므로 업무는 시간이 흐르면서 중량감이 더해진다고 여겨진다. 그러나 미국에서는 문제를 신속하게 해결하거나 업무를 성공적으로 완수하는 것이 능력 있다는 표시로 받아들여진다. 흔히, 더 중요한 업무일수록 일의 실행을 위해 더 많은 자본, 에너지, 주의력을 쏟아 붓게 될 것이다.

감정표현

(예컨대, 많은 아시아 문화와 같은) 일부 문화권과 비교해 볼 때, 많은 미국인들은 별로 감정을 감추려 애쓰지 않는다. 반면, (남 지중해 문화와 같은) 다른 문화권들과 비교하면, 우리는 오히려 내성적으로 보일 수도 있다. 직장에서의 공개적인 감정표현의 정도에 대한 한 연구에서 보면, 미국인들은 중간 정도에 위치한다. 중간 정도라고는 하지만, 사실 미국은 압박이 강한 나라이다. 특히 대도시에서 대부분의 사람들은 가정에서나 직장에서 스트레스를 받으며 지낸다. 우리들은 대부분 이를 잘 알고 있기에, 즉각 상대방을 배려한다. 우리 미국인들의 감정은 쉽게 상하지는 않는다. "조가 오늘 꽤 불안하구먼" 또는 "회의가 엉망이 되었나봐" 라는 말을 흔히 하지만, 짜증나는 순간에 오간 말로 깊이 상처받는 경우는 별로 없다. 다른 사람의 분노의 표적이 되고 싶은 사람은 없겠지만, (그런 경우에라도) 때로 (기분 나쁜) 감정을 내보인다고 해서 "체면" 또는 위신을 크게 잃는다는 법은 없다. 즐거운 감정이나 신나는 감정도 쉽게 표현한다. 전체적으로 미국인들 대부분은 시끄럽고 열정적이며 아주 흥분 잘하고 때때로 화도 잘 내지만 개방적이어서 흉중을 헤아리기가 쉬운 사람들이라고 할 수 있다. 많은 미국인들, 특히 사업가들은 현안에 대한 자신의 입장을 정확히 얘기한다. 이는 좋기도 하지만 나쁘기도 한 양면성이 있다는 것을 여러분도 알게 될 것이다. 여러분들은 이러한 면이, 미국 사업세계를 처음 접할 때, 정말로 적응이 필요한 분야임을 알게 될 것이다.

단도직입성과 맞대응

매끄럽게 업무를 수행하는 것과 밀접한 연관이 있는 것으로 미국인들의 특성 가운데 널리 퍼신 것이 있는데, 이는 바로 단도직입성(때로는 또한 무뚝뚝함-2장 참조)이다. 다시 말하면 흔히 쓰이는 다음과 같은 표현이 우리가 무엇을 우선시 하는지를 보여준다.

> 요점을 말하시지요.
> 빙빙 돌리지 마시고요
> 결과가 어찌되건 소신대로 말씀하시지요.
> 솔직하게 다 털어놓으시지요
> 있는 대로 말해주세요

본론으로 바로 들어가서 우리 마음 속에 있는 것을 정확하게 말하는 것이 우리들에게는 정상적인 것이다. 우리는 상대의 체면을 세워주기 위해 (라틴계 미국인들의 "페르소날리스모" 또는 일본인들의 "다테마에"에 해당하는) 조심스러운 말로써 우리의 의중을 호도하지 않는다. 우리는 두 개의 의견이 대두될 때, 양자 사이의 분명한 대립을 회피하지 않는다.

이러한 단도직입성은 종종 논쟁으로 이어진다. 많은 미국인들은 의견대립을 피하지 않고 오히려 자신의 견해를 피력하고서 다른 사람이 반대의견을 낼 것으로 예상한다. 파티, 스포츠이벤트, 지하철, 버스, 교실, 사무실, 간단히 말해 거의 모든 곳에서 활발한 토론이 이루어진다는 것을 알게 될 것이다. 타협을 거부하는 사람들도 더러 있다. 이들에게는 정오, 흑백, 선악의 구분만 있을 뿐, 중간은 없다. 반면에 반대 측의 의견도 기꺼이 들으려하고, 또 상대의 의견을 들어 자신의 마음을 바꾸는 유연한 자세를 지닌 이들도 있다.

"있는 그대로 말하는 것"의 반대가 비단도직입성이다. 많은 사람들은 어떻게 하는 대립은 피하려 한다. 이들은 에둘러 말하여, 양측이 물러서거나 견해를 바꿀 수 있는 여지를 남기고, 직접적인 반대나 부정하는 말을 피함으로써 상대방을 존중한다는 점을 내보인다. 미국인들 사이에서는 "이번 선적은 내일 나가야 된다", "내일 나가는 것은 불가능하다 왜냐하면…"처럼 대화가 진행이 되면 대립이 일어나고, 양측은 자신의 주장에 대한 이유를 제시하고, 자기 주장을 관철하려 노력할 것이다. 그러나 똑 같은 상황에서도 비단도직입성 또는 체면을 차리는 스타일을 선호하는 사람들 사이에서의 대화는 다음과 같이 진행될 것이다:

> 매니저: 이번 선적이 내일까지는 나갔으면 합니다. 왜냐하면….
> 조   수: 몇 가지 문제가 있는 것 같습니다. 좀 어려운 문제이긴 하지만 최선을 다해 보겠습니다.

이러한 대화를 통하여 양측 모두는 내일 선적하는 것이 어렵다는 것을 알고 있다. 그러나 그 사실이 대화상에 직접 나타나지는 않는다. 그러므로 선적이 이루어지든 안 이루어지든 체면을 잃게 되는 사람은 없다. 말하자면 울퉁불퉁한 부분이 편편해지는 것이다. 따라서 양측은 서로 조율하려 노력하고, 상대방의 뜻을 분명히 알게 된다.

이러한 식으로 일이 이루어지는 문화권 출신들은 미국인의 단도직입성을 받아들이기 힘들 것이다. 시간이 지나고 나면 비로소 미국인의 유형에 익숙해지고 개인적인 감정을 상하게 하려는 의도는 전혀 없다는 것을 깨닫게 될 것이다. 때로 우아하고, 친절하고, 품위 있는 대화를 기대할 때는 기분이 상할 수도 있다. 비단도직입적인 방식은 훨씬 더 공손하기는 하지만 느린 접근방식이다. 미국인들은 속도, 사실, 의미의 명확성을 추구한다. 이러한 차이점은 무엇을 더 우선시하는가의 문제다.

경쟁과 의사설정

미국에서 사업의 궁극적인 목적은 가족의 명예도, 개인적인 위신도, 주정부의 수입도, 또는 다른 문화권에서 중요시되는 여러 목표도 아닌, 바로 "바틈 라인 (bottom line)"이라 부르는 금전적인 이득인 것이다. 미국인들은 엄청난 금액을 전국적인 광고에 쏟아 붓는다. 미국인들은 전광판, 신문, TV화면을 통해 시장을 확보하기 위해 경쟁한다. 사무실 책상에서 점심을 서둘러 먹는다든가, 비행기로 신속히 장거리 업무여행을 간다든지 하는 일은 이러한 경쟁적인 양태의 일부인 것이다. 또한 "일중독자(workaholics)"가 늘어가는 것도 같은 이유인데, 이들은 너무나도 출세나 회사 설립을 원하다보니 가족이나 여가 또는 개인적인 즐거움을 위한 시간을 내지 못하는 사람들이다.

많은 나라에서의 관습과는 반대로, 미국회사에서는 다양한 실무선에서 결정이 이루어진다. 모든 결정이 최 상층부에서만 이루어지는 것은 아니다. 미국에서는 부장, 과장 계장들이 관련 지식을 갖춘 동료, 부하직원들과 빈번히 상의한다. 그런 다음 결정사항의 유형이나 규모에 따라서, 스스로 결정을 내리거나, 아니면 상사에게 맡긴다. 최고경영자인 경우도 사안이 중요한 경우에는, 혼자서 외로운 결정을 하기 전에, 이사회라든가 중역이나 고문과 같은 사람(들)과 상의를 하는 경우가 일반적이다.

협상

미국에서 협상은 협상테이블에서 공개적이고 직접적인 태도로 진행된다. 다른 곳에서 사적인 토론을 통해 이루어진 결정을 고무도장으로 확인하는 단순한 요식행위의 경우는 드물다. 미국인들은 결코 느슨하지 않다. 이들의 목표는 장단기 이익 가능성에 확고히 집중되어있다. 대부분의 다른 나라 사업가들처럼 이들도 가격흥정을 한다. 최초에 제시된 액수는 협상이 가능하다. 이들이 가격을 낮춘다고 해서 불확실성이나 신뢰감 결여의 표시로 해석되어서는 안 된다. (그렇지만 가격흥정이 통상적인 협상에 포함되지 않는 협상 스타일에 익숙한 사람에게는 그렇게 여겨질 수도 있을 것이다.) 미국에서 협상의 핵심은 타협이다. "당신이 그렇게 해주면 나도 이렇게 하겠다"라는 표현이 이를 잘 말해준다.

최종 결정이 날 때까지는 구두로만 할뿐 기록하지 않는 사람들에게 초안을 문서로 작성하는 것은 위협적인 것으로 비쳐질 수 있다. 그러나 미국인들은 필수 기초사항들을 문서화하여 이를 숙고하고, 고치고, 재평가하는 일이 절대로 필요하다고 생각한다. 초안이 구속력을 지닌다고 생각해서는 안 될 것이다. 실제로 그렇지 않기 때문이다. (협상이 진행되는 가운데 이루어진 구두 계약, "신사협정", 공통의 이해사항 등이 존중되기는 하지만) 양측이 서명을 하지 않으면 그 어느 것도 최종적인 구속력을 가지지 못한다.

미국인들과 협상을 벌이는 대부분의 외국 사업가들은 이미 이러한 경험을 해보았을 것이다. 그렇지 않다면, 미국식 접근방식과 절차에 대해 사전에 여러 사람들과 의논을 해야 한다. 협상은 언제나 복잡한 절차이다. 협상은 문화적 차이와 우선순위, 가치관이 아주 중요한 역할을 하는 민감한 분야이다. 이러한 사실은 협상 시작부터 숙지되어야 한다.

국제 교역을 하는 기업체가 겪는 갈등으로 인해, 정규적인 다문화간 훈련의 필요성이 점점 더 강조되고 있다. 어떤 회사들은 전문 훈련사를 둔 훈련과정을 사내에 도입하였다. 다른 회사들은 필요할 때마다 전문 훈련자의 지원을 받는다. 이러한 훈련을 통하여 타 문화에 대한 인식이 높아지게 되고, 이로 인해 협상이 녀 쉬워지고, 효율성도 높아졌는데, 그 결과 이익도 증대되었다.

조세납부 성실성과 기업부정

어디에서 살든지 세금납부를 즐거워하는 사람은 없다. 그러나 정부가 대규모의 복지, 주거, 학교프로그램을 지원하고, 수 마일에 걸친 고속도로를 건설하는 경우에는 돈이 있어야 한다. 미국에서의 탈세는 사기행위로 여겨져 중범죄로 간주된다. 컴퓨터는 부자와 가난한 자 모두의 소득 신고를 점검한다. 미국 국세청은 광범위한 감사를 시행한다. 부유한 탈세자라도 적발되면 가난한자에게 적용되는 동일한 범칙금을 내야한다. 그러나 많은 독자들도 알고 있듯이, 모든 나라에서 다 그런 것은 아니다. 이곳 미국에서 부유한 고위층이나 회사의 세금포탈은 신문 1면을 장식하는 추문이다. 미국법에 따르면 개인의 이익은 공익에 종속된다. 탈세는 전체 지역사회와 국가의 복지에 영향을 주는 것으로 여겨지기 때문에, 시도할 가치가 전혀 없는 중대한 범죄로 간주된다.

    탈세만이 회사 회계상의 유일한 문제는 아니다. 장부를 조작하여 수익률이 실제보다 더 높게 보이도록 한 큰 미국회사들이 적발되었다. 그렇게 하면 세금은 더 내야겠지만 주가상승이 이를 상쇄하고도 남는다. 거대 에너지 중개업체인 엔론과 원거리통신회사인 엠씨아이 월드컴이 연루된 가장 악명 높은 추문으로 인해, 한때 많은 사람들이 미국 기업에 대해 가지고 있던 신뢰가 흔들리게 되었다.

사무실 생활

어떤 사무실의 절차는 낯설고, 시간과 속도조절의 문제는 다르게 느껴질 수도 있다. 대부분의 사무실의 하루 일과는 보통 오전 9시에 시작된다. 특히 미국 서부지역의 경영직들에게는 더 이른 출근 시간도 드물지 않은데, 여러 시간대에 걸쳐 회의 통화를 조율하는데 도움이 되기 때문이다. 이것은 10분이나 30분 뒤가 아닌 9시 정각이라는 뜻이다. 여러분은 출근시간이 제멋대로인 사람들을 볼 수도 있을 텐데, 고용주는 꼭 질책하지는 않더라도 이를 눈여겨본다.

많은 나라에서 직원은 윗사람이 있을 때만 일한다는 철학을 가지고 있다. 윗사람이 자리에 없고 특별히 급한 일이 없는 경우는 신문을 보거나 다른 직원들과 대화를 나누거나 개인적인 시간을 보내면서 휴식을 취할 수 있다. 그러나 미국에서는 자신의 시간에 대해 보수를 받는다는 생각이 더욱 보편화되어 있다. 직원은 자신의 책상 위에 아무 것도 없다면 다른 일을 찾아내고, 전날의 일을 끝내거나, 그도 아니면 다른 사람의 일을 도와주거나 하는 등으로, 가만히 앉아 빈둥거리지 않아야 한다. 고용주는 월급이 헛되지 않기를 기대한다. "시간은 돈이다" 라는 격언은 바로 이를 말하는 것이다. 많은 고용주들은 직원들만큼 열심히 일을 하는데, 종종 점심시간을 거르기도 하고, 일거리를 집에 가져가기도 한다.

(공식적으로 회사업무를 수행하는 경우가 아니라면) 직원의 점심식사는 할당된 시간 내에 이루어져야 한다. 어쩌다가 장시간의 점심시간으로 인해 자리를 비우는 일은 너그럽게 보아주겠지만, 습관적인 경우라면 그렇지 않다. 또한, 다른 사람들이 몇 분 더 일찍 퇴근 준비를 하더라도 신입사원은 근무시간을 빨리 끝내지 않도록 주의해야 한다. 탄력적인 업무시간제를 택하는 사무실에 근무하지 않는 한 하루 업무가 공식적으로 끝나는 오후 5시까지 일한다. 흔히 직원들 사이에는 가장 열심히 일하는 직원으로 인정받으려는 무언의 막강한 경쟁이 있

다. 많은 회사에서 직원들은 사장이 퇴근할 때까지 기다리는 것이 관례이다. 아이러니하게도 사장들 사이에, 부하 직원보다 더 열심히 일하는 것으로 보여야 한다는 압력이 있어서, 사장과 직원이 서로가 퇴근하기를 기다리는 "교착상태"가 형성되기도 한다!

어떤 곳에서는 사람들은 (시차제 출퇴근을 뜻하는) "근무시간 자유선택제(flextime)"에 따라 근무한다. 이것은 도로 정체와 통근 열차의 만원사태를 완화하고 개개인의 사사로운, 그리고 가정상의 요구상황에 더 부합되도록 고안된 방안이다. 1991년에는 15%가 넘는 직장인들(약 12,118,000명)이 근무시간 자유선택제 근무를 하였는데, 이 인원은 지난 10년 간 2배가 되어 2,500만 명으로 불어났다. 원래는 가정 밖에서 일하는 엄마들의 필요에 부응하기 위해 고안된 이 근무시간 자유선택제를 원하는 근로자 중 20%는 자녀가 없는 여성이며, 남성들도 많아지고 있다. 흥미로운 것은 이러한 느슨한 시간제가 결과적으로 근로자의 생산성과 사기를 높이고 결근율을 줄이는 것으로 나타났다.

통신근무 – 컴퓨터로 회사와 연결되는 재택근무 (또는 집 근처 편리한 사무실 근무)는, 예측한 만큼은 아니지만, 보편화되어 가고 있다. 2001년에는 이미 약 3,200만 명에 달하는 미국인들이 재택근무를 하고 있었는데, 그 수가 증가하고 있다. 사무실의 사교성과 자극을 그리워하여 집에서 일하는 것을 원하지 않는 사람들도 많기는 하지만, 이 재택근무제도는 직원과 고용주 모두에게 유리하다. 많은 이들은 일주일에 1일 이상 재택근무를 하고 그렇지 않은 날에는 예전처럼 직장에 출근한다.

⌘ **고용과 해고**　　　가족이 긴밀한 결속력을 지니는 문화권에서 온 사람들은 사업도 가족적인 유대관계로 연결되어 있는 것에 익숙해

져 있다. 이는 미국에서는 드문 일이고 (아들, 딸에게 전수되는 소규모 사업체나 친척 소유 사업체는 예외지만), 또 이러한 사업체는 일반적으로 신뢰를 못 받는다. 우리는 이를 "족벌주의"라고 칭하는데, 이는 불순한 영향력을 행사하거나 외부인보다 내부인을 더 이롭게하는 불공정한 행위라고 생각한다. 또 미국인들은 고용주와 직원 간에 후원자관계, 또는 영속적인 관계를 맺지도 않는다. 많은 나라에서 사람들은 일단 직장을 잡으면 (중대한 법률위반이나 비도덕적 행위를 제외하고는) 해고되지 않을 것으로 알고 태만해진다. 법률적 보호 장치는 주마다 다르다. 어떤 주에서는 직원들이 이유 없이 부당하게 해고될 수는 없지만, 다른 주에서는 고용주가 자기 마음대로 채용관계를 끝낼 수 있다. 인종, 성별, 종교, 또는 (인종을 나타내는 다른 방법인) 출신국가의 경우를 제외하고는, 고용주에 의한 차별은 많은 곳에서 합법적이다. 더 최근에는 신체적, 정신적 장애를 빌미로한 차별은 불법이 되었다. 그러나 이러한 보호 장치의 범위와 한계는 여전히 사법부에 의해 명확히 규정되어야 할 부분이 많다.

어떤 경우이든, 직장은 영속적이지 못하다. 직원은 일을 잘하고 생산성도 좋고, 동료들과도 잘 어울려야 한다. 그렇지 않으면 해고 ("fire"대신 "let go"라는 완곡한 표현도 있다) 될 수도 있다. 구조조정, 아웃소싱, 인원 감축은 가장 흔한 실직 사유이다. 예고 없이 파면되는 일은 거의 없지만, 미국에서 직원은 업체의 구성원일 뿐 가족은 아니라는 사실을 인식하는 것이 중요하다. 이 인식 여부에 따라 결과가 달라진다.

⌘ **비격식성**　　많은 미국 사무실 내의 비격식성은 직장 내의 명확히 구분된 직위에 익숙해 있는 사람들에게는 적응하기 어려운 사항이다. 여기에서도, 특히 대도시 은행, 법률회사, 주요 회사에서는 직위에 대한 규정이

존재한다. 그러나 많은 회사의 분위기는 비격식적이고 편안하여, 모든 직원들은 꽤 농담도 하고 놀리는 말도 하며, 사무실 안팎을 돌아다니기도 한다. 격식을 차리지 않고 (성이 아닌) 이름으로 서로 호칭하고 한담이 많이 오가더라도, 사람들은 누가 책임자인지를 잘 알고 있는데, 미국에 처음 온 사람은 이를 잘 알지 못해 당황스러울 수도 있다. 매니저, 가게관리자, 사장은 정말로 권한을 가지고 있다. 다만 이러한 권한의 표시가 명확히 겉으로 드러나지 않을 뿐이다. 어떤 나라에서 온 사람들은 여성 밑에서 혹은 동료로서 일하는 경우 적응하려는 노력이 정말로 필요할 것이다. 미국의 일부 지역, 일부 회사에서도 이런 일이 더 빈번하게 일어나기는 하지만, 대체로 중역, 경영직을 맡는 여성들이 점점 더 늘어간다는 것은 분명하다.

특히 대도시를 벗어난 사무실이나 소프트웨어 업체에서는 스웨터, 스포츠 상의, 운동화와 같은 비격식적인 의상을 입는다. 어떤 곳에서는 심지어 청바지, 반바지, 또는 넥타이 안 맨 셔츠도 흔하다. 이것은 일부 국가에서처럼 존중심의 결여로 받아들여져서는 안 된다. 여기서 이는 지역적 관습이나 날씨와 관계 있을 뿐, 존중심과는 아무런 상관이 없다.

⌘ **사교생활**　　　직원간의 사교생활은 사무실에 따라 엄청나게 다르다. 대회사에는 기호에 따라 가입할 수 있는 노래동아리, 볼링 또는 야구 동아리, 여행, 춤, 혹은 운동 동아리, 또 다른 직원 동아리가 있을 수 있다. 일반적으로 작은 회사의 경우는 그렇지 못하다.

(미혼이든 기혼이든) 남녀동료가 점심을 먹기 위해 밖으로 함께 나가는 것은 괜찮다. 여러분이 사무실 친구들과의 교제를 위한 초대를 받는다면 이 정도가 한계일 것이다. 많은 미국인들이 기꺼이 동료를 가정만찬에 초대하지만, 회사

업무와 사교생활이 한데 뒤섞이는 것을 원하지 않는 사람들도 있다. 여러분의 직장이 이런 경우라면 다른 경로로 친구들을 찾아봐야 할 것이다.

만약 사람들이 저녁 때 (예의 갖춘) 인사말도 없이 서둘러 퇴근한다고 해도 아무렇지도 않게 생각해야 한다. 이들은 집이 멀리 떨어져 있어서 특별열차나 버스를 타려면 서둘러야하거나, 정해진 시각에 학교나 탁아소에서 아이들을 데려와야 하는 경우도 흔하기 때문이다.

⌘ **직원회의**　　　대부분 직원회의는 사무실의 일상업무 중의 하나로써 정규적인 행사이다. 회의에서 추가하거나 제안할 것이 있을 경우, 상하를 막론하고 모든 지위의 사람들이 모여 자유롭게 토론에 참여하게 된다. 회의 시간에 혼자서 너무 길게 이야기를 하거나 여러 번 이야기를 해서는 안 된다. 말하려는 요지를 간단 명료하게 말하고, 좀 더 자세하게 이야기를 해달라고 하기 전에는 말하지 말라. 말할 것이 있으면 말해야 한다. 확신이 서지 않으면, 자기 견해를 분명히 전달하기 위해 직접 상사에게 물어 보아라. 아무런 설명을 하지 않으면 아무 의견이 없는 것으로 여기게 된다.

⌘ **커피브레이크**　　　대개 직원이 많은 큰 사무실과 공장에서는 아침 중간과 오후 중간에 커피를 마시는 휴식시간이 있다. 휴식과 대화를 하기 위해 하루에 두 번 15분 정도씩 할당되지만, 대부분의 사무직원은 그 시간에 커피를 자신의 책상으로 가지고 와서 일을 계속한다. 반면에 작은 사무실에서는 커피포트가 하루 종일 켜져 있어 직원들은 원할 때마다 커피를 마시거나 차를 타 먹는다.

⌘ 부조금 모금

동료 직원이 결혼하거나 아기의 행사가 있거나 혹은 퇴직하여 선물을 주기 위해 부조금을 내라고 하면 절대 놀라지 말라. 이처럼 부조금 갹출은 종종 있는 일이다. 사람들은 사무실 전체 이름으로 선물을 하기 위해 각자 약간의 부조금을 낼 수 있다. 여러분이 알던지 모르던지, 좋아하던지 좋아하지 않던지 간에, 특정인에게 부조금을 주는 것을 거절하는 것은 예의에 맞지 않다. 일인 당 금액은 보통 그리 많지 않으며, 더구나 자주 있는 것도 아니다. 여러분도 회사를 떠날 때 역시 격려금을 받게 될 것이다.

⌘ 특전

회사의 고위직원인 경우 종종 회사로부터 클럽회원권이나 자동차 등과 같은 특전이 종종 주어진다. 더욱이 영업사원은 고객을 자신들의 사업에 호의적인 생각을 가질 수 있도록 하기 위하여, 낚시나 사냥, 스포츠 행사 혹은 극장구경을 함께 할 수도 있다. 가시적인 특전이 있기는 하지만, 미국에서는 다른 나라만큼 그리 많지 않다. 가시적인 특전으로는 의료 및 생명보험, 재무컨설팅, 연금, 보육시설 등과 같은 여러 가지 혜택이 있다.

⌘ 업무용 명함

명함은 미국에서 널리 사용되지만 다른 나라에서처럼 직접 혹은 보편적으로 사용되는 것은 아니다. 그저 편안한 것으로 사용하면 된다. 그러나 타국에서는 명함을 주고받는 일이 당연한 일이겠지만, 미국에서는 명함을 주고받는 행위가 당연한 것이 아니어서 어떤 경우 행사를 주관하는 사람이 명함을 주지 않는 경우도 있다. 이때 당황스럽기도 하겠지만 절대 놀라지 마라. 미국에서 명함을 주고받는 경우는 대개의 경우 둘이 서로 다시 연락해야 된다고 생각할 때이지만 늘 그런 것은 아니다.

성희롱

미국의 연방 및 주정부 법에 의하면 성희롱은 불법적인 것으로 규정하고 시행하여 왔다. 따라서 직장 내에서의 성희롱은 절대 용인될 수 없는 것이다. 미국에 취업을 하였거나 대학에 입학을 한 경우 이 문제에 관한 회사 및 학교의 방침에 대해 미리 알아두어야 한다. 모든 사람이 성희롱에 대하여 알아두는 것이 중요하다. 이것은 남성과 여성이 모든 생활에서 동등한 위치를 갖고 있고 서로 존중되어야 한다는 원칙에 의해서 생겨난 것이다. 성적인 내용이 담긴 농담을 하거나 동료의 신체적인 매력(혹은 매력 없음을)에 대하여 언급하는 것이나 다른 사람을 기분 좋게 해주기 위해 하는 행위가 모두 성희롱인 것이다. 칭찬이든 아주 달콤한 낭만적인 말을 했을 경우 받아들이는 사람이 그를 좋아하지 않으면 그것이 바로 성희롱이 될 수 있다. 어떤 회사에서는 직원들 간의 "친목모임"이나 데이트를 금지하기도 한다. 성희롱은 여러 가지 형태로 나타나기 때문에, 사장이든 평직원이든 모두 성희롱 관련 법과 회사의 성희롱과 관련된 공식적인 방침을 이해하는 것이 중요하다.

제3부
도착과 정착

9 | 도착

2001년 9월 11일 이후, 미국은 국경의 안전을 강화하기 위하여 몇 가지 일을 주도적으로 시행하고 있다. 이러한 제한 조치에 대해 뜨거운 논쟁이 지속적으로 고조되고 있다. 한편에서는 미국 정부가 아직도 제대로 된 충분한 조치를 취하지 않고 있기 때문에, 미국의 국경은 아직 여전히 너무 허술하다고 주장한다. 또 다른 한편에서는 이러한 제한조치가 적어도 몇 가지는 지나칠 정도로 귀찮고 기분 나쁜 것이라고 불평을 토로한다. 이렇게 제한 조치한 결과는 실제로 안전을 가져오기보다는 더 많은 장애를 일으키어, 미국으로 들어오는 관광객이나 무역, 그리고 외국유학생과 학자의 감소를 가져오게 되었다. 따라서 미국이 이러한 조치를 시행하기 위해 부담해야하는 비용으로 이익보다는 손실을 보게 되었다고 주장한다. 여하튼, 최근 몇 년 동안 미국 여행은 더 복잡하게 된 것이 사실이다. 이민규정과 세관규정이 변경되어 비자, 취업허가, 개인물건 탁송 등을 처리하기 위한 시간이 더 많이 걸리게 되었다. 사전에 미리 계획을 하여 대비하는 것은 아무리 강조해도 지나치지 않는다. 고국을 떠나기에 앞서, 미국 입국과 관계된 관료들의 행위에 대해 충분히 이해하는 것이 필요하다. 잘못된 비자를 가지고 들어왔다가는 수개월 동안 잠잠하게 기다려야 하고, 심지어는 쓸데없이 (물론 비싼 비용을 들여서) 고향으로 다시 돌아가게 될지도 모른다.

이민과 세관

위와 같은 이민규정 변화로 인해 나타난 결과는 전에 있던 이민귀화국(INS)의 구조개편이었다. 미국 입국허가는 미정부의 서로 다른 2개의 부서에 의해 결정된다. 여권에 찍히는 비자는 외국 주재 미국영사관이나 대사관을 거쳐 미 국무부에 의해 부여된다. 비자는 입국을 위한 첫 번째 단계로서, 간단히 말하면 비자는 **여하한 목적으로** (보통 국제공항인) 미국에 입국하려고 한다는 신청 허가서이다. 두 번째 단계는, 미국에 입국하는 입국공항에서의 세관통과이다. 공항의 직원은 세관 및 국경수비대의 직원인데, 세관 및 국경수비대의 일부가 예전에는 이민귀화국이었다. 세관 및 국경수비대라는 새로운 기관은 이민감시관과 세관 그리고 불법식물반입을 감시하는 농업부의 세 부서를 통합한 것이다. 세관과 국경통제국은 새로운 미안보국 산하의 기구이다.

미국 입국에 있어 절차상의 중대한 변화는 미국으로 들어오는 개개인의 생체측정자료(주로 지문)가 채취되어야 한다는 새로운 조건이 생긴 것이다. 시간이 지나면 다시 바뀔 수도 있겠지만 (이 책이 출판되는 시점에는) 모든 사람들이 지문을 찍어야 할 것이다. 심지어는 비자면제국 출신 국민들(주로 호주, 뉴질랜드, 일본, 서유럽의 단기제류나 관광 또는 사업차 미국에 입국하는 사람들)조사도 생체측정확인장치가 들어가 있는 여권을 가져오도록 요구한다.

ℋℂ 비자   위에서 언급한 바와 같이, 비자는 외국 주재 영사관이나 대사관의 영사관직원이 부여한다. 그들의 업무가 과중하고 사무실 직원이 부족하기 때문에, 심사를 오랫동안 할 시간이 없어 대개 1분 안에 비자신청을 심사하여 승인하거나 거부하는 결정을 내린다. 따라서, 비자인터뷰를 위해 따로 준비해야 한다. 미국 내에서 거주하게 될 곳은 어디인지, 미국체류기간은 얼마인지 등과 같은 예상 질문에 충분히 답변할 수 있도록 미리 연습해 보아라. 짧은 인터뷰시간에 영사관 직원들이 비자를 승인할 것인지 거부할 것인지 결정해야 하므로, 답변을 주저주저할 경우 대부분 비자가 거부되는 확률이 높다. 여러분이 제출한 미국 내 체류 관련 서류와 모국에서의 취업증명서 등과 같은 비자 관련 서류를 모두 가지고 가라. 비자신청 시 미국에서의 체류기간이 끝나면 곧 바로 본국으로 돌아오겠다는 뜻을 분명하게 밝혀 그를 증명해야 한다. 또한 재산은 얼마나 있으며, 국내에는 친족이 남아 있고 귀국 즉시 복직될 것이라는 것을 증명해 줄 수 있는 서류가 큰 도움이 될 것이다. 처음 비자신청이 거부되어도 당황하지 말라. 물론 매번 비자를 신청할 때마다 비자 신청비용이 추가로 들기는 하지만, 대개 보류기간 없이 바로 재신청할 수 있다.

특정 국가(비자면제국) 출신의 관광객이나 사업가들은 **방문기간이 90일 미만인 경우** 비자 없이도 입국이 가능하다. 이러한 비자면제국 사람들은 체류시 사정이 어떻게 변하든지 미국 방문기간을 연장하거나 방문목적을 바꿀 수 없다. 모국을 떠나기 전에 시간적인 여유를 가지고 올바른 비자형태를 받는 것이 반드시 필요하다. 모든 비자형태는 각각 자체의 한계점과 이점이 있으므로, 자격을 갖춘 이민변호사에게 조언을 구하는 것이 좋다. 미국이민변호사협회(www.aila.org)가 변호사를 찾는데 도움을 줄 수 있을 것이다.

⌘ 이민　　　미국입국은 세관 및 국경수비대 소속 직원(감독관이라고 불림)에 의해 허용되거나 거부(또는 지연)될 수 있다. 그 감독관은 여권에 기재된 비자형태에 따라 체류기간을 허용하게 된다. 만약 비자 발급 시 지문을 찍지 않았다면, 입국 시 지문을 찍게 된다. 미국 여행 시 한번쯤 이민국 직원으로부터 부당한 대우를 받은 사람들의 공포스런 얘기를 들어 보았을 것이다. 슬픈 현실이긴 하지만 불쾌하거나 건방지고 심지어는 위협적인 사람도 실제로 존재한다. 그러나 입국이 순조롭게 처리되어 마지막에는 경쾌한 말투로 "즐거운 방문을 가지세요"라고 하는 말을 듣는 경우가 있다. 그러나 그런 경우가 많은 것은 아니다.

　　　이민감독관의 입장에서 보면 테러를 계획하고 입국하려는 사람을 절대 허용할 수 없다는 사실을 기억해야 한다. 직원들은 매우 신중하기 때문에, 신고 사항에 대해 입국자 본인 스스로 증명해 주기를 원한다. 만약 미국에 거주하고 있는 친구나 동료를 방문할 경우 그들로부터 받은 편지가 있다면, 가지고 가라. 그리고 유학생으로 공부할 계획이라면, 입학허가서와 I-20 양식 혹은 여타 준비된 서류를 가지고 가라.

　　　특히 테러리스트와 관련된 국가나 혹은 (유감스럽게도) 중동국가 출신이라면, 미국에 머무는 동안 어떠한 일을 계획하고 있는가에 대한 질문에 어떻게 대답할 것인지 특별히 준비해 두어야 한다. 대답이 일관성이 없거나 거짓말인지 아닌지를 알 수 있는 몸짓 등에 대해 직원들은 훈련을 받는다. 만약 여러분이 느긋하고 정직하게 답변한다면(비록 답변을 모른다 해도), 별 일 없이 통과되고 더 조사를 받지 않을 것이다. 입국심사를 받을 때 감독관 눈을 똑바로 응시하도록 하라. 미국인은 일반적으로 (이민감독관은 특히 더 그러한데) 적어도 얼마 동안이라도 눈을 마주치지 않으면 그 사람을 불신한다. 그렇다고 해도 째려보는 것도 하지 말라.

⌘ 세관   세관사무소는 당신이 미국에 반입하고자 하는 것이 무엇인지에 대해서 관심이 있다. 그들은 반입품 허용 여부를 확인하고, 정당한 법 절차에 따른 관세(즉 수입세금)를 징수한다. 개인 물품은 관세의 대상이 아니지만, 예를 들어 당신이 좋아하는 음악 CD를 선물로 주기 위해서 100장을 갖고 온다면, 당신은 학생이 아니라 수입업자로 보여질 것이다.

다음과 같은 사항을 스스로 자문해 보아라. "세금을 물지 않고 미국으로 가져갈 수 있는 물건은 무엇인가?" "선물은 가져갈 수 있는가?" "모든 것을 신고해야만 하는가?" "가지고 갈 수 없는 것은 있는가?"

그러한 질문 사항에 대해서는 가장 가까운 미국영사관에서 『방문자를 위한 관세 안내』 책자를 구하여 읽어보면 충분한 답변을 얻을 수 있다. 아래에 있는 것은 관련 규정을 요약해 놓은 것이다.

⌘ 반입금지 품목   특별 허가 없이 미국으로 반입할 수 없는 품목은 아래와 같다.

1. 약품: 특별히 처방전을 가져온다면 사전에 허가를 얻어야 한다. 상세한 것은 미국영사관에 문의하라.

2. 식물: 과일, 야채, 식물, 씨앗, 자른 가지, 농산물 등은 사전에 서면허가서 없이는 수입할 수 없다. 이 규정은 해충이나 식물의 질병이 미국 내로 반입되는 것을 막기 위한 조치이다. 미국농무부에 연락하라 (www.aphis.usda.gov.ppq/).

3. 고기와 가죽: 동물의 질병이 미국에 들어오는 것을 피하기 위해 육류(마른 생선, 소시지, 살라미스 등을 포함하여)와 무두질 하지 않은 털가죽은 수입 허가를 받아야 한다. 미국에 이러한 것을 반입하고자 하면, 다음 주소로 편지를 써라.

> 동물건강국
> 미국농업연구소
> 하이츠빌, 메릴랜드 20782
> www.usda.gov/

4. 외국 상품: 어떠한 종류의 외국상품도 수입할 수 없다. 아래 주소에 문의해 보라.

> 외국 재산 통제국
> 재무부
> 워싱턴 DC 20220
> www.ustreas.gov/offices/eotffc/ofac

5. 금: 금과 금화, 금화 보석, 금으로 된 메달에 대해 엄격한 규제가 있다.

6. 무기와 탄약: 총포류와 탄약은 알콜담배무기국(www.atf.go/firearms/ fei/)에 의해 규제 받는다. 탄약, 권총 혹은 리볼버 권총은 미국 우편으로도 탁송할 수 없다.

인근의 미국대사관이나 영사관에서 답을 얻을 수 없는 세관규정에 대한 질문사항은 다음 주소로 편지를 써라.

세관 및 국경수비대
국토안전부
워싱턴DC 20226
www.customs.gov/

ℋ 애완동물   고양이, 강아지, 새 등은 들여오기 전에 몇 가지 요구사항을 충족해야 한다. 가장 가까운 미국영사관에서 『당신이 애완동물을 수입하고자 한다면』이라는 책자를 구입 요청하거나, 아래 주소로 편지를 써라.

질병통제센터
검역국, M.S.E03
애틀란타 조지아주 30333
(404)639-8107
www.cdc.gov/ncidod/dq/animal.htm/

피부양자

학생신분으로 미국에 오거나 회사에 고용되어 입국하게 되면, 배우자와 21세 이하의 미혼자녀를 미국에 데려 올 수 있다. 그들도 여권과 비자가 있어야 하고, 미국 초등학교와 중고등학교(제19장 참조)에서 공부할 수 있다. 그러나 당신이 모국에서의 신분이 공무원이거나 외교기관 직원이 아니면 (그리고 정당한 영주권이나 시민권을 가지고 있지 않으면) 당신의 부양가족은 미국에서 취업할 수 없다. 그리고 배우자나 자녀가 대학을 가려고 한다면 학생신분으로 등록하여야 한다. 대학교 내의 외국학생 지도교수가 도움을 줄 수 있을 것이다.

만약 배우자 아닌 동반자(남편이나 아내가 아닌 동반자)가 있는 경우 그리고 1년 미만으로 당신이 고용한 가정부가 있는 경우, 관광비자(B-2) 혹은 업무용 비자(B1비자)를 신청할 수 있다. 이러한 경우에는 미국 체류를 연장하기가 더 쉽다.

이삿짐 보내기

가구 딸린 아파트나 주택에 세를 들려고 하면, 이사는 비교적 간단하다. 비록 가져갈 물건이 더 있다고 하더라도 호텔에서 투숙하듯이 간단하게 이사하면 된다.

만약 세간살이를 모두 미국에 들여온다면, 전문가를 통해 이사를 해결할 수 있다. 대형의 국내 또는 해외이사 전문업체는 이사 경험이 많은 직원과 훌륭한 이사 장비를 가지고 있다. 모든 물건을 꼼꼼하게 목록으로 작성하고, 국내 창고에 남겨 두어야 할 것과 새집으로 옮길 것, 그리고 특별히 조심스럽게 다루어야 할 것들이 무엇인지 목록을 만들어야 한다.

물품목록은 매우 사세하게 되어야 한다. 그러나 그룹 단위로 묶어서 부엌 물품 상자, 아이들 옷상자, 책상 속 내용물 등이 담긴 상자의 수를 별도로 적어 놓아야 한다. 다만 숟가락 하나까지 자세하게 항목을 적을 필요는 없다.

이사꾼들이 오기 전에 소지품을 가능한 한 따로 따로 분류해 놓아야 한다. 국내 창고에 남겨 놓을 보관물품을 표시하고, 미국에 부칠 물품은 혼동이나 오류를 피하기 위해 색깔이 다른 꼬리표나 스티커로 표시하라. 그리고 이사꾼들이 작업을 할 때 세밀하게 감독해야 한다.

짐이 꾸려지는 동안, 포장한 종이박스는 바깥쪽에 큰 글자로 책, 아이들 장난감, 부엌용품 등등으로 표시를 하라. 이렇게 하면 새 집으로 들어 갈 때 이삿짐꾼이나 당신에게 큰 도움이 된다.

가정용품을 배로 부치는 비용이 비싸기 때문에 (물론 부치는 비용을 회사가 떠맡지 않는 한) 접시나 시트, 프라이팬 등 기본적인 물품은 미국에서 구입하는 것이 낫다는 것을 알 게 될 것이다.

더욱이 깨지기 쉬운 시계나, 고가구 책상, 의자와 같은 가구 및 귀중품을 부치는 것은 심각하게 고려해 보아야 한다. 다음과 같은 규칙을 따르는 것이 최선의 방책이다. 즉 물건의 분실 또는 파손 시 어떻게 할 것인가? 짐 상자를 배의 크레인이 들어 올려 화물칸에 떨어뜨린 후 선창에서 폭풍우를 맞고 있다고 상상해 보아라. 물론, 이런 일은 일어나지 않을 것이다. 왜냐하면 요즈음은 대부분 물건들을 잘 포장하고 있으므로 걱정할 필요는 없지만, 그 가능성에 대해서는 대비하고 있어야 한다. 이쯤 되면 당신은 값진 소장품은 국내에 두고 가야겠다는 결정을 내리게 될 것이다.

그리고 고려할 또 다른 사항은 당신이 가고자 하는 미국의 지역 날씨는 어떠할 것인가이다. 화창한 캘리포니아, 무더운 애리조나 혹은 습도가 높은 플로리다에 있게 된다면, 무거운 양탄자나, 장식이 많은 의자, 벨벳휘장과 같은 것은 국내에 놔두고 갈 것을 고려해야 할 것이다. 더운 지역에서는 등나무, 유리 혹은 고리버들의자를 사용하는 것이 좋고, 창문에는 휘장보다는 미늘창이나 셔터창을 사용하는 것이 더 실용적이다.

필요한 의류

미국은 대부분의 지역에서 겨울기온은 화씨 0도(섭씨 영하20도) (혹은 이하)에서 약 화씨 65도(섭씨 18도) 사이이다. 미국은 바람이 많아 잘 대비해야 한다. 외출복으로 방한복 코트나 후드가 달린 오리털 파카, 장갑, 그리고 모자와 스카프가 북부의 여러 지역에서는 필수품이다. 열 손실의 75%가 머리로부터 발산되어진다는 것을 대부분의 사람들은 잘 알지 못한다. 따뜻한 모자(귀를 덮는 것)는 추위를 견디는 가장 좋은 방법 중의 하나이다. 눈이 종종 오지만 대부분의 도시에서는 눈을 금방 치우며, 미국의 최북단 지역에서는 모래, 소금, 눈 치우는 쟁기 등을 특히 잘 갖추고 있다. 남부에서는 겨울 날씨가 다른 지역보다 훨씬 따뜻하다.

겨울에 실내 온도는 화씨 65-68도(섭씨 18-20도) 이상으로 유지되며 이는 유럽보다 훨씬 더 따뜻한 것이다. 외출했다가 실내로 들어 올 때, 쉽게 벗고 입을 수 있는 가벼운 겨울용 양털 옷이 필요하며 추가로 여분의 스웨터, 상의, 코트, 우의가 필요하다. 따뜻한 나라에서 온 사람들은 처음에는 아마 추위가 매우 쌀쌀하게 느껴질 것이다. 따라서 여분의 스카프나 스웨터, 따뜻한 내복 등과 같은 겹옷을 준비해야 한다. 또한 봄과 가을의 4개월(4월, 5월 그리고 9월, 10월)은 가벼운 상의도 필요할 것이다. 안쪽을 지퍼로 탈부착할 수 있는 콤비네이션 타입이 특히 쓸모 있다. 남서부의 가장 건조한 지역을 제외하고는 레인코트와 우산은 미국 전역에서 필수적이다.

여름은 미국 대부분 지역이 덥다. 미네소타 주와 같이 겨울이 춥다고 알려진 지역에서조차 여름 온도가 화씨 90도대(섭씨 30도 하반에서 중반까지)로 올라가는 것은 흔하다. 미국 중서부와 남동부에서는 습도가 높아 여름철의 높은 기온을 더 불쾌하게 한다. 남서부에서는 온도가 화씨 115도(섭씨45도)까지 치솟을 때도 있다. 비록 그 지역 사람들의 말로는 "덥지만 건조하잖아"(습도가 낮아 훨씬 덜 짜증이 난다는 것을 의미한다)라고 하지만 그곳에 처음 온 사람들은 보통 이러한 극한상황에 적응하는데 상당한 시간이 걸린다. 이러한 지역에는 말할 필요도 없이 중앙냉방은 필수이다.

1년 중 언제 갈 것인지 그리고 방문 또는 거주 예정 지역에 대해 특별히 조사를 하고 나면, 그곳에서 편하게 지낼 수 있을 것이다. 또한 지역마다 할인점이 산재되어 있기 때문에, 미국에 도착한 후 너무 돈을 많이 들여 준비할 필요가 없다는 것도 기억하라.

미국인들은 일반적으로 밝은 색을 좋아하며 도시에서조차 옷은 정장을 입지 않는다. 예를 들어, 추운 날씨나 바람 부는 날씨 또는 정장을 입어야 하는 결혼식이 아닌 경우에는 모자를 쓰지 않는다. 대부분의 저녁 행사를 위하여 남성은 어두운 업무용 정장, 여성에게는 칵테일 파티의상이면 족하다. 극장에 갈 때, 전문적인 영화 시사회의 밤을 제외하고는 격식을 차린 옷(턱시도와 긴 이브닝드레스)을 입지 않는다.

파티복을 입어야 하는 특별한 경우를 제외하고는 어린이들과 10대들은 매우 캐주얼하게 옷을 입는다. 대부분의 교구학교와 몇몇 사립학교에서는 유니폼을 입도록 요구한다(실제 몇몇 공립학교도 정해진 유니폼 착용을 실험해 보고 있다). 어떤 학교는 남자아이들에게 상의(또는 넥타이만)를 입도록 요구한다. 그러나 일반적으로 남녀학생들은 튼튼하고 캐주얼한 다양한 옷을 입고 등교하며 종종 청바지와 T-셔츠, 추리닝 혹은 스웨터를 입기도 한다. 여름 몇 개월 동안에는 흔히 반바지와 T-셔츠를 입는다. 10대들의 옷 입는 경향은 점점 개성이 강하고 심지어는 요상하기까지 하다. 지역이나 개인적 취향에 따라 정장을 차려입는 경우가 다르며, "자기 멋대로 입기"에서부터 격식을 차린 드레스나 양복을 입는 것에 이르기까지 다양하다. 무도회(일종의 학교 내 공식 춤 파티)를 위해 10대에게 드는 의상 비용은 미국에서 처음 살게 된 사람에게는 꽤나 충격적일 정도로 높을 수 있다.

10 화폐와 은행 업무

미국공항에 도착하면, 포터에게 팁을 주거나, 시내로 들어가는 교통편을 위해 미국지폐(적은 단위의 지폐)로 최소한 100불에서 200불은 가지고 있어야 한다. 모든 국제공항에는 환전소가 있으나, 입국신고하고 세관 통과하고, 짐 찾고, 많은 사람들과 부대끼고, 그리고 피로와 싸워야 하기 때문에, 도착한 후 환전소에 들리는 것은 정말 귀찮은 일이다. 출발 전에 어느 정도의 돈을 미리 환전하는 것이 더 낫다. 미국에서 택시요금은 급등하고 있고, 공항은 일반적으로 시내로부터 수마일 떨어져 있으므로, 일행의 수가 많지 않거나 짐이 많지 않은 경우에는 훨씬 저렴한 공항버스를 타라고 권하고 싶다. 버스는 시내 중심까지 데려다 주므로 거기서부터 택시를 타면 훨씬 더 적은 비용으로 최종 목적지까지 갈 수 있다. 공항안내창구에서 공항버스에 대한 문의를 하라. 대형호텔들은 공항을 오가는 자체 셔틀 버스를 제공하는데, 간혹 호텔손님은 무료로 탈 수 있으며, 손님이 아닌 경우에도 저렴하게 탈 수 있다. 몇몇 도시에서는 주요 공항까지 가는 경전철 노선이 있다.

동전과 지폐

미국의 돈은 상당히 혼동스러워서 어떤 이는 미국 주화가 외국인을 혼란시키기 위해서 의도적으로 고안된 것이라고 결론을 내리기도 한다! 미국화폐의 "지폐 겉 모양"은 수년 동안 유통되고 난 후에 변하고 있다. 최근에 10달러, 20달러, 50달러 지폐는 이전보다 더 크고, 화려하며, 안전성을 더 높여서 업데이트 되었다. 미국동전에는 돈 가치가 숫자로 표시되어 있지 않으며 그 종류는 1센트(페니), 5센트(니클), 10센트(다임), 25센트(쿼터), 그리고 때로는 1달러 짜리 동전이 있다. 종종 50센트 동전(1/2달러)을 볼 수 있을지 모른다. 그러나 유통되는 것은 극히 소수에 불과하다. 모든 동전은 구리 색 페니와 금색인 사카가와 달러(Sacagawea dollar)를 제외하고는 은색깔이다. 또한 25센트보다 약간 더 크며, 옆면이 더 부드러운 수잔 비 앤소니(Susan B. Anthony) 1불 짜리 동전을 볼 수도 있다. 그리고 동전을 서로 구분하기가 혼동스러울 경우도 있겠지만, 무게나 치수와 같은 도량형을 이해하는 것보다는 훨씬 쉽다.

수중에 잔돈을 지닐 필요가 종종 있다. 특히 버스를 탈 때 정확한 잔돈을 흔히 요구하는 도시에서는 더욱 그렇다. 많은 도시에서는 버스운전사들이 직접 거스름돈을 내어줄 수가 없다. 버스를 타려면 토큰이나 요금카드를 구입해야만 할 것이다. 도시마다 각각 다르기 때문에 구입처가 어디인지를 물어 보라. 판매세를 내는데도 동전을 사용하게 된다. 필요하면 가게에서 잔돈을 바꿔주기는 한다. 대부분의 정찰가격에는 판매세가 포함되어 있지 않으며, 판매세가 주마다 틀리고,

시마다 다르다는 것이 혼동된다. 예를 들면, 어느 지역에서는 데이크 아웃 음식이나 저가 옷과 같은 경우 물품세를 내지 않는다. 판매세가 0%에서 8%에 이르는 지역이 있는가 하면, 그 이상이 되는 지역이 있는 등 다양하다.

지폐는 색깔과 크기가 모두 유사하다. 예를 들어, 1달러를 내려고 하면서 10달러를 꺼내지는 않았는지 주의 깊게 들여다보아야 한다. 사용 가능한 지폐는 1달러, 5달러, 10달러, 20달러, 50달러, 그리고 100달러로 구분된다. 대부분의 사람들은 50달러와 100달러 지폐는 가지고 다니지 않는다. 소액의 지폐(20불 혹은 그 이하)를 가지고 다니는 것이 현명하다. 택시운전사, 지하철 승무원, 가게점원은 20달러보다 더 큰 지폐는 바꿔주지 않으려고 하지만, 슈퍼마켓과 대형 백화점에서는 바꿔준다.

고국을 떠나기 전에 은행으로부터 미국 동전과 지폐를 구하여 쉽게 구별할 수 있도록 연습하는 것이 좋다. 아이들과 함께 연습한다면, 아이들도 미국에 도착하기 전에 미국 돈을 편하게 다룰 수 있을 것이다.

달러를 미국 국내로 가지고 들어오거나 밖으로 가지고 나가는 데는 제한이 없다. 그렇지만 거액의 현금은 세관에 신고해야만 한다. 더욱이 고국에서는 지참 가능한 달러금액을 제한할지도 모른다. 고국을 떠나기 전에 이것을 확인할 필요가 있다.

은행

미국의 은행은 다른 나라의 은행과 상당히 다르게 운영되고 있다는 것을 알 수 있다. 당좌예금이나 저축예금계좌를 개설하기 전에, 은행직원에게 다양한 종류의 당좌예금 및 저축예금에 대해 상의하라. 예를 들면, 무료당좌계좌나, 잔고요구액,

수표구매, 입금, 현금자동지급기카드, 예금 잔고 이상 수표 발행 가능성 등과 같은 특성에 대한 규칙과 규정에 대해서 물어봐라. 은행 업무는 은행 간 서로 경쟁을 하므로, 매우 다양한 (때로는 혼란스럽기도 하지만) 계좌가 가능하다는 것을 알게 된다. 여기에 예시한 것들은 대부분의 은행에서 개설된 것이지만, 은행마다 서로 다른 이름으로 되어 있을 수도 있다.

몇몇 당좌예금계좌는 "최소 1일 잔고액"이라고 하는 일정 잔고액(보통은 500불에서 2500불 사이)을 요구한다. 그러나 최소 1일 잔고액 이하로 떨어지지 않으면, 수표발행이나 월 서비스 요금에 대한 비용은 없다. 은행마다 부르는 이름이 다른 어떤 계좌는 높은 액수의 잔액을 요구하지는 않지만, 수표를 매번 쓸 때마다 수수료를 부과하고, 때로는 월 서비스 요금도 부과한다. 또한 어떤 계좌는 더 큰 액수의 잔액을 요구하는 특별계좌도 있다.

은행들은 약정한 최소 금액 이하로 잔액이 떨어질 때 서비스비용을 부과하고, "부도가 되어 돌아오는 수표"(잔고가 충분하지 않은 수표)에 대한 패널티를 부과한다. 대부분의 은행들은 저축예금계좌와 당좌예금계좌를 결합해서 운용할 수 있도록 허용해주며 당좌계좌에 들어 있는 금액에 대해서는 이자수익을 얻게 해 주므로 잘 알아볼 필요가 있다. 다른 은행에서 어떤 것을 제시하는지 비교해 보고, 고객이 원하는 서비스를 제공하면서 찾아가기 편리한 은행을 선택하면 된다. 외국에서 반입되는 돈을 추적하기 위한 신고내용이 변경되어, 몇몇 은행들은 고객들이 계좌를 개설하기 전에, 세금납부자 신분확인번호(TIN)를 가지도록 요구한다. 이 번호는 국세청(Internal Revenue Service)의 지방사무소를 통해서 얻을 수 있다. 미국에서 취업을 하는 경우에 세금납부자 신분확인번호로도 사용될 수 있는 사회보장번호(Social Security number)를 취득할 필요가 있다. 이 번호는 별도의 사회보장행정사무실을 통해서 얻을 수 있으며, 여권과 미국 내 주소지를 확인할 수 있는 증빙서와 함께 취업증명서를 제출하면 얻을 수 있다.

현금과 귀중품 관리

집이나 지갑 속에 현금을 소지하고 있을 경우 극도로 세심한 주의를 기울여야 한다. 사무실이나 가게의 카운터에 단 한 순간이라도 지갑을 놔두어서는 안되며, 지갑을 슈퍼마켓 바구니 안에 두어서도 안 된다. 집안에서는 눈에 띄지 않는 곳에 두고, 출입구에서 멀리 떨어진 곳에 두어라. 외출 시에는 지나치게 많은 현금을 가지고 다니지 마라. 유감스럽게도 세계 여느 지역에서처럼 지갑날치기, 소매치기 등이 미국의 대도시에서 아주 흔하다. 오늘날 전자금융시대에 (어떤 다른 사람이 당신의 신용카드, 은행계좌번호, 사회보장번호 그리고 기타 개인 정보를 가지고 신분을 위장하여 당신의 정보를 사용하게 되는) "신분도용"이 증가하고 있으며 심각한 위협이 되고 있다. 이러한 피해를 면하는 최선의 방법은 자신의 신분정보와 금융정보를 다른 사람으로부터 안전하게 지키고, 그러한 정보를 담은 기록들을 그냥 버리지 말고 파쇄해야 한다.

만약 보석이나 다른 귀중품(여권, 유언장, 주식증명서, 저당권 혹은 보험증서 리스 등)을 갖고 있다면, 근처은행의 귀중품보관박스를 임대하여 사용할 수 있다. 비용은 박스의 크기와 지역에 따라서 1년에 15불에서 250불 정도가 든다. 은행개점시간동안에 언제라도 귀중품을 꺼낼 수 있으며, 그 어느 것으로도 대체할 수 없는 소중한 귀중품을 은행금고에 넣어 두면 안전하게 보호받을 수 있다. 만약 호텔에 머물게 되면, 데스크 직원에게 호텔금고에 보석 등을 맡길 수 있다. 호텔방이나 심지어는 여행가방에조차도 귀중품을 넣어 두어서는 안 된다. 대부분의 호텔들은 객실 내에 전자금고를 마련해 놓고 있다. 가격이 비싸거나 귀중한 보석,

모피, 카메라 또는 쉽게 도난 당할 수 있는 품목을 안전하게 맡겨라. 귀중품을 안전하게 지키기 위해서는 돈과 시간을 따로 써야 한다.

해외 송금

외국에 돈을 송금하는 방법에는 몇 가지가 있다. 만약 시간이 급하면, 외국은행으로 "전신송금wire transfer"을 해달라고 거래 은행에서 얘기할 수가 있다. 그러나 급하지 않는 경우에는 편지로 저렴하게 외국은행으로 송금할 수 있다. 만약 은행으로 하여금 수취인에게 송금 사실을 알리기를 원하면, 수취인의 주소를 알려주면 된다. 수취인은 송금된 돈을 찾기 위해서는, 합당한 신분증을 가지고 수취인이 살고 있는 지역 은행에 가야 한다.

해외송금은 미국 우체국을 통해서도 할 수 있다. (제14장 참조).

외상 계정과 신용카드

미국은 현금을 사용하지 않는 사회로 점점 변모되어가고 있다. 사람들은 호주머니나 지갑 속에 많은 돈을 가지고 다니는 대신에 수표나 당좌수표, 은행카드를 가지고 구매를 한다.

대부분의 사람들은 매월 청구서를 받는다. 백화점에서 구매한 물건값, 전화, 전기, 가스, 신문대금 등의 가계비용 청구는 모두 카드로 지불한다. 사람들은 집에서 컴퓨터로 안전한 은행 웹사이트에 들어가 인터넷으로 청구요금을 지불하는 추세가 증가하고 있다. 휘발유와 주유소 비용, 식당, 호텔, 여행경비를 지불하는데 신용카드를 사용한다. 그러나 슈퍼마켓에서는 현금이나 개인수표, 신용카드, 혹은 은행카드 등 여러 가지 형태로 지불이 가능하다.

그러나 사람들은 대개 월별청구서가 쌓이는 것을 좋아하지 않는다. 따라서 어떤 것은 현금으로 처리하고, 어떤 것은 외상거래로 하는 등 이것저것 짜 맞추어 처리한다. 어떻게 하느냐는 개인 선택의 문제인 것이다. 만약 신용카드를 사용할 때는 즉각 대금을 지불해야 한다. 대금지불이 늦어지면 높은 이자가 부과될 수 있고, 청구서에 언급되어 있는 마감기간까지 돈을 지불하지 않을 경우 신용등급이 심각하게 떨어질 수도 있다.

신용카드 회사들은 연회비를 부과하고, 회사마다 이자율이 다르다. 연회비뿐만 아니라 이자율을 점검한 후에 비용이 가장 적게 드는 카드를 선택하라. 신용카드를 취급하는 은행과 회사 간의 경쟁은 치열하다. 신용카드를 선택할 때는 여유를 가지고 해야 하며, 카드회사에서 준 정보를 꼼꼼히 읽어보아라. 어떤 회사는 연회비를 부과하지 않는다고 하기도 하고 또 어떤 회사는 카드로 대금을 지급할 시 이자율을 낮게 해 준다고 떠들어대지만, 카드구입자는 늘 조심해야 한다!! 조그만 글씨로 인쇄된 부분도 꼼꼼하게 읽어보아라. 이처럼 겉보기에 좋은 것처럼 보이는 것은 대부분은 좋은 것이 아니다. 그네들이 얘기하는 낮은 이율은 단지 한 두 달간만 지속되고, 그 이후에는 시장 이율보다 훨씬 높은 이율로 급상승하게 된다. 가장 보편적인 신용카드는 비자카드, 마스터카드, 아메리카익스프레스카드, 디스커버카드이다. 대부분의 가게, 식당, 호텔과 주유소에서 이런 카드를 사용할 수 있으나, 어떤 가게는 아메리카익스프레스카드를 받지 않는다. 신용카드를 발급 받게 되면 뒷면에 있는 공란에 꼭 서명을 하도록 해라.

대부분의 백화점에서는 외상거래를 할 수 있는데, 이 경우에는 고객의 은행 및 여타 신용 증명을 제출하여야 한다. 신규로 거래할 경우 승인은 짧게는 몇 분, 길게는 몇 주가 걸릴 수 있다. 신청이 승인되면, **특정 백화점에서만** 사용될 수 있는 신용카드(때때로 "외상카드"라고 한다)를 받게 되며, 외상카드를 이용하면 물건을 구매하는 과정이 신속하게 처리된다. 게다가 물품을 반납할 수도 있으며, 포인트(credit)를 얻을 수 있다(일반적으로 현금 환불은 안 된다).

신용카드나 외상카드를 소지하는 데는 불이익이 있을 수 있다. 만약 그것을 잃어버려 다른 사람이 줍거나 혹은 지갑을 도난 당할 경우, 당신의 계좌에서 많은 돈이 빠져나갈 수 있다. 이런 일이 발생하면 즉시 백화점이나 신용카드사에 전화해서 분실 신고하라. 그런 다음, **즉시 편지를 써서** 다시 한 번 전화로 분실신고 한 날짜와 시간을 알려줘라. 그리고 그 편지를 복사하여 가지고 있어라. 그렇게 하면 **맨 처음 분실 신고한 이후의** 카드 사용 금액에 대해서는 책임을 지지 않을 것이다. 어떤 이는 쇼핑할 때만 신용카드를 가지고 가며, 또 어떤 이는 외출할 때마다 가지고 간다. 그러나 여하튼 펴치기나 소매치기범에 대해 항상 경계해야 한다. 비자카드나 마스터카드사는 일반적으로 일정금액 이상은 카드분실 피해자에게 책임을 묻지 않는다.

자동현금지급기(ATM)는 현금을 인출하거나 심지어는 어떤 경우 입금 서비스를 은행 대신 신속하게 처리한다. 현금지급기를 이용할 때, 안전을 위해서 차를 탄 상태에서 이용하도록 하라. 걸어갔을 때는, 통상적인 안전예방조치를 하고 그 어떤 사람도 당신의 개인비밀번호(PIN)를 입력하는 것을 보지 못하게 하라. 또한 당신의 은행계좌와 현금지급기가 동일한 은행이 아니면 현금지급기를 이용할 때 수수료를 물게 된다.

팁 주기

외국 출신의 사람들과 일부 미국 사람은 팁 주는 것을 비민주적이고 보기 흉하다고 반대를 한다. 더욱이 항공사 승무원, 가게 점원, 보험사직원들은 팁을 받지 않는데, 반면 웨이터, 짐꾼, 미용사들은 팁을 받는다는 것은 비논리적이다. 사람들은 팁보다는 봉급을 충분하게 받아야 된다고 느끼고 있다.

이러한 생각에 공감한다고 하더라도, 사실 생계를 위해 팁에 의존하는 사람들이 많다. 어떤 일자리는 봉급이 충분치 못하다. 직접 봉급을 주기보다는 팁을 주어 수고한 것에 대해 보상하는 것이 좋은 서비스를 권장하는 것이 된다고 하는 이론이 있다. 이것에 대해 논란의 여지는 있으나, 팁을 주는 시스템은 널리 보편화되어 있다.

팁을 줄 필요가 없는 경우도 있다. 만약 당신이 서비스에 만족하지 않으면 팁을 적게 주거나 혹은 아예 주지 않음으로써 서비스에 대한 불만을 표시할 수 있다. 그러나 일반적으로, 대규모 일행이 함께 식사하는 경우를 제외하면 미국에서는 팁을 받기를 고대한다. 종종 고정적으로 15%의 팁이 계산서에 부가된다. 팁을 두 번 주지 않도록 하기 위해서는 세심하게 점검하라.

⌘ **팁을 주어야 하는 사람들**　웨이터, 택시운전사, 짐꾼, 도어맨, 정장차림의 안내원, 그리고 배달원들은 모두 팁을 주어야 한다. 또한 이발사, 구두닦이, 미용사 등으로부터 개인적인 서비스를 받는 경우 팁을 줘야 한다. 주차요원은 차를 대신 주차시키거나 가져 왔을 때만 팁을 줘야 한다.

불행하게도 이러한 근로자를 고용한 사장들은 팁을 봉급의 일부로 간주하여 돈을 적게 주고 있다. 그러므로 팁을 못 받을 경우, 그만큼의 임금이 줄어들게 된다.

⌘ 팁을 주지 않아도 되는 사람들

1. 세관직원이나, 경찰관 혹은 소방관과 같은 공무원: 이들에게 주는 팁은 뇌물로 간주된다.

2. 우편배달원과 여타 배달원: 우편배달원에게는 팁을 주지 않지만 사람들은 종종 겨울휴가철에 5달러~10달러 어치의 선물을 준다. (정기적인 소포를 받는다면 유피에스나 페덱스의) 소포배달운전사에게도 신문배달원과 같이 똑같이 팁을 준다.

3. 항공사승무원 혹은 표판매원

4. 객실직원 또는 호텔 데스크의 직원들(유럽의 수위들과는 다름)

5. 버스운전사: 안내원이 함께 한 여행에서 안내원에게는 헤어질 때 몇 달러씩 주어 감사를 표한다.

6. 가게점원

7. 주유소 직원

8. 엘리베이터 승무원 혹은 접수원, 전화교환원

9. 개인 클럽의 직원

10. 극장 안내원

⌘ 정규적인 팁

미국에서 팁을 어떻게 줄 것인가에 대한 관습과 금액은 도시의 대소에 따라 또는 지역에 따라 상당히 다르다. 당신이 정착하게 될 지역에서 이것을 물어 봐라. 미국에 처음 오는 사람들에게 도착 후 처음 며칠을 편안하게 보낼 수 있도록, 다음과 같은 지침을 안내한다.

1. 짐꾼: 가방마다 1달러 혹은 2달러가 보통이며 어떤 사람들은 가방이 무거워서 다루기가 너무 힘들 때는 팁을 더 준다.

2. 택시운전사: 운전사는 금액의 10-20%를 팁으로 예상한다. 일행이 여러 명이거나 짐이 여러 개 있을 때는 최소한 20%의 팁을 줘야한다. 어떤 도시에서는 손님 각각에 대해서 추가 비용을 부과한다. 그러한 사항은 택시에 붙어 있다.

3. 웨이터: 최소한 15-20%의 팁을 줘라. 서비스요금은 일반적으로 계산서에 포함되어 있지 않다. 서비스에 특별히 만족했거나 아니면 추가로 요구한 서비스가 있을 경우, 일행의 숫자가 많아 대규모인 경우, 음식 메뉴를 잘 몰라서 도움을 요청한 경우, 혹은 아이들을 봐달라고 도움을 요청한 경우, 이럴 경우에는 팁을 더 주어라. 달리 말하면, 정상적인 서비스보다 추가로 그 이상의 서비스를 받았을 때는 팁을 더 주어야 한다. 만약 일행이 6명 혹은 그 이상일 경우 보통 15%의 팁을 계산서에 부가한다. 외국도 마찬가지이지만, 고급 레스토랑에서 팁은 당연히 더 높다. 그런 곳에서는 웨이터에게 주는 팁을 20% 이하로 주어서는 안 된다. 만일 와인을 주문한다면, 와인담당 직원은 웨이터와 마찬가지로 팁을 받고 싶어한다. 음식 가격이 싼 식당이나 카페에서는 팁을 약 10%를 주거나 적어도 개인 당 1달러를 주거나 아니면 차 한 접시 당 25센트를 주어야 한다. 호텔에서 룸 서비스를 주문하는 경우 계산서의 15-20%의 팁이 적당하다.

4. 도어맨: 도어맨이 택시를 불러주었을 때를 제외하고, 일상적인 서비스에 대해서는 팁을 주지 않는다. 택시를 불러주었을 때는 2달러를 주면 된다. 커다란 짐을 도와주었을 때는, 수고의 양에 따라 항상 3불에서 5불을 줘라. 아파트 경비원이 별도의 서비스를 제공했거나 특별한 일을 도와주었을 경우, 혹은 (팁을 주지 않은) 상당한 기간 동안에 여러 가지 자질구레한 서비스를 주었을 경우, 1불에서 5불 정도의 팁을 준다. 이렇게 하는 것은 반드시 해야 하는 것은 아니지만, 이렇게 하면 향후 친절하고 도움이 되는 서비스를 계속 받을 수 있게 될 것이다.

5. 개인 서비스: 이발사, 미용사, 배달원, 주차요원, 호텔 방을 돌봐주는 하

녀, 그리고 개인적으로 서비스를 주는 사람들에게 얼마 정도의 팁을 줘야 될지 어림짐작하기는 쉬운 일이 아니다. 지역에 따라서, 또는 얼마만큼의 서비스를 했는가에 따라, 그리고 여타 요인들에 따라 팁의 비율이 달라지게 된다. 가장 좋은 방법은 그 지역에서 물어보는 것이다. 사무실에서, 파티에서 혹은 이웃 사람들한테 팁에 대해 4-5명에게 물어본다고 해도, 대답은 각양각색일 것이다. 만약 당신이 편하게 물어볼 사람이 없다면, 해당 서비스와 관계된 사람에게 직접 물어 보아도 된다. "서비스에 대해서 추가 비용을 좀 주고 싶은데, 이 지역엔 처음이기 때문에 팁을 보통 얼마나 주어야 하는지 잘 모르겠다"하고 물어보면 분명히 환한 웃음을 띄우며 정직하게 대답해 줄 것이다.

6. 휴일: 겨울철의 휴일은 특별하며 비용이 많이 든다. 몇 가지를 알려주면 다음과 같다. 만약 당신이 사는 아파트에 경비원이 있다면, 휴일기간동안 1인당 10불 이상에 해당하는 선물을 줘라. 팁의 액수는 거주기간, 가족크기, 그리고 지난 1년 동안 팁을 얼마나 주었는가에 따라 달라진다. 또한 아파트관리소장은 20달러이상의 선물을 주어야 한다. 쓰레기수거인, 짐꾼, 혹은 전화교환원과 같은 서비스 직원이 있는 경우에 5달러 정도의 팁을 줄 수 있다. 늘상 보게 되는 세탁사, 신문배달원, 주차요원, 미용사 혹은 이발사 등과 같은 사람에게도 겨울 휴가철에 팁을 가끔 준다. 그들이 얼마나 자주 당신을 도와주었는지, 그리고 금전적인 여유가 있는지에 따라 팁을 주는 액수는 변한다. 만일 그들과 친하다고 생각하면, 카드에 3달러 내지 5달러 정도를 넣어서 주어라. 그러면 지난 1년 동안 당신에게 도움을 주었던 사람들이 매우 고마워 할 것이다.

11 | 의료혜택

새롭고 낯선 나라로 이주하게 될 경우, 걱정거리 중의 하나는 아프면 어떻게 할 것인가이다. 이것은 병을 치료하는 의료행위나 관습이 각 나라의 문화에 따라 다르기 때문에 (때로는 아주 크게 다르다) 그렇게 걱정하는 것은 당연히 이해가 가는 사안이다. 미국의 의료혜택은 대부분 우수하지만, 자기 나라에서처럼 익숙한 것도 아니고, 당신을 곁에서 도와주고 위로해 줄 사람들이 멀리 떨어져 있기 때문에 여전히 불편한 것이 사실이다. 아래에 적은 내용은 가능한 한 걱정 없이 의료혜택을 받을 수 있도록 미국 내의 의료행위가 어떠한지를 이해하게 해 줄 것이다.

고국을 떠나기 전

미국에서 의료혜택의 자격을 취득하는 첫 번째 단계는 가능하다면 당신의 건강 기록카드를 가지고 오는 것이다. 이것은 새로운 의사에게 당신의 과거 의료 경력에 대한 전체적인 내력을 보여주면, 비싼 검사비나 질병이 어떻게 발생되었는지에 대한 연구 비용을 절감하게 될 수 있다. 또한 고국을 떠나기 전, 치과 치료한 모든 기록을 가지고 가라. 미국에서 치과 치료비용은 의료비 못지 않게 높으며, 보험은 모든 치과 치료를 다 보장하지 않는다.

만약 안경이나 콘택트렌즈를 착용한다면 여분의 것을 더 가지고 가고, 안경 처방전 사본을 가지고 가도록 해라. 그리고 국내에서 정기적으로 의사의 치료를 받고 있다면, 치료 내용에 대한 의사가 발행한 처방전과 그와 관련된 내용을 복사하여 가지고 가는 것이 좋다.

의료혜택 보기

일반적인 진료를 받기 위해서 찾는 의원은 주로 가정의학 전문의이다. 가족 전체를 정기적으로 돌봐주고 필요할 경우 다른 전문 의사를 소개해 준다. 아플 때 금방 연락이 되는 두 종류의 전문의가 있는데, 하나는 어린아이를 위한 소아과 의사와 또 다른 하나는 청소년기의 소녀와 여성을 위한 산부인과 의사이다. 그러나 대부분의 일반 개업의들은 소아과나 산부인과를 다룰 수 있는 자격이 있으며 또한 그러한 경험을 갖고 있다.

환자가 한 곳에서 여러 명의 의사로부터 진료를 받을 수 있는 병원이 많이 있다. 가족의 진료에 중점을 두고, 한 곳에서 모든 진료를 하고 언제든 부르면 달려 올 수 있는 의료 서비스를 제공하고 있다. 이런 병원을 건강관리기구, 즉 에이치엠오(HMO: Health Maintenance Organization)라고 부른다. 어떤 에이치엠오는 큰 병원에 부속되어 있지만 대부분은 독립해 있으며, 내과의사들은 지방병원에서 특별대우를 받는다. 대부분의 에이치엠오(HMO)들은 그 지역 의사 회원 명부를 가지고 있으며, 몇몇 에이치엠오는 건강보험과 건강진료를 동시에 관장하는 통합된 기구로 운영하고 있다.

그러면 과연 믿을 만한 의사를 어떻게 찾아낼 것인가? 내과 의사들은 전화번호부(흔히 업종별 안내란이라 함)에 등록되어 있다. 의사들은 대개 자신의 의료 서비스에 대해 광고까지 하지만 사람들은 진료 경험이 많은 의사를 찾기 위해 통상 친구와 지인들에게 물어본다. 좋은 의사를 찾는 방법에는 여러 가지가 있다. 회사에 조언을 구할 수가 있고, 회사담당의사나 회사와 협정을 맺은 의료단체가 큰 도움이 될 수 있다. 어쩌면 의사를 찾기 위해 이웃사람이나 아파트 집주인 또는 아이 학교의 교장선생님에게 물어볼 수도 있다. 아니면 은행직원, 기독교교회나 이스람교회 또는 유대교회의 교인이 도와줄 수도 있다. 그리고 각국 국내 주재 영사관에서는 자기 나라 언어를 할 수 있는 의사명단을 갖고 있을 것이다.

제일 먼저 추천 받은 의사를 반드시 택할 필요는 없다. 사람들이 필요로 하는 사항은 각각 다르기 때문이다. 대부분의 미국의사들은 의료기술이 좋아서 그 능력에 대해서는 걱정할 필요가 없다. 그러나 가장 중요하게 고려할 사항은 (물론 쉽게 판단할 수 있는 것이지만) 다름 아닌 인격인 것이다. 함께 이야기하기 편하고 믿음이 가는 의사를 원할 것이다. 금전적인 문제가 어렵다면, 진료비에 대해 물어볼 수도 있다.

어떤 의사를 선택해야 하는지 주변 사람으로부터 개인적으로 추천을 받기 어렵다면, 그 지역의료협회(County Medical Society) 혹은 의사추천협회(Physical

Referral Service)에 전화해 보아라. 이곳에서 의사명단을 주거나 정보를 얻을 수 있는 곳을 알려줄 것이다. 인근의 병원 원무과에 전화를 해서 권위 있는 의사의 이름과 사무실주소를 물어볼 수도 있다. 이렇게 하면 근처 병원협회에 등록된 진료기술이 탁월한 의사를 찾을 수 있을 것이다. 병원이나 지방의료협회는 의사를 한 사람만 추천하지 않고 항상 여러 명을 거론할 것이다. 몇몇 의사의 이름과 전화번호를 받으면 그중 한 사람과 진료예약을 해라. 가족의 건강기록부를 가지고 가고, 진료비와 자매병원 그리고 기타 알고 싶은 것에 대하여 이것저것 물어 보아라. 의사의 경험, 진료경력, 그리고 그의 인격 등이 당신에게 모두 맞으면 그 병원을 단골로 하게 될 것이고 필요하면 또 오게 될 것이다. 만일 맘에 들지 않으면, 다른 의사를 찾아볼 수도 있다.

의사들은 대개 단골 환자가 너무 많아서 새 환자를 받으려고 하지 않을 것이다. 환자로 받아줄 수 있는 의사를 찾을 때까지 노력해서 찾아보아라. 의사와 처음 대면했을 때 의료비용에 대해서 상의하는 것을 창피하게 생각하지 마라. 의사마다 비용이 서로 다를 수 있으며 담당 의사가 부과할 의료비용이 어느 정도 될 것인지 사전에 미리 아는 것이 더 좋다. 미국에서 의료비는 지나칠 정도로 비싸기 때문에, 비용이 얼마인지를 예상해 보는 것은 중요하다.

의료 응급상황

미국 대부분의 지역에서 응급차나 경찰 혹은 화재 시의 긴급전화번호는 911이지만 대도시에서 멀리 떨어져 있는 경우에는 긴급전화번호가 다를 수 있어 번호가 무엇인지 그 지역에서 확인하는 것이 현명하다. 긴급전화번호를 모를 경우에는 0번을 돌려 교환원을 부르고 당신이 처한 긴급상황을 이야기해라. 반드시 **당신**

의 주소와 전화번호를 말해주는 것을 잊지 마라. 이러한 핵심적인 정보를 주지 않고 전화를 끊게 되면, 교환원이 전화를 추적하느라 소중한 시간을 허비하게 만든다. 긴급상황이 발생했을 경우에, 할 수만 있다면 근처 병원 응급실로 곧 바로 가라. 응급실은 심각한 사고와 (심장발작과 같은) 급성 질병을 치료할 준비가 되어 있다. 이러한 시설이 어디에 있는지 미리 미리 알아두는 것이 좋다. 그곳에서는 목숨이 왔다 갔다 하는 위급 상황에 신속하게 대응할 채비를 갖추고 있다. 911에 전화를 하여 응급차를 요청할 때는 신중하게 행동해야 한다.

⌘ **시급한 치료**   응급상황이 아닌 시급한 의료문제가 있는 경우, 첫 번째 단계는 전담 의사에게 전화하는 것이다. 단골의사가 없거나 당장 의사가 올 수 있는 형편이 되지 못하면 가장 가까운 병원의 응급실로 가라. 심각한 것은 아니지만 갑자기 닥치는 질병과 사고를 당했을 경우 가정이나 진료소(예약 없이 갈 수 있는 곳)에서 치료를 받을 수 있다. 또한 어떤 병원에서는 긴급서비스와 별도로 "신속진료" 또는 "시급한 치료" 서비스를 갖추고 있다. 골절상이나 열이 높아 심각한 경우 (그러나 생명을 위협하지는 않는) 의료상황에 좀 더 신속하게 처리를 해 주는 시급한 진료를 담당하거나 예약 없이 들어갈 수 있는 진료소가 병원과는 별도로 설치되어 있다. 이곳은 응급실보다는 훨씬 저렴하며, 경미한 부상보다 심각한 부상을 우선 치료하는 응급실과는 달리 지나치게 오래 기다릴 필요가 없다.

미국에서는 병원비는 비싸지만 건강진료가 매우 훌륭하고 대부분의 경우 매우 철저하다. 미국에서는 외국에서 보다 더 자주 병원에 가게 된다. 병원에 가게 되면 병에 대해 걱정하기 전에 병의 원인이 무엇인지 의사로부터 듣고 이해해야 한다. 테스트나, 엑스레이 혹은 치료절차상 특별한 기자재를 이용할 수도 있다. 혹은 의료기술이 탁월한 직원이 여러 날에 걸쳐 수시로 관찰할 수도 있다. 물론 이렇게 할 경우 무슨 심각한 질병이 있어서 하는 것은 아니다.

건강보험

미국에서는 의료비가 높기 때문에 보험은 필수적이다. 가난한 사람들을 위해 훌륭하고 무료로 이용할 수 있는 공공의료시설이 있기는 하지만, 그런 시설은 너무 복잡하고 대기시간이 너무 길다. 따라서, 경제적 능력이 되는 사람들은 개인 의사를 이용한다. 더욱 중요한 사실은, 비영주권자는 공공기금에 의한 의료지원혜택을 받을 수 없다는 것이다. 공공의료시설에 가면 되돌려 보내지는 않지만, 나중에 영주권을 취득하려고 할 때 중대한 영향을 미칠 수가 있다. (65세 이상의 사람들에게 적용되는 메디케어를 제외하고는) 아직까지 의료혜택을 국가가 지원하는 시스템이 없지만 그 문제에 대해 뜨겁게 논의하는 중이다.

　현재 대부분의 미국인은 개인보험에 가입하여 병원비와 의사비용을 충당하고 있다. 당신도 그러한 보험에 가입해야 한다. 만약 미국회사에 근무하는 경우 당신과 당신가족이 자동적으로 들게 되는 단체보험이 있을 수 있으나, 이것에 대해서는 상세한 내용을 확인해야 한다. 그러한 보험은 보통 보험료 일부를 사장이 지불하게 되며 당신이 내야하는 금액은 자동적으로 봉급에서 공제된다. 그 공제금액(보험에서 보상하기 전에 내야하는 돈)을 점검해 보아라. 많은 보험회사에서는 병원치료에 대해서 개인이 부담해야 하는 일정 금액인 "공동부담금"을 요구한다. 이것은 통상 얼마 되지는 않지만 의사를 자주 만나야 하는 만성적인 병을 갖고 있는 사람들에게는 추가로 내야 하는 엄청난 비용이 되는 것이다.

　단체보험이 없는 회사에 다닌다면 당신과 가족을 위해 개인 건강보험을 들어야 한다. 단 한 번의 나쁜 사고나 큰 병으로 많은 비용이 들 수도 있다. 대부분의 보험은 6개월 이상 미국에 거주한 외국 사람들에게만 개방되어 있으나, 어떤 것은 6개월 이전이라도 가입할 수 있다. 훌륭한 보험설계사나 의사에 대해서는 회사에서 물어보아라. 미국 도착 즉시 보험을 가입해야 한다.

미국대학에 등록한 외국학생들은 통상적으로 학교기관이나 주법에 의해서, 의료보험을 반드시 가입하도록 해야 한다(주 규정에 의해 J-1학생과 학자들은 보험을 들어야 한다). 그러나 대학에서 보건비를 지불하고, 필요할 때마다 충분한 보건진료를 받을 수도 있다. 또한 저렴한 상해 보험을 추가로 가입할 수 있는데 이는 권장사항이기도 하고 때로는 필수 사항이기도 하다. 대학의 안내책자를 보면 상세한 내용을 알 수 있으며 외국학생 지도교수는 학교가 추천하는 보험이 무엇인지 신입생에게 알려 주게 된다. 부양가족은 대개 대학 보건소를 이용할 자격이 없고, 이 경우에는 외부의 건강보험으로 해결해야 한다.

의료보험은 모든 비용을 다 보상하는 경우가 거의 없다. 보험 계약서를 세밀하게 읽어보고 자세하게 설명해 달라고 해라. 보상되는 내용이 약관마다 다르다. 어떤 보험계약서에는 투약이나 기본적인 치과 치료를 포함하지만, 안경을 포함하여 보상하는 경우는 거의 없다. 하지만 이것에 대하여는 보험특약을 첨가할 수는 있으나, 보상 항목을 첨가할 경우 비용이 급격히 올라가게 된다. 정확히 무엇이 필요한지를 꼼꼼히 생각해 보고 당신이 감당할 수 있는 서비스에 대한 보험비를 맞추어야 한다. 안경은 일반적으로 50불에서 200불 정도이며 안과의사의 처방전이 없는 경우에는 비용이 더 든다.

건강보험설계사를 선정하기 전에 동료나 혹은 친구로부터 조언을 얻는 것이 좋다. 대부분의 보험설계사들은 믿을 수 있으나 믿을 수 없는 사람도 있다. 이름 있는 보험회사를 선택하려면 타인의 도움이 필요할 것이다.

병원에서 진료서비스를 받기 전에 보험카드를 미리 준비해라. 만일 보험에 들지 않았을 경우에는 퇴원하기 전에 병원비를 모두 지불해야 한다. 근무하는 회사나 보험회사에서 병원 비용을 부담할 수도 있으나, 그렇지 않을 경우, 전액 본인이 지불해야 할 것이다. 심지어는 병원비를 부담하기 위해 돈을 대출 받아야 되는 경우도 발생할 수 있다. 따라서 긴급한 일이 발생되기 전에 미리미리 자신의 보험이 무엇을 보상해 줄 수 있는지 알고 있어야 하고 회사 사장이나, 담당의사 혹은 보험대리인에게 그 보상 내용에 대해 물어볼 수도 있다. 때로는 병원비는 병원에서 일정기간에 걸쳐서 할부로 분납하게 할 수도 있다.

12 | 안전과 응급상황

사람들은 누구나 전 세계 도시 곳곳에는 위험이 도사리고 있고 또 실제로도 위험하다는 것을 알고 몸을 사리게 된다. 그러나 사전에 예방조치를 하고 상식을 활용하면 여러 가지 이점을 시로부터 제공받을 수 있다. 그러면 뜻밖의 사고를 완전히 극복할 수는 없어도 적어도 최소화 할 수는 있다.

거리에서의 안전

어두워지고 난 후 거리를 걸어갈 때에는, 불빛이 환하고 사람들이 더 많이 다니는 길로 다녀라. 위험지역을 지나게 되면 버스나 택시를 타고 가라. 한적한 곳의 버스정류장보다는 사람들이 많이 사는 지역에서 버스를 타도록 하라.

어두워지면 공원에 가는 것을 피하고 혹시나 공원 곁을 지나게 되면 공원 반대편 길로 걸어가라. 나쁜 생각을 가진 사람들이 어두운 곳에서 종종 배회하고 있으며 여차하면 잽싸게 도망치려고 공원 끝자락을 어슬렁거린다. 그들은 또한 골목길과 출입구 같은 데를 좋아한다. 만일 염려가 되면 인도의 바깥 가장자리로 걸어가라.

한밤중에 기차나 버스 터미널에서 기다리게 되면 전등불이 있고 사람들이 지나다니는 큰 대합실에서 기다리거나 아니면 경호원이나 경찰이 보이는 곳을 선택하라. 지하철역에 인적이 끊어지게 되는 늦은 밤에는 지하철로 다니는 것을 피하라.

미국 내의 범죄는 전부는 아니지만 대개는 인적이 드물고 어두우며 어느 정도 범죄가 예상되는 지역에서 발생한다. 위에 언급한 바와 같은 합리적인 예방책을 잘 활용하면 문제에 빠질 위험성을 현격하게 줄일 수 있다. 어두워지면 (또는 언제든) 위급할 때 피해서 도망갈 수 있는 이웃이나 장소를 찾아 놓아라.

안전과 홀로 다니는 여성

미국에서는 여자가 혼자 다니는 일이 세계 어느 지역보다 훨씬 자유롭다. 당신은 거의 어느 지역이든 혼자 걸어가는 여성을 보게 된다. 그러나 불행하게도 미국에는 범죄가 곳곳에 도사리고 있어 어느 정도 예방이 필요하다.

미국에서 여성은 (낮이든 밤이든) 비행기나 버스 또는 기차에서는 안전하다고 생각할 수 있으며, 비교적 여자 혼자 장거리를 안전하게 운전할 수 있는 국가이다. 주유소 점원과 호텔이나 모텔의 직원이 친절하게 여성들을 도와줄 것이다. 나홀로 여성은 길을 가다가 차에 문제가 생기면 (여기에서도 주의가 필요하지만) 지나는 행인이나 고속도로 순찰대가 도와줄 것이다. 차가 고장이 날 경우 가능하면 차도로부터 멀리 오른쪽에 차를 대도록 해야 한다. 비상등을 켜고 차의 본넷을 올리고 도와주는 사람이 올 때까지 기다려야 한다. 대부분의 지역에서는, 심지어는 인적이 드문 길에서조차, 고속도로 순찰차가 곧 도착할 것이다. 그러나 여성이 (혹은 남성이) 혼자 차를 몰고 있으면 안에서 차문을 걸어 잠그고 귀중품은 눈에 띄지 않게 치워두는 것이 현명하다. 이처럼 간단한 두 가지를 습관화하면, 신호등에서 누군가 갑자기 차안으로 달려들거나 열려진 창문으로 무언가를 빼앗기게 되는 일을 미연에 방지할 수 있다.

어두워지면 도시는 안전의 정도가 떨어지게 된다. 사람들이 많고 불빛이 환한 거리를 골라서 다니고 밤 9시가 넘으면 택시를 잡아타라. 지갑을 잘 챙기고 숄더백을 느슨하게 매지 말고, 목적지에 도착할 때까지 귀중품 보석을 몸에 지니지 마라. 값비싼 금과 보석은 절도범들에게는 매우 인기가 높은 물건이다.

대답하는 사람마다 다르겠지만 어느 거리와 어느 지역이 안전하고 어디가 위험한지 그 지역 사람들에게 물어보는 것이 최선책이다. 겉으로 봐서는 잘 모르지만 어두운 곳이라도 안전한 곳이 있을 수 있고 불빛이 환한 거리라도 (예를 들어 월스트리트거리는 업무가 끝나고 모두 귀가하면) 한적한 때 위험할 수 있다. 미국을 방문한 사람은 안전에 특히 신경을 써야 한다. 미국에서 오래 생활하기 전까지는 잘 "알지" 못하기 때문에, 어떤 상황이나 어떤 사람 또는 어떤 장소가 위험한지 판단하기 어려울 것이다.

가정 내 안전

개리슨 케일러란 코메디언이 언젠가 지적한 바와 같이, 집안 문을 잠그지도 않고 집 열쇠를 어디다 두었는지 몇 년씩 잊고 사는 사람들이 사는 작은 도시가 아직도 미국에 존재한다. 그러나 (오랫동안 자물쇠를 사용하지 않았다고 해도) 그 집 자물쇠는 여전히 잘 작동되고 있다. 미국에서는 집이나, 호텔, 아파트의 문을 꼭 잠가야 한다. 실수로 문에다 잠깐이라도 자물쇠를 꽂아두면 안 된다. 쓰레기를 버리러 가든 이웃사람과 얘기를 할 경우, 문을 열어 놓거나, 반쯤 열어두거나, 문을 잠그지 않은 채 두면 안 된다. 문 안쪽 방범쇠사슬을 밤에 걸어 두는 것도 좋은 예방책이 될 것이다. 대부분의 호텔과 아파트 및 가정집에서는 문손잡이에 달린 보통 자물쇠와 함께 이중자물쇠를 비치하고 있다.

많은 도시 아파트에는 문을 열기 전에 밖에 누가 왔는지 볼 수 있는 문구멍이 있다. 그렇지 않으면 거실에 비디오폰 TV 시스템이나 음성확인장치가 있다. 어느 것이든 사용하기 바란다. 당신을 보호하기 위해 거기 설치되어 있는 것이다. 1층에 살거나 화재대피 및 창문이 걱정되면 창문 자물쇠나 안전망을 설치해 달라고 관리인에게 얘기하라. 누군지 확인이 되지 않으면 문을 열어주지 말라. 외판원, 수리공, 배달원의 경우 미리 약속이 되어 있지 않으면 그들을 문 안으로 들여놓지 말라. 서비스맨은 대개 회사에서 발급한 신분증을 가지고 다닌다. 그걸 보여 달라고 하라.

이렇게 얘기하는 것은 당신을 겁주기 위한 것이 아니라 그렇게 하는 것이 상식이기 때문이다. 여러 가지 안전장치를 활용하면 보다 안전하고, 편하고, 보호감을 느낄 것이다. 만일 그렇게 하지 않으면 당신은 오늘날 어느 곳에서나 위험에 처하게 된다.

만일 실수로 아파트 문을 잠가서 들어갈 수 없다면, 비상용 마스터키로 문을 열어 줄 것이다. 어떤 이는 그런 경우가 생길 때를 대비해 믿을만한 이웃에게 보조키를 맡겨두는 사람도 있다. 대부분의 대도시에는 24시간 근무하는 열쇠업자가 있다. 업종별 안내란에 "열쇠가게"를 찾아보아라. 잘못하여 차안에다 차 열쇠를 두고 차를 잠갔을 경우도 해결해 줄 것이다.

화재와 기타 응급사태

화재를 방지하기 위한 몇 가지 간단한 예방책이 있다. 쓰레기를 함부로 태우지 말라. 인구밀집 지역에서는 개인이 쓰레기를 태우는 것을 법으로 금지하고 있다. 쓰레기는 청소부가 수거할 수 있도록 쓰레기통이나 봉투에 담아 두어라. 아파트에서는 해당 아파트 건물 쓰레기 처리 지시사항을 잘 따르도록 해야 한다.

주택에서 일어나는 화재는 기름이 타거나, 손상된 전선 또는 담배가 원인인 경우가 대부분이다. 단 일분이라도 요리하는 동안 집을 비우지 말아야 한다. 어느 가정이나 가스레인지 곁에 소형 분말소화기를 비치해 두어야 한다. 기름과 전기로 인해 화재가 발생하였을 때 유용하게 쓰인다. 소화기는 구입할 때 꼭 날짜를 확인해 두어라. 유효기간이 지나서 기능이 저하되었을 수도 있기 때문이다. 또한, 제빵용 소다 한 두 박스를 비상시 사용할 수 있도록 곁에 비치해 두라. 그것으로 기름불꽃을 빨리 끌 수 있다. 그리고 화재경보기는 대부분 법으로 꼭 비치하도록 되어 있다. 화재경보기는 싸고 쉽게 설치가 가능하고 특히 밤에는 훌륭한 경보장치이며, 웬만한 철물점에서도 구입할 수 있다.

앞에서 말한 바와 같이 미국의 대부분 지역에서 응급시 거는 전화번호는 911이다. 이는 2003년 후반에 완성된 연방법으로 911을 사용하도록 지시된 것이지만, 몇몇 지역에서는 (화재, 경찰, 응급서비스 용) 전화번호를 911이 아닌 다른 번호를 사용하고 있으며 지역 업종별 안내란의 눈에 잘 띄는 곳(예를 들어, 표지 안쪽)에 적혀있다. 이 경우, 전화번호를 꼭 적어두고 전화기 위나 곁에 붙여두어야 한다. 화재나, 경찰, 의료응급 시 전화번호를 이용한다. "0"번을 돌리면 응급 번호로 연결해줄 교환원이 나올 것이다. 교환원에게 전화를 하거나 휴대전화로 911을 걸면 당신이 있는 곳으로 담당자가 즉시 올 수 없을 수도 있다는 사실을 염두해 두어라. 가장 중요한 사실은 사건이 난 곳의 정보를 알려 주고 조용히 기다리는 것이다. 불행히도 911 운영체계의 자금이 충분하지 않을 경우, 대도시 지역에서는 그들이 도착하기까지 꽤 지체될 수도 있다. 911을 더욱 지체하게 만드는 요인은 이웃 사람이 시끄럽게 한다고 불평을 한다거나 물건 사용법을 물어보는 등 911 전화를 쓸데없이 마구 사용하는 것이다. 911번호는 응급사태용이지 일반용이 아니다.

책임보험과 집주인 또는 세입자의 보험

이 주제는 당신의 관심을 끌지 않는 문제라고 생각할지 모르지만, 불행히도 모든 사람이 건강보험뿐만 아니라 책임보험에도 가입해야 할 필요성이 증가하고 있다. 그 이유는 심지어는 아주 단순하거나 평범한 사건인데도 높은 배상금을 요구하는 사람들이 증가하고 있기 때문이다. 만일 당신이 누군가의 발을 밟거나 당신의 개가 아이를 깜짝 놀라게 하거나 파출부가 렌지에 데었을 경우, 피해자가 당신에게 소송을 걸어 사고에 대한 보상을 요구하는 사람이 늘어나고 있다. 법정에서는 모든 사람이 보험을 들어야 한다고 생각하므로, 합리적인 수준보다 더 많은 피해 보상을 해 주라고 판결한다. 만일 그러한 상황을 대비하여 보험을 들어두지 않을 경우, 심각한 금전적 어려움에 봉착할 수도 있다.

보험가입 시 종합책임보험에 들게 되는데 이는 집주인의 보험증서에 포함된다. 보험설계사는 당신의 수입과 가족의 수 등에 따른 적절한 보상범위를 의논하게 된다. 필요 이상으로 많은 보험을 팔려고 하지 않는 믿을 수 있는 보험설계사와 상의하도록 하라. 회사를 통하든 은행이나, 친구나, 변호사를 통해 보험설계사를 찾아보아라. 보험설계사가 권하는 것을 일단 받아들이게 되면, 실제 계약서에 서명하기 전에 동료나 친구에게 보험 내용을 상의하는 것이 좋다. 설계사가 급하게 계약하도록 밀어붙이려고 하면 더욱 더 조심해야 한다.

소유물과 재산의 가치에 따른 보험 종류에 관해 상의해야 한다. 보석이나, 미술품, 가구를 가지고 있지 않다면, 화재나 도난에 따른 재물보험을 들 필요는 없으나, 식견 있는 사람과 상의하여야 한다. 일반적으로 말해, 예를 들어 보석, 모피제품, 카메라 등과 같은 것을 도난 당했을 경우 희귀하고, 값비싸며, 무엇과도 바꿀 수 없는 소중한 물품만은 보상될 수 있어야 한다. 아파트에 세를 얻을 경우 저렴한 세입자 보험에 가입하고, 집을 살 경우 집주인 보험은 필수이다. 그것은 책임보험과 개인 재산의 가치를 상승시키는 효과가 있게 된다. 미국에서는 의료비가 높아 적정한 건강보험과 재해보험이 필요하고 운전을 한다면 자동차보험이 필요하다.

13 음식과 음식 관례

여러분이 미국에 당도했을 때 가장 먼저 떠오르는 것은 머물 곳을 찾는 것과 먹거리를 찾는 일이다. 음식은 문화와 매우 밀접하게 연결되어 있고, 미국인들은 부인할지 모르지만 미국에도 공통적인 음식 스타일이 있다. 이 장에서는 음식점의 유형과 음식의 스타일, 미국인의 음식습관, 그리고 음식 관례를 살펴 보려고 한다.

　　대부분의 도시에서는 먹거리 장소를 소개하는 책을 서점에서 저렴하게 구할 수 있으며, 그 지역의 신문과 잡지의 광고를 조사해 볼 수 있다. 또한 학교나 직장동료 또는 호텔 직원에게 문의하면 기꺼이 몇몇 음식점을 권해 주기도 한다.

호텔

미국을 처음 방문하면 대개의 사람들은 호텔에 머문다. 그러면서 호텔의 레스토랑과 간이식당, 라운지는 인근의 음식점보다 늘 가격이 비싸다는 것을 자연스럽게 알게 된다. 음식이 비교적 값싸고 먹기 좋은 곳이 있는지 호텔주변을 왔다갔다 배회해 볼 필요가 있다. 호텔 종업원이 부근 음식점을 소개해 줄 수도 있을 것이다. 어떤 경우에는 호텔의 커피숍은 레스토랑보다 저렴하다.

레스토랑

미국은 다양한 국적을 가진 사람들이 사는 곳이므로, 대도시에서는 거의 모든 종류의 음식점들이 있다. 업종별 전화번호란에는 국가별, 요리 종류별로 아니면 도시 지역별로, 아니면 두 가지 모두의 방법으로 음식점 목록을 실어 놓은 것이 있음을 보게 된다. 음식점마다 가격차가 다양하고, 음식점 창문에는 대부분 메뉴를 붙여 놓고 있어 들어가기 전 가격을 고려해 볼 수 있다. 아니면, 자리를 잡기 전에 메뉴판을 보자고 할 수도 있고 가격대를 물어볼 수도 있다. 바깥에서 보이는 음식점 겉모양을 보고 속을 수 있는데, 작고 눈에 띄지 않는 음식점이 아주 비싼집일 수도 있고, 장식이 아주 근사한 식당의 가격이 꽤 적당한 곳도 있다. 물론 둘 다 해당될 수도 있다. 카페테리어나 패스트푸드점 체인에서 5~8달러 정도를 가지고 훌륭한 식사를 할 수 있으나, 중간 가격대의 음식점에서는 일인당 15달러를 상회할 거라 예상해야 한다. 와인이나 음료는 별도이다. 대도시의 가격은 훨씬 더 높다! 어떤 곳은 음식을 제공하는 모든 건물에서 금연해야 하는 것을 주법률로 금하고 있으므로 조심하라. 대부분의 주에서는 식당 고객이 담배 피우는 것을 불허하며, 만일 라이터를 켜면 불쾌해 하며 놀라기도 한다. (뒤의 "흡연"란을 보시오.)

만일 중간 이상급의 식당에서 식사하려면 미리 전화로 예약을 해야 하며 예약은 빨리 할수록 좋다. 예약시간을 지켜야 하고 시간에 못 댈 경우 좀 늦겠다고 전화를 해야 한다. 좋은 레스토랑일수록 예약 유효 시간은 짧고, 만일 미리 예약하지 않아서 입장이 거절되거나 밖에서 기다리라고 하더라도 너무 기분 나쁘게 생각하지 말라. 거기에는 선택의 여지가 없기 때문이다. 소방법이 굉장히 엄격하여 식당에서 받을 수 있는 고객수에 제한이 있으며 불시에 하는 소방점검이 흔히 있다. 식당주인이라면 누구라도 소방법이 무서워서 감히 손님을 더 받지 못할 것이다.

중간 수준의 식당은 예약을 받지 않으며 먼저 온 순서대로 손님을 받는다. 식당예약을 받는지 알려면 전화해서 알아보아야만 한다.

빠르고 값싸게

패스트푸드점 체인, 커피숍, 델리식당(델리), 간이식당, 식당차에서는 빠르고 값싼 식사를 제공한다. 그런 곳의 음식과 그 취급상태는 공무원들이 정기적으로 점검하기 때문에 음식에 대해서는 대개 안전하다고 생각해도 된다. 그러나 그럼에도 불구하고 겉이 청결한 식당을 택하라고 조언하고 싶다. 이러한 값싼 음식점은 식사시간에, 특히 점심시간에는 늘 사람들로 넘쳐나지만, 조금 이르거나 늦게 식사하면 오래 기다리지 않고 자리를 잡을 수 있다. 이런 식당은 어디에나 있고 늦게까지 열어 놓으며 음식을 저렴하게 먹을 수도 있다.

식당차는 종종 도시 교외에서 볼 수 있으며, 깔끔하고 세련된 곳이 있는가

하면 낡고 초라한 곳에 이르기까지 다양하다. 이런 곳은 주차시설도 좋고, 값싸고 양 많고 질 좋은 음식을 먹을 수 있어서 트럭 운전자들이 자주 찾는다. 더욱이, 장거리 트럭 운전자들이 아침식사를 하는 이른 아침시간에는 이곳에서 재미있는 사람들의 단면을 볼 수 있다. 초창기 조립식 주택을 개조한 몇몇 식당차는 오랜 유물이 되어 있는 경우도 있다. 애써서 만든 사진 책자를 이곳에 헌납한 팬클럽 도 있다. 일반적으로 셀프서비스인 델리식당이나 패스트푸드점에선 팁을 주지 않지만 간이식당과 식당차에서는 대략 10~15% 가량의 팁을 준다.

패스트푸드점(이곳에선 한정된 종류의 음식을 미리 요리를 하여 신속하게 내주고 빨리 소비하도록 준비한다)은 미국에서 널리 보급되어 있고 인기가 높다. 맥도날드, 켄터키 프라이드 치킨(KFC), 버거킹, 서브웨이, 잭인더박스, 칼스 주니어, 타코벨, 웬디스는 청결한 환경에서 빨리 먹고자 하는 사람들에게 음식을 제공한다. 여기서 팁은 주지 않아도 된다. 음식을 먹고 난 후 자기가 식탁을 치우고 쓰레기를 버려야 하는 셀프서비스다. 패스트푸드점은 어린이나 젊은이들에게 특히 매력적이나 데이트 장소는 되지 못한다!

프렌들리스, 크래커 바렐, 인터내셔널 하우스 오브 팬케익("I-HOP"라 함), 쇼니스, 퍼킨스, 봅에반스 등과 같은 체인 음식점은 전문적으로 말하자면 패스트 푸드는 아니지만, 이곳에서는 처음부터 끝까지 식사가 빨리 제공되며, 아침식사 가 주 메뉴이지만 다른 것도 판매한다.

바와 술집

미국의 바는 실내가 시끄럽고 담배연기 자욱하고 사람들이 북적댄다(어떤 도시 에서는 이제 흡연이 레스토랑과 바에서도 금지되어 있다. 아래 참조). 그러나 반면 어떤 곳은 조명이 그윽하여 조용한 대화를 하기에 적당하도록 되어 있는 곳도 있다. 요즘은 독신들이 평범하게 만날 수 있고 춤출 수 있는 무대와 시끄런 음악이 있는 생기발랄한 곳도 있으며 어떤 곳은 특별히 게이와 레스비언에게만 개방하는 곳도 있다.

만일 바에서 당신이 원하는 술 종류의 이름을 알지 못하면, 값이 덜 비싼 "자사" 제품을 마실 수 있는데 대개의 사람들이 만족해 하는 편이다. 몇몇 국가에서는 맥주를 500cc나 250cc로 주문하는 것이 가능하지만 미국에서는 그렇지 않고 단위를 생맥주 한잔(보통 300~360cc 혹은 330cc) 또는 한 병으로 주문한다. 미국 맥주의 종류는 매우 다양하다. 그 중에서 요즘 인기가 높아지고 있는 맥주는 수입맥주, 에일맥주, 흑맥주이다. 일본산, 중국산, 멕시코산 맥주도 고급 레스토랑과 바에서 종종 마실 수 있다.

위스키는 스코틀랜드나 아일랜드의 위스키보다 미국산 위스키가 더 부드럽고 진하며 더 저렴하고, 캐나다 위스키는 약하다. 미국의 주요 위스키는 버번(옥수수로 제조됨)이나 "혼합위스키"인데 이것은 여러 곡물의 혼합주이지만 때로 "호밀"로 잘못 불리기도 한다. 만일 진짜 호밀위스키를 원하면 바텐터에게 확인해야 하고, 당신이 원하는 것을 분명히 하지 않으면 바텐더는 대개 혼합주를 줄 것이다.

술을 실내온도로 마시기를 원하면, "얼음 넣지 마세요"라고 말해야 한다. 미국인들은 대부분 얼음을 넣은 차가운 술을 좋아한다.

선술집으로 점차 인기가 높아가고 있는 것은 "양조장" 즉 소양조장이다. 여기에는 다양한 종류의 맥주와 에일맥주 및 그 가게에서 제조한 맥주가 진열되어 있다. 흔히 그 인근에 훌륭한 레스토랑도 있다.

식사 시간

식당을 찾기 위해서는 여기저기 둘러보아야 하지만, 대부분의 도시 식당에서는 밤새도록 식사를 제공한다.

일요일에는 "아점"을 먹는 경우가 종종 있다. 아점이란 아침과 점심의 혼합어이며 일요일 늦게 일어나는 사람들을 위해 대략 11시 30분~ 12시에 제공된다. 주요도시의 외곽에서는 간이식당, 식당차, 패스트푸드점이 늦게까지 문을 열기는 하지만, 오후 8시 30분~9시 이후에는 문 여는 식당을 찾기가 어렵다.

미국인의 가정에서는 식사시간이 상당히 다양하다. 토요일과 휴일에는 주요 식사를 오후에 하지만, 그때를 제외하고는 보통 저녁에 한다. 도시에서는 사람들이 만찬을 대략 7시~7시 30분에 하며, 도시 교외에서는 조금 더 일찍 오후 6시~6시 30분에, 때로는 훨씬 더 일찍 먹는다. 칵테일 파티 시간은 보통 오후 5시~5시 30분이다.

미국인의 음식습관

맵고 칼칼한 요리에 입맛을 들인 사람들에게는 미국인의 음식은 좀 싱거울 것이다. 샐러드는 매우 인기가 높으며 일년 내내 먹는다. 뚱뚱한 미국인들은 음식을 먹을 때 칼로리를 생각하고 몸무게를 줄이려고 노력한다. 이러한 사실은 저칼로리(또는 많은 경우, 저탄수화물)의 메뉴나 "체중감량" 식사에서 명백하게 드러난다. 야채 가게에는 아이스크림에서부터 수프, 스낵에 이르기까지 온통 저지방, "가벼운", 무지방 또는 "저탄수화물" 음식을 많이 진열해 놓고 있다. 그래서 탄산음료나 콜라 등과 같은 "다이어트" 음료(설탕은 없지만 인공과당이 많은 것)가

인기다. 만일 저칼로리 물건을 원하지 않을 경우, 물건을 사고난 후 실망하지 않으려면 미리 상표를 꼼꼼하게 읽어보아야 한다. 레스토랑에서 웨이터들은 식사나 저녁식사 후 커피를 마셔야 하는 것으로 생각할지 모르지만 반드시 그럴 필요까지는 없다. 식사하면서 커피(보통커피나 카페인이 적은 커피)나 홍차를 마시는 사람이 있는가 하면 어떤 사람은 와인을 마시거나 그냥 물만 마시기도 한다. 외식을 하면서 커피보다 홍차나 우유, 탄산음료, 맥주나 물을 더 마시고 싶으면 웨이터에게 요청할 수 있다. 레스토랑은 허가받아야만 맥주나 와인, 술을 팔 수 있다. 보통, 초대된 집에서 식사할 경우, 주인이 무엇을 마시겠느냐고 물어보는 경우나 물을 마시고 싶을 경우를 제외하고는, 주인이 주는 대로 마시고 그밖에 다른 것을 요구하지 않는 것이 예의바른 행동이라 생각된다.

미국에서의 식사 중 주된 코스는 보통 육류, 조류, 어류인데, 요리가 나올 때 (예를 들어, 새우칵테일, 익힌 조개, 절인 청어나 훈제 굴과 같은 해물요리가 에피타이저로 나올 경우를 제외하고서는) 한꺼번에 한 가지 이상 함께 나오는 경우는 거의 드물다.

대개 미국인들은 낮에 식사를 할 경우에는 사교나 사업 또는 가족 모임의 경우가 아니면 빨리 끝낸다. 낮에 무언가를 먹으면서 차를 몰고 가는 것은 앞에서 언급한 바와 같이 빠른 속도를 중시하는 미국인의 일상생활의 한 단면이다. 근무 중 점심시간은 30분 내지 한 시간으로 제한된다. 빨리 식사하게 되는 또 다른 이유는 여러 사람이 이용하는 대중식당에서, 식사 후 바로 일터로 가야 하기 때문이다. 사람들은 얼른 먹고 다음 사람을 위해 자리를 내어준다. 그러나 저녁식사는 -물론, 스포츠나 늦은 오후 활동을 하는 아이들(특히 십대)이 없을 경우- 대개 여유를 가지고 가족과 함께 하는 시간이다.

함께 즐기는 "사교"식사와 "단지 식사만 하는 식사" 사이에 여유와 식사

시간에 있어 차이가 있는 것이 사실이다.

음식 언어

음식을 주문하거나 사갈 때 사용되는 용어로 인해 자기가 원하는 대로 나올 수도 있고 생각지도 못한 음식이 나와 놀라는 경우도 종종 있다. 말을 잘못하면 커피가 시럽이 되어 나올 수도 있고, 주요리가 잘못 나와 전혀 알지도 못하는 음식으로 구워서 나올 수도 있다.

⌘ **육류**　　스테이크, 쇠고기구이, 햄버거, 특상등급 갈비 등을 주문하면 웨이터는 고기를 살짝 익힐 것인가, 중간으로 익힐 것인가, 푹 익혀 달라고 할 것인가를 의미하는 말로 "어떻게 드시고 싶으세요?"라고 묻는다. 만일 살짝 익혀 달라고 주문하면 고기 속이 빨갛게 나올 것이며, 중간이면 핑크빛일 것이고, 푹 익혀 달라고 하면 완전히 익혀서 (때로는 육즙이 없는 상태로) 나올 것이다.

"살짝 익혀"라는 말은 조금만 익힌다는 것이며 "푹 익혀"는 완전히 익힌다는 말이다. 만일 이런 것들의 중간을 원하고 싶으면 "중간으로 살짝 익혀" 달라던가 "중간으로 푹 익혀주세요"라고 말하면 된다.

⌘ **커피**　　커피나 홍차를 주문하면, 웨이터는 혹시 "프림을 원하세요?"라고 물을 수도 있다. 프림을 원하지 않으면, 프림이나 설탕을 넣지 않는다는 뜻으로 "블랙으로 주세요"라고 말하면 된다. 설탕은 보통 식탁 위에 있고

밀크나 프림도 간혹 있는데, 이럴 경우 웨이터가 커피를 블랙으로 가져온다. 사람들은 카페인을 제거한 커피라는 뜻의 "디카페인"을 달라고 주문한다. 뉴욕 시에서는, "레귤러" 커피란 프림과 설탕이 듬뿍 들어간 커피를 의미하지만, 여타 지역에서는 단지 카페인을 제거하지 않은 커피를 가리킨다.

　　커피는 하루 중 아무 때나 즐겨 마시는 음료이며 질적으로 굉장히 많은 종류가 있다. 당신이 원하는 대로 만들어 주는 커피점을 찾을 수도 있다. 에스프레소와 특별한 커피를 종종 마실 수 있으나, 점원에게 따로 주문해야 한다. 스타벅스, 피츠, 시애틀 커피 로스터드와 같은 커피체인점은 미국 내의 거의 모든 도시에 있다. 이런 곳에서는 미국 전통커피보다 더 후하고 진한 커피를 판매하며, 페스트리 빵 등과 함께 "특별"커피를 눈이 현란할 정도로 많이 진열해 놓고 있다. 이곳에서는 또한 다양한 종류의 홍차도 사서 마실 수 있다.

⌘ **홍차**　　미국인들은 커피보다 홍차는 덜 찾는다. 홍차는 맛이 없기도 하지만 미국 사람들은 외국 사람들처럼 잘 마시지 않기 때문에 홍차를 잘 끓이지 못하기 때문인 듯하다. 공공장소에서 홍차를 대접하면 외지인에게는 낯설다. 접시에 뜨거운 물 한 컵(끓는 건 아니다)과 티백이 함께 나온다. 물 속에 티백을 넣고 원하는 대로 맛이 강해질 때까지 기다려야 한다. 개인 집에서는 홍차를 끓여서 나올 수도 있다. 허브티도 미국에서 인기가 높아졌다.

⌘ **기타 음료**　　미국인들이 커피 다음으로 좋아하는 음료는 콜라나 탄산음료, 밀크, 또는 과일주스이다. 아이스티는 언제나 즐겨 마시는 음료이며 여름에는 아이스커피에 버금갈 정도로 매우 인기가 높다. 두 가지 다 달

게 나오거나 안 달게 나올 수 있다. 물을 마시고 싶으면, 비싼 레스토랑을 제외하고는 그냥 달라고 하면 된다. 수돗물은 어디에서나 안전하지만, 원하면 병에 담긴 물을 요구할 수 있다.

⌘ **계란**   레스토랑에서는 웨이터가 "계란을 어떻게 해 드릴까요?"라고 묻는다. 대답은 완숙, 프라이, 스크램블, 수란을 달라고 할 수 있으며 햄, 베이컨, 소시지를 곁들일 수도 있다. 계란을 몇 개 원하는지도 얘기할 수 있다. 미국인은 대개 한 두개의 계란을 주문하는 것이 보통이다. 삶은 계란은 계란 속을 파먹으면 컵 모양이 되는데 껍질을 까서 먹는 경우는 거의 없다. 계란프라이는 노른자위가 위로 향하게 하여 프라이 한 "써니사이드업"이나 양쪽을 모두 잘 프라이 한 "오우버"나 양쪽을 모두 살짝 프라이 한 "오우버이지" 중 하나이다.

계란에 베이컨이나 햄, 소세지 등을 곁들이면 값이 꽤 비싸므로 주문하기 전에 메뉴판의 가격을 한번 봐야 한다. 보통 아침 식사 가격은 다른 때 추가로 주문하는 요리보다도 저렴하다.

⌘ **프렌치프라이와 콜슬로**   프렌치프라이는 벨기에 프리테처럼 얇게 자른 감자튀김이거나 때로는 영국 "칩스"처럼 쐐기 모양으로 얇게 썬 것이다. 이것은 주문하지 않아도 식사와 함께 먹을 수 있다. 양배추 썰은 것과 마요네즈를 섞은 콜슬로도 식사와 함께 나오며 그럴 경우에 돈을 따로 지불하지 않아도 된다.

꽃 핫도그와 햄버거　　　보통 핫도그(프랑크푸르터스)는 길다란 롤빵에 넣어서 먹는다. 여기에 들어가는 고기는 쇠고기나 돼지고기가 주재료이다. 여기에 토마토 케첩(양념이 된 토마토 소스), 겨자, 피클, 익히지 않고 잘게 썬 양파 양념 등을 선택적으로 곁들일 수 있다. 이 모두를 한꺼번에 얹어서 먹는 이도 있다! 이런 양념들은 모두 공짜이다.

　　햄버거는 순미국산 요리 중의 하나이며, 맥도날드 같은 패스트푸드 체인점의 주메뉴이고 그 질적인 면에서 레스토랑 별로 다양하다. 햄버거는 간혹 콩이 고기와 함께 섞여 나오기도 하지만 지방 함유량이 다양한 순쇠고기로 만들어진다. 레스토랑과 패스트푸드점에서 햄버거를 주문할 때 원하지 않는 것을 특별히 말하지 않으면 보통 양상추, 토마토, 양파, 피클, 그리고 마요네즈 타입의 소스가 곁들여 나온다.

흡연

요즘의 대부분 미국 내 레스토랑에서는 담배를 피울 수 없다. 흡연이 우리의 기분을 전환해 준다고 생각하든 실내공기를 오염시킨다고 생각하든 식사 중이나 식사 후 담배를 피우는 호시절은 이제 영원히 사라질 것이다. 이처럼 담배를 금지하는 원래의 이유는 연구결과 2차 흡연으로 인한 건강피해에 대한 걱정 때문이다. 실제로 흡연인구가 점점 감소하기 때문에, 흡연이 공공장소에서 제한되는 일이 더욱 늘어날 것이다. 비흡연자들이 맑고 깨끗한 공기를 마실 정당한 권리가 있는 것이다.

　　1970년대에는 레스토랑에 반드시 작은 방이든 몇 개의 테이블이든 비흡연자를 위해 자리를 마련해야 했으나, 비흡연구역이 점점 커지고 흡연자들이 오히려 작은 테이블로 밀려나게 되었다. 심지어는 법적 흡연금지가 없는 지역에서조차 식당구내 어디에서든 흡연이 허용되지 않는 식당이 많이 생겨났다.

비만

비만이 아직까지 전문적 용어로 병이라고 생각하지 않지만, 그럼에도 불구하고 미국에서 비만은 유행병이 되었다. 미국 비만 협회에 따르면 미국 내 비만인구 비율은 대충 전체 성인의 3분의 1을 상회하며 1970년과 2000년 사이에 대략 두 배가 되었다. 이러한 증가율은 1998년 비만 측정 방법이 변경되었기 때문이기도 하지만 더욱 놀라운 것은 어린이 비만율의 증가이다. 미국 인구 통계국에 의하면, 2003년 미국인은 하루 평균 약 11.3kg의 음식을 섭취했다고 한다. 결정적으로 자전거와 보행자에게 불리하게 되어있는 도로 건설, 그리고 미국인들의 자동차 선호는 여러 지역에서 도보로 움직이기가 어렵도록 만든다 (어떤 지역에서는 불가능하다). 과도한 TV 프로그램과 비디오게임의 급성장과 더불어, 현실적으로는 간단한 운동조차 할 수 없게 되었다. 놀라운 사실은 헬스장에서 트레드밀로 운동하기 위해 1~2마일을 자동차를 타고 가기까지 하는 사람도 있다.

그뿐만 아니라, 많은 음식에는 지방함유량이 놀라울 정도로 높을 뿐만 아니라, 미국인들이 1인당 지방 섭취량은 꽤 많다는 것이다. 어느 패스트푸드점에는 최근 메뉴에 "수퍼사이즈" 음식을 더 취급하지 않고 있다. 그럼에도 불구하고 아직도 "라지" 사이즈는 상당히 흔하다. 메뉴판의 음식은 크기 자체는 눈에 띄게 커진 것은 아니지만 문제는 그 속에 포함된 지방 함유량은 증가하였다는 점이다. 햄버거만 해당되는 것은 아니다. 한 체인점에서는 작은 사이즈의 바닐라 셰이크의 지방함유량을 2배로 늘렸다. 또 다른 패스트푸드점 체인은 프렌치프라이의 포화지방함유량을 60%까지 올린 곳도 있다.

대형 패스트푸드점은 자기네의 특정 음식을 선호하는 단골 고객을 유치하고자, 아이들을 위한 마케팅에 시동을 걸었다. 에릭 쉴로서는 그의 책 『패스트푸드의 제국: 미국음식의 어두운 이면』에서, 맥도날드사는 어떤 다른 것보다 아이들을 위한 놀이터를 더 많이 운영하고 있으며 미국 내에서 장난감을 가장 많이 나누어 준 회사가 되었다고 한다. 맥도날드사는 아이들의 진정한 친구로 광고에 출연한 광대를 회사의 대변인으로 활용하고 있다.

모든 과체중의 사람이 비만이라는 것은 아니다. 비만으로 간주되려면, 체지방과 신장의 비율인 신체용적지수(BMI)가 30 이상이어야 한다. 그러나 과체중인지 아닌지를 결정할 때, 이 비율은 지방과 근육을 구별하지 못하며, 골밀도의 차이 및 여타 요인을 구분하지 못한다. 그럼에도 불구하고, 비만으로 인한 사회비용은 높다고 할 수 있다. 비만은 생산성을 잃게 하고, 건강관리 비용을 증대시키고, 수명단축을 초래할 수 있기 때문이다. 디트로이트시는 2004년 최고 비만도시였으며, 비만도시의 상위 8개 도시 중 5개는 휴스턴, 달라스, 샌안토니오, 포트워스, 알링톤이며 이들은 모두 텍사스에 위치하고 있다.

건강식품

다행히도, 최근 비만을 퇴치하려는 추세가 일어나고 있다. 지난 10년 동안 (살충제나 제초제를 사용하지 않고 재배한) 유기농산물과 자연식품의 형태로 건강에 좋은 음식을 먹을 수 있는 기회가 높아지고 있다. 도시마다 건강식품점이 하나 정도는 있으며 심지어는 더 비싸기는 하지만 건강식품을 전문으로 판매하는 슈퍼마켓 체인점(예를 들어, 프레쉬필드, 와일드 오츠, 브레드 앤 써커스)이 있다.

유기농식품이 예전보다 더 널리 팔리고 있으며, 전문상점은 물론이고 보통 슈퍼마켓에서도 구입할 수 있다. 패스트푸드가 널리 보급되는 것을 막으려는 "슬로푸드" 운동도 생겨났다. 1986년 이태리에서 시작하여 국제 슬로푸드의 회원이 약 8만 명(이중 반이 이태리인)에 이르고 있으며, 이 기구는 식탁의 즐거움을 보존지원하기 위해 만들어진 비영리 단체이다. 1989년 파리에서 슬로푸드 국제운동기구가 설립되었으며 미국 내에는 70개 이상의 지부를 가지고 있다고 자랑한다. 부근에 있는 지부에 대한 정보를 알고 싶다면 www.slowfoodusa.org/를 검색해 보기 바란다.

앞에서 언급한 『남성의 체력』이란 책에는, 2004년 미국 내에서 가장 체력이 좋은 도시로 호놀룰루, 샌프란시스코, 버지니아비치, 덴버, 콜로라도 스프링스, 시애틀, 보스톤, 오레곤주 포틀랜드, 투산을 상위 도시로 꼽고 있다.

14 | 연락 주고받기

최근 몇 년 동안 통신 혁명이 이루어져 왔다. 인터넷을 포함한 새로운 디지털 기술, 위성통신, 광섬유 등은 인근지역이거나 전 세계적으로 보다 빠르고 값싸게 메시지를 주고받을 수 있게 해준다. 그럼에도 불구하고 예전의 통신방식이 완전히 사라진 것은 아니다. 독자들도 분명 조만간에 글로 편지를 쓰고 싶어질 날이 올 것이다.

우편제도

하루에도 수백만 통의 편지를 다루는 대도시에서 미국의 우체국은 간혹 우편물을 분실하거나 늦게 배달하여 비난을 사고 있다. 우편물은 일요일을 제외하고 하루에 한번 배달된다. 그러나 가격 상승에도 불구하고 우체국은 미국에서 값싸게 헐값으로 이용할 수 있는 것 중의 하나이다. 편지를 시내에 부치건 국내에 부치건 우표 값은 똑같으며, 비행기로 우편물을 배달하는 곳도 있다. 그랜드캐년의 어느 마을에는 노새로 편지를 나르는 곳도 있다. 영어의 한 가지 재미있는 표현은 영국에서는 *the Royal Mail*(체신공사)가 *post*(우편물)을 배달한다고 하나 미국에서는 *the Postal Service*(우체국)이 *mail*(우편물)을 배달한다고 하는 것이다.

우체국에는 이용객들이 길게 줄을 서서 기다리는 경우가 있다. 우체국에 자주 가야 하는 불편함을 피하기 위해 우표를 한 묶음으로 사거나 두루마리로 사는 것이 좋다. 미국 내 보통우편의 경우 일등급 우표를 사고, 해외에 보내는 경우, 항공봉투나 가벼운 편지지에 알맞은 우표를 붙이면 된다. 항공우편 요금은 나라마다 달라서 물어보아야 한다. 보통 일상적인 편지를 부치기 위해 우표를 미리 사서 가지고 있다면, 구태여 우체국에 가서 길게 줄을 설 필요도 없고 그저 가까운 우체통에 편지를 넣기만 하면 된다. 그러나 만일 편지의 무게가 적정무게 이상이 될 것 같다는 의심이 들면, 바쁜 시간을 피해, 즉 점심시간이나 시내 우체국 직원들이 그 날의 우편물을 수집하여 가져오는 4시에서 5시 사이를 피하여 우체국에 직접 들리기를 바란다.

우편번호는 유럽, 남아메리카, 기타 지역에서처럼 도시이름 앞에 오지 않고, 미국에서는 도시의 주 이름 뒤에 온다. 미국 내의 올바른 봉투 양식은 다음과 같다.

보내는 이 성명
거리명
도시명, 주명, 우편번호

받는 이 성명
거리명
도시명, 주명, 우편번호

대부분의 우체국에서는 몇 개월 기간 동안 임대해주는 사서함 제도가 있고 우편물을 가져갈 수 있도록 열쇠나 번호 키를 받는다. 이러한 사서함 제도는 단기간 머물거나 체재기간 중 이곳저곳 이동할 경우에 매우 편리하다.

휴가나 사업상 멀리 출타중이거나 새로 이사한 주소로 부쳐달라고 하려면 "보관요망hold"에 우편물을 놓아두는 것을 잊지 말아라. 이렇게 하면 당신의 우편물을 누군가 중간에 가로채거나 신용카드 또는 은행구좌번호를 알아내 접속하지 못하도록 할 수 있다. 아무 우체국이든 가서 행동요령에 대해 문의해 보아라.

⌘ **우편으로 송금하기**　　우편으로 해외에 송금하고자 한다면, 국제우편환을 요청하여야 하며, 국제양식을 원한다고 분명하게 말해야 한다.

⌘ **우편제도의 유형**　　미국 내에서는 제1종 우편은 추가 비용 없이 모두 항공으로 운송된다. "항공우편"이란 표시는 봉투에 적을 필요가 없다. 중요한 편지의 경우 수취인이 직접 받도록 분명하게 하고 싶으면, 배달증명으로 보내거나 배달확인을 요청하라. 배달증명우편은 배달지까지의 모든 우체국에 기록되어야 하기 때문에 전달 속도가 느리다는 것을 알아야 한다. 추가 비용을 지불하면 익일배달을 이용할 수 있다.

우체국은 날로 증가 추세에 있는 속달회사 중 하나이며, 익일 배달되는 편지 가격은 다양하다.

소포

소포 우송과 관련된 규칙과 규정은 많이 있다. 예를 들어 허용된 크기와 무게가 다양하고, 폭발이나 가연 가능한 것은 우송하기 전에 재확인하라. 그것은 우송이 허용되기는 하겠지만 별도의 꼬리표를 붙이거나 취급주의를 요할 것이다(예를 들면, 항공보다는 육로로 부치는 것 등). 요즘은 소포를 우편기계로 처리하기 때문에 기계에 잘 맞게 하기 위해 끈보다는 테이프를 이용하여 단단히 묶어야 한다. 문방구나 슈퍼마켓, 약국이나 우체국에서 강력한 포장용 테이프를 구입할 수 있다. 우선 또는 특급우편으로 물건을 보낼 때는 우체국에서 다양한 박스를 무료로 제공한다.

서적과 인쇄물을 위해서는 별도의 (미디어 우편) 요금이 책정되어 있으므로 우체국 직원에게 물어보아라. 해외에 책을 보내고자 하면 육상과 항공우편 요금을 문의해 보아라. 유피에스(UPS), 페더럴 익스프레스(FedEx), 기타 영업특급 배달회사에서 우체국 보다 대체로 신속하고 저렴하게 미국 국내나 해외로 소포 배달을 맡아서 처리하고 있다. 부피가 큰 짐꾸러미의 경우 그런 회사(업종별 안내란을 보아라)를 부를 필요가 있다. 얼마간의 요금을 부담하면, 당신의 집이나 사무실의 지정된 장소에 소포를 놓아두면 택배회사가 가져갈 수도 있다.

전화

거의 모든 미국인은 전화를 사용하여 사업을 수행하거나 친구와 잡담을 하고, 모임 약속과 취소를 하며, 쇼핑을 하고 모든 종류의 정보를 얻는다. 카탈로그 회사는 고객에게 신용카드로 물건을 사라는 전화를 하여 독려하는 등 우편배달이 홍수를 이룰 정도이다. 당신은 전화를 이용하면 시간을 매우 절약할 수 있다. 물론 직접 왔다 갔다 하는데 드는 버스비나 전철비를 절약할 수 있다. 전화는 미국에서 중요한 통신 수단이다. 사람들은 점점 팩스와 전자우편을 이용하여 타인이나 회사에 정보를 전달한다(14장의 "전자우편과 이메일 접속" 참조).

　　외국인 방문객 중에는 다른 사람을 성가시게 한다는 이유로 처음에는 전화 걸기를 꺼리는 사람도 있다. 오전 8시 30분 이후 오후 9시 이전의 정규시간에는 사람들이 전화벨 소리에 익숙해져 있어서 전화 받는 것을 전혀 싫어하지 않을 것이다. 대부분의 사무실에는 오전 9시부터 오후 5시까지 전화를 받는 일을 전담하는 직원이 있다. 업무 관계로 무언가 물어보려 할 때 전화하는 것을 걱정할 필요가 없으며, 점심시간에도 특별한 사람은 외출할지 모르지만 사무실 문은 닫지 않는다. 전화번호는 10개의 숫자로 되어 있다(예를 들면 (555) 555-5555). 보통 괄호 속에 있는 앞의 3자리는 지역 번호이다. 같은 지역번호 내에서는 대개 7개 숫자만으로 충분하지만 대도시에서는 여러 개의 지역번호를 가진 곳이 있어 10개의 숫자를 모두 눌러야한다. 장거리 전화를 걸 때는 "1"번과 지역번호를 먼저 눌러야 한다. 우리를 더욱 혼동시키는 것은 하나의 지역번호로 인구 밀도가 적은 여러 개의 소도시나(심지어는 전체 주)를 하나의 지역번호로 전화할 수 있으나, 이중 어느 곳에서는 도시 간 전화가 장거리 전화인 곳도 있다.

　　전화로 물건을 사라고 권유하는 전화를 받고 싶지 않으면, 인터넷 주소 www.donotcall.gov/에 "Do-Not-Call"이란 목록에 당신의 전화번호를 올려달라고 할 수 있다. 이렇게 등재했는데도 불구하고 전화판매원이 당신의 요구를 무시하면 500달러의 벌금을 물리게 하여 당신이 그 돈을 받게 해 준다.

　　전화설치는 간단하고 빠르게 할 수 있다. 해당지역 전화회사(업종별 안내란 앞면을 참조하라)의 영업부로 전화를 걸기만 하면 된다. 당신에게 편리한 특정한 날짜에 약속을 하면 그 날 설치해 줄 것이다. 전화기를 어디에 설치할지 얘기해야 하므로 그 날은 집에 있어야 한다. 학생들에게는 불행히도 전화를 개통하기 위해서는 많은 예치금을 내야 하므로 전화 설치료가 훨씬 비싸다.

장거리전화 서비스를 제공하는 많은 회사 중에는 AT&T, MCI, Sprint회사가 가장 크다. 또한 대량의 전화기를 진열해 놓고 파는 할인가게가 많은데, 당신이 고급스런 전화기를 원하지 않는다면 이러한 할인점을 지나치지 말라.

그 지역을 관할하는 전화회사에서 기본 월정요금을 부과한다. 전화업체를 선택하는데 상당히 혼란스러울 수 있다. 일반적으로 시내전화를 단독으로 취급하는 회사가 있다. 인접한 주에 전화하는 횟수가 많지 않으면, 보다 저렴한 월정요금제와 건당 전화요금제(심지어 옆집에 전화하는 경우라도)를 함께 선택할 수 있다. 아니면 지역 내 전화를 무제한 할 수 있으나 가격이 조금 더 비싼 요금제를 선택할 수 있다. 다음으로는 자신이 살고 있는 도시를 넘어 인접도시를 포함하는 광역 장거리전화를 제공하는 회사를 선택할 수 있다. 끝으로, 국제 전화를 걸기 위해서는 장거리 전화회사가 필요하다. 지역 전화회사는 위에 열거한 모든 서비스를 제공하나 그렇게 하려면 최저요금제는 받지 못한다. 장거리 전화회사간에 치열한 경쟁이 있고, 국제전화요금 할인과 특정번호에 전화걸 때 무료요금제를 포함하는 등 다양한 제도를 가지고 있다. 이러한 특별 "전화제도"는 매 월마다 다른 요금제를 택할 수 있다.

이와는 별도로 여러 장거리 전화회사에서 제공하는 것으로 전화걸 때마다 전화번호 앞에 특별한 번호(예를 들면, 10-10-220)를 돌려 전화를 거는 제도가 있다. 이렇게 하면 정규 전화회사가 아닌 바로 그 회사에서 요금을 청구하게 된다. 미국인동료에게 도움을 구할 수도 있으나 미국인들조차도 어떤 것을 선택해야 하는지 혼란스러워 한다. 전화회사로부터 걸려오는 판매전화를 조심하여야 한다.

그들이 얘기하는 소위 "싼 것"을 사라고 하지만 실제로는 돈을 더 많이 부담하게 된다.

⌘ 업종별 안내란

전화가 설치되면 두 권의 전화번호부를 받게 된다 — 인 명과 전화가 알파벳순으로 되어 있는 보통의 전화번호부와 업종별 전화번호부이다. 작은 도시에는 두 가지가 한 권으로 되어 있는 경우가 흔하다. 전화번호부를 받게 되면 앉아서 진짜 꼼꼼히 연구를 할 필요가 있다. 그 책에는 많은 정보를 담고 있는데 예를 들면 시간, 날씨, 교통정보같은 특별한 서비스는 물론, 전화요금이나 일주일 중 가장 싸게 전화할 수 있는 시간대, 지역번호, 우편번호 등 다양하다. 업종별 전화번호부는 업체, 기관, 음식점, 상점, 서비스업체 등을 열거하고 있는데 당신이 원하는 것을 빨리 찾아 볼 수 있다. 전화번호부를 연구해 보면 쓸모 있는 정보를 많이 알 수 있다. 학교, 클럽, 단체, 대중수영장, 문화교육프로그램, 특별 음식과 양념에 대한 정보, 갖가지 상품을 파는 상점, 각 국가별 음식점, 그리고, 가구, 텔레비전, 오디오셋, 유아용 침대, 목발 또는 다양한 품목을 임대할 수 있는 장소가 있다("임대서비스"란을 보시오).

업종별 전화번호부는 매년 업데이트되며 시간을 들여 잘 알게 되면 친한 친구가 될 수 있다.

⌘ 전화카드

전화회사를 고르고 전화번호를 받게 되면 영업점에 전화를 걸어 전화카드를 요청할 수 있다. 이것은 무료이며 굉장히 편리하다. 이걸 가지면 공중전화든 개인전화든 어디서든지 전화를 걸 수 있고 요금은 집 전화로 부과된다. 또한 전화카드를 사용하면 공중전화박스에서 특별히 장거리 전화를 걸려고 할 때 잔돈 때문에 고생을 하지 않아도 되고 친구 집이나 사무실에서 양해를 구하지 않고도 전화할 수 있는 이점이 있다. 전화카드를 너무 자주 사용하지 않도록 해야 하는데 그 비용이 만만치 않기 때문이다.

⌘ 공중전화

미국 내 공중전화는 여전히 도처에 흩어져 있으나 핸드폰의 대중화로 예전처럼 찾기는 쉽지 않다. 버스와 공항 터미널, 철도역, 상점, 호텔, 사무실 빌딩의 로비, 음식점, 주유소, 작은 길이나 고속도로 옆에서 작은 공중전화박스를 찾을 수 있다. 사용법은 전화기에 부착되어 있다. 장거리 전화나 해외전화도 공중전화에서 걸 수 있으나, 전화카드 또는 동전을 넣어서 할 수 있다. 어떤 곳은 종종 신용카드로 전화요금을 결제할 수도 있다. 요금을 전화 받는 사람이 부담하도록 하고 싶으면 교환원에게 "수취인부담collect" 전화로 해달라고 하든가 전화요금을 반대로 부과해 달라고 할 수 있다. 교환원을 통하는 모든 통화는 추가 요금을 내야 한다.

⌘ 자동응답기와 소리샘

자동응답기는 이제 대중화되었기 때문에 개인전화나 사무용전화에 자동응답기가 없으면 동료친구들이 화를 내게 된다. 전화를 건 상대방이 부재중이면 "삐 소리"후 메시지를 남기라는 말을 듣게 된다. 이는 매우 인간미 없는 행위로 보일지 모르지만, 바쁜 사람들을 위해서는 메시지를 받거나 답신을 하는데 편리하다. 자동응답기는 전화기를 파는 가게에서 구입이 가능하다. 한 가지 유념할 사항은 전화기와 응답기 두 가지 다 구비한 경우 적당히 돈을 치르고 구입해야 제대로 된 것을 살 수 있다. 소리샘은 전화메시지를 보내고자 할 때 개인 우편함을 제공하는 서비스이다.

집에 있는 전화보다는 당신의 메시지가 전화회사에 의해 녹음이 되어 비밀번호만 누르면 집이나 다른 전화로 확인할 수 있다.

⌘ 핸드폰   여러 다른 나라에서와 마찬가지로 미국에서도 핸드폰은 급격히 증가하고 있다. 무수히 많은 선택사양들이 있어 "현금지불방식"이나 특정 시간 특정 번호에 무한정 전화할 수 있는 정액요금제 등이 있다. 주거용 전화서비스를 제공하는 회사는 핸드폰 서비스도 함께 제공해 주는데 싱귤러, 셀룰라 1, 티-모바일 등이 있다. 음식점이나 다른 공공장소에서 핸드폰을 하며 떠드는 것은 분명히 예의에 벗어난 행동이라고 생각된다. 요사이 간혹 붐비는 출퇴근용 기차에 "전화를 할 수 없음" 칸이 있음을 볼 수 있다.

전보와 전신

미국 내에서 전보와 전신을 보낼 수 있으나, 이메일과 핸드폰의 영향으로 사실상 줄어든 편이다. 서부전화회사에 전화하거나 그 회사 사무실을 방문하여 전보와 전신을 보낼 수 있다. 또한 전신으로 돈을 송금하거나 받을 수 있다.

이메일과 인터넷 접속

이메일과 메신저는 특히 젊은이들 사이에 급격히 증가하는 통화수단이다. 가정의 컴퓨터를 웹에 연결하기 위해 인터넷업체(ISP)를 먼저 선택해야 한다. 평판이 좋은 업체 중에는 어스링크사, 아메리카 온라인사, 마이크로소프트사 등이 있으며, 케이블 텔레비전과 전화회사를 포함하여 무수히 많다. 어디서나 다 가용한 것은 아니지만 가능한 4개 업체가 좋을 것이다.

⌘ **인터넷 전화**   일반 전화선을 사용하되 컴퓨터에 내장되어 있는 모뎀을 이용하여 인터넷업체에 전화하는 것이 가격이 저렴하다. 다른 것보다 월 이용요금의 반액 또는 3분의 1 정도 저렴하게 전화할 수 있으나 초당 속도가 56kb로 제한되고 많은 양을 사용하는 이용자에게는 — 특히 웹상에서 많은 이미지를 보기를 원하면 — 괴로울 정도로 속도가 느려질 수 있다. 또한 컴퓨터가 연결되어 있는 동안 전화를 걸거나 받지 못하는 불편함이 있다.

⌘ **DSL**   이것은 일반전화선을 이용하지만 인터넷을 하면서 전화를 주고받는 데는 문제가 없다. 다이얼 호출보다는 속도가 훨씬 빠르나 가격이 비싸고 컴퓨터 네트웍 포탈을 전화선에 연결하기 위해 특별한 기계장비가 필요하다. 그러나, 만일 1년 사용을 약정하면 장비 값은 감면해 준다.

⌘ **케이블**   이것은 가격 면에서나 속도에서 DSL과 매우 유사하지만 일반 전화선 대신 텔레비전 케이블을 통해 연결된다. 이것 역시 특수 장비가 필요하며 1년 사용을 약정하면 장비는 무료이다.

⌘ **위성**   만일 위성 텔레비전을 가지고 있으면 유선을 이용하는 대신 인터넷을 위성으로 접속할 수 있다. 케이블이나 DSL보다 비싸고 장비 비용은 물론 일반적으로 속도가 더 느리다.

인터넷 서비스 제공업체를 결정했다면, 그 업체로부터 이메일 계정을 제공받을 수 있다. 대개의 인터넷 서비스 제공업체는 개인 웹서버를 위한 저장공간을 가지고 있거나 다른 사람들의 컴퓨터에서 파일을 전송 받아 저장하기 편리한 파일전송 규약서버를 제공하고 있다. 컴퓨터가 없으면 100달러 이내의 값싼 이메일 기계를 사서 쓰면 월정 요금을 적게 지불할 수 있다. (이 기계는 1년 사용약정을 할 경우 때로는 할인되거나 심지어는 무료인 경우도 있다.) 아니면 여러 도서관에서 공공 컴퓨터를 이용할 수 있다. 야후(www.yahoo.com/)나 핫메일(www.hotmail. com/) 같은 웹포탈에서 무료 이메일 계정을 얻을 수 있다.

⌘ 무선인터넷 접속 WAP

공항 라운지나 커피숍 등에서 점점 무선인터넷 사용이 가능하며 보통 802.11(b) 기준을 사용하고, 더 빠르고 상호 호환이 될 수 있는 802.11(g)도 점점 증가 추세이며, 접속료는 보통 시간당 지불하게 된다.

15 | 교통

미국인들은 전 세계 여느 도시에서와 마찬가지로 시내 주위를 이동할 경우, 걷거나 버스, 택시, 자동차를 이용하며 어떤 도시에서는 지하철(종종 메트로라고도 한다)을 이용한다. 그러나 교통규칙은 각 나라마다 다르다.

도보

만일 거리가 짧다면 가장 빠른 장소 이동방법은 도보일 것이다. 미국 내 도시 교통은 특히 주중의 아침저녁 출퇴근 시간대에는 종종 교통 혼잡이 심하다. 그래서 도시 사람들은 거리가 짧다면 대개는 목적지까지 빨리 걸어서 간다. 사람들은 운동 삼아 걷기도 한다.

블록중간을 가로지르거나 교통신호를 무시하고 길을 건너는 무단횡단은 대부분 위법이므로 걸리면 벌금을 물 수 있다. 가끔 그런 사람들을 볼 수도 있지만 그들을 따라하지 말라. 그럴 가치가 전혀 없으며, 보행자 사고는 대개 무단횡단으로 인해 일어난다.

차량운전대가 왼쪽에 있는 나라 출신이면 좌우 양쪽에 차가 오는지 특별히 주의해서 살펴보아야 하고 아이들에게도 그렇게 하도록 가르쳐야 한다. 보도 블록에서 내려서기 전에 이렇게 하지 않아 사람들이 많이 다친다. 런던과는 달리, 미국에는 반대편에서 차가 오는지 안 오는지 친절하게 알려주는 표지판이 없다. 미국의 거리에서는 가능하면 편도를 많이 이용하여 길을 건너는 것을 권하고 싶다. 이렇게 하면 길을 횡단하는데 특히 주의할 수 있어 도움이 된다.

버스

미국 도시에서는 전차를 볼 수가 없다. 대중들은 보통 버스나 전철을 이용한다. 어느 도시건 버스에 올라 탈 때 잔돈을 정확하게 준비하든지 아니면 미리 구입한 "토큰"(프랑스의 "즈똥"과 유사한 동전같은 작은 것)을 사용하도록 요구한다.

여러 도시에서 토큰은 버스나 지하철 둘 다 사용이 가능하며 지하철 표 파는 곳에서 쉽게 구입할 수 있다. 다량으로 구입하여 별도의 지갑이나 봉투에 넣어서 사용할 수 있도록 하면 시간이 절약된다. 그렇지 않으면 출퇴근 시간에 줄을 길게 서서 기다려야 하고 버스가 왔을 때 잔돈이 없어 버스를 놓칠 수 있다. 목적지까지 가려면 버스(혹은 지하철과 버스)를 두 번 갈아타는 경우에 조그만 종이 쪽지인 "환승권transfer"을 달라고 하여 한번 요금으로 끝까지 가던지 아니면 버스나 전철을 두세 번 갈아탈 수 있다.

버스 정류소는 보통 번화한 곳에 위치하고 있으며 정류장 표시가 분명하게 되어 있다. 대개 버스시간표는 정류소에 붙여져 있고 대부분 버스운전사나 회사에서 버스시간표를 달라고 할 수 있다. 어떤 곳에서는 목적지까지 가는 가장 좋은 길을 전화로 물어볼 수 있으며 웹사이트에서 지도와 시간표를 인쇄할 수 있다. 시간이 허용되면 종종 버스운전사가 가장 빠른 방향을 가르쳐 주거나 적어도 하차하는 장소를 일러준다.

대부분의 도시에서는 학생과 65세 이상의 일반인은 특별 승차권을 주는데 이것을 이용하여 어떤 낮 시간대에는 할인된 가격으로 승차할 수 있다.

지하철(또는 전철)

지하철 또는 전철은 몇몇 도시에서는 이동하기가 가장 빠른 수단이다. 지하철 망이 미국 내의 많은 도시에 뻗어져 있으며 밤낮으로 운행한다. 전철은 어느 때나 승객들로 만원이며 안전하게 이용할 수 있다. 지하철을 탈 경우 지켜야 할 몇 가지 수칙들이 있다.

1. 당연한 얘기지만 가능한 한 출퇴근 시간을 피한다. 지하철은 오전 7:30 ~9:30 그리고 오후 4:30~6:30경에 만원이다. (소매치기가 작업하기 가장 좋은 시간이기도 하다.)
2. 빈칸보다는 다른 사람들이 있는 칸에 앉아라.
3. 기차를 기다리면서 가능하면 표 파는 곳 가까이 서 있는 것이 안전하다.
4. 핸드백을 의식적으로 꼭 쥐고 있어라 — 그냥 어깨에 걸어 두지 말라. 남자는 안쪽 호주머니에 지갑을 가지고 다녀라.

5. 밤에 지하철을 타기 전, 친구나 동료에게 그곳이 안전한지, 야간에 피해야 하는 지역은 없는지 물어보아라.

지하철 또는 전철역은 그 표시가 분명하고 어느 역에서나 지하철망 지도를 구할 수 있다. 어느 도시에서는 이동 거리에 따라 요금이 다르고, 어떤 곳에서는 일정 요금을 내면 지하철로 어디든 갈 수 있다. 점차 도시 이동 체계는 토큰(특별한 동전)을 없애고 대신 요금카드를 이용한다. 보통 승객들은 요금카드를 사용하여 이동 거리에 따라 요금을 지불한다. 지하철역 또는 전철역의 기계에서 카드를 사서, 개찰구나 출입문 기계에 밀어 넣으면 된다. 요금은 카드의 잔액에서 공제된다. 지하철을 규칙적으로 자주 이용할 것이라면 토큰이나 요금카드를 다량 사 두는 것이 번거로움을 피할 수 있다. 또한, 여러 도시에서는 일일, 1주일, 또는 월 할인 이용권을 제공하고 있다.

지하철을 타기 전에 기본적으로 지하철 운행 안내를 이해해 두면 도움이 된다. 예를 들어 맨하탄에서는 퀸즈나 브루클린 같은 다른 도시로 계속 연결되기 전에 일반적으로 지하철은 "상행uptown"(북쪽) 또는 "하행downtown"(남쪽)으로 운행한다. 반대로, 보스톤의 전철("T"라고 부른다)은 (중앙정부와 파크스트리트 역을 향하여) "안으로inbound" 또는 그 지역으로부터 멀어지는 것을 뜻하는 "밖으로outbout" 운행하는 전철표시가 있다. 따라서 가려는 목적지가 두 지역 사이에 위치하는지 아니면 그곳으로부터 멀어지는지를 알아두는 것이 중요하다.

택시

어느 낯선 곳에 도착했을 때는 처음에 거리를 잘 모르면 대부분의 사람들은 택시를 잡아타는 것이 십상이다. 미국에서, 택시 타는 것은 분명히 사치스런 축에 든다. 더욱이, 택시는 바쁜 시간대나 날씨가 나빠지면 잡기 어려운 부담이 있게 된다. 대부분의 도시에서는 택시를 잡기 위해 전화를 할 수 있다. (번호는 지역 전화번호부를 참조하라.) 뉴욕 같은 도시에서는 거리에서 운행 중인 택시를 불러 세우거나 "택시정류소"(특별 택시 주차 지역)에서 택시를 잡을 수 있다.

일반적으로 말해, 택시요금은 미국 전역에서 미터로 계산되나 워싱턴 디씨 같은 도시에서는 구간에 따라 요금체계를 달리 하는 곳도 있다. 미국에서는 통일된 것이 없다. 도시마다 다르므로, 친구나 동료 또는 호텔 직원에게 물어볼 필요가 있다. 바가지 요금을 물지 않으려면 유명한 택시회사를 이용하는 것도 잊지 말아라.

택시 운전사들이 지켜야 할 규정은 다음과 같으나 그들이 항상 따르는 것은 아니다. 손님이 없어도 멈춰 서서 운행 안함 표시를 해서는 안 된다. 시내 경계에서는 손님이 요구하면 어디든 가야한다. 승객이 올라타기 전에는 목적지를 물어서는 안되며 승차거부해서도 안 된다. 그리고 커다란 여행용 가방을 실었거나, 다리나 터널이나 나룻배 이용 요금 또는 심야요금을 제외하고는 미터기의 요금보다 더 많이 부과하면 안 된다. 운행 안함 표시는 택시 지붕 위에 불을 켜서 표시하나, 택시가 운행 중이 아니어서 그냥 지나치는 것을 알리면 좋은 방법은 누군가에게 물어보는 것이다. 이것 역시 도시마다 다르다.

택시 크기는 다양하다. 흔히 4명 이상 탈 수 없고 때론 3명까지만 탈 수 있는 경우도 있으나 5~6인승 택시도 있다. 여러 명의 낯선 승객과 함께 택시를 탔을 경우 (어떤 도시에서는 합법적이나 그렇지 않은 곳도 있다.) 부당한 듯 보이지만 운행구간 전체요금을 물어야 한다. 몹시 혼잡한 지역에서는 택시기사가 나와서 문을 열어주거나 짐 싣는 것을 도와주는 행위는 법으로 금지되어 있다. 운전기사가 불친절하다고 생각하지 말라. 이는 안전을 위한 조치인 것이다.

만약 택시 서비스에 불만이 있으면, 택시 안에 어딘가에 붙여져 있을 운전기사의 번호랑 이름을 쪽지에 적어 두어라. 각 도시에는 여러 택시 회사가 있으므로 회사명을 꼭 기억해 두도록 하라. 회사에 편지를 보낼 때, 반드시 편지를 복사해 두어라.

자가용

미국인들의 자동차에 대한 사랑은 대단하며 심지어는 악명이 높을 정도이다. 대도시에서는 자가용 없이도 살 수 있으므로 자가용을 가질 때 일어나는 혼란과 비용을 피할 수도 있어 좋다. 또한, 많은 대학 타운과 오레곤주 포틀랜드 같은 문명화된 조그만 도시는 여전히 도보나 대중교통을 이용하여 갈 수 있다. 그러나 열악한 지역 도시계획 때문에 대개의 시민이 자동차 없이는 편안하게 다니는 것이 어렵거나 심지어는 불가능한 곳이 많다.

⌘ 비용   미국 도시에서 자동차를 소유하는 것은 유지비용이 많이 든다. 원래의 자동차 가격은 물론이고 과중한 보험료를 지불해야 한다. 도시에 따라, 보상 범위에 따라 요율이 다양하지만 혼잡한 도시에서만은 상당한 보험료를 지불하게 된다. 더욱이, 차량 등록과 허가를 받아야 하는데 자동차의 무게와 형태에 따라 등록수수료가 변한다. 운전면허 비용이 여기에 또 추가된다. 휘발유 가격은 다른 나라에 비해 저렴하긴 하지만 여전히 상당하고 주차비용 또한 특히 대도시에서는 매우 높은 편이다.

개인이 수입한 자동차를 1년 내에 본국으로 다시 보낼 경우에는, 관세나 세금이 부과되지 않는다. 그러나 1년 내에 미국에서 차를 팔 경우 들여올 당시의 차량가격을 산정하여 세금을 내야 한다. 소유 증명서나 등록증을 반드시 가져와야 한다. 이것은 매우 중요하다. 미국에 오기 전에 최근의 법규라든가 비용 등에 관해 가장 가까운 미국 영사관이나 지역 자동차 클럽에 문의해 보아라. 자동차의 매연 배출에 관한 엄격한 규정도 있다. 당신의 자동차는 이 규정에 맞게 조정되어야 한다. 외제차는 이 비용이 엄청나게 비싸다.

많은 주에서는 자동차세(매년 1회 부과됨)가 등록비에 추가되며 그 액수는 연식과 차종에 따라 다르다. 또한 자동차가 운전하기에 안전한지 아닌지 결정하기 위해 1년 또는 매 6개월마다 한번씩 검사를 요구하는 주가 대부분이다.

⚐ 면허　　미국으로 차를 가져올 경우, 고국을 떠나오기 전에 국제등록증을 가지고 와야 한다. 당신의 차를 모국의 자동차 번호판이나 꼬리표를 달고 목적지까지 운전할 수 있으나, 도착 즉시 당신이 살게 될 미국 주의 자동차 번호판을 얻어야 한다. 각 주마다 자동차 등록사업소(주소를 알고 싶으면 업종별 안내란을 참조하라)가 있으며, 거기서 면허증과 등록증을 발부한다. 운전자는 국제도로교통협약(1949)이나 미주협약(1943)에 가입한 국가 출신인 경우에는 국제운전면허증을 가져와야 하고 그렇지 않은 국가 출신인 경우에는 시험을 봐서 미국 운전면허증을 따야 한다. 많은 주에서는 주소지가 정해지면 즉시 (또는 30~90일 이내에) 지역 운전면허증을 따야 한다. 미국에서 차를 구입할 경우, 정해진 시간 내에 살고 있는 주의 운전면허증을 획득해야 한다. 만일 다른 주로 이사를 갈 경우에도 새로운 주의 면허증을 획득해야 한다. 규정이 복잡하고 주마다 다소간 차이가 있기 때문에 안전하게 운전하고 면허증과 번호판을 얻기 위해

서는 시 자동차사무소에 전화하여 문의해 보아라.

많은 서류를 가져가라. 운전면허증을 발급하기 위한 요건은 2001년 911사태 이후 귀찮을 정도로 많이 변하였다. 자동차사무소 직원은 보통 여권, 시민권 및 이민국의 편지, 사회보장카드, 주소증명서류 등을 보자고 한다.

당신이 아무리 운전을 잘 한다고 해도 도로규칙과 지역여건, 그리고 특별히 미국인의 "운전심리"를 익히기 위해 전문가로부터 최소한 두세 시간의 교육을 받는 것이 현명한 방법이다. 브라질, 그리스, 일본, 프랑스 운전자들은 모두 운전대만 잡으면 다르게 행동을 하며 이것은 미국인도 마찬가지이다. 도시마다 다른 비공식 도로규칙도 중요하다. 추월할 때나 차선이 줄어들 때의 운전에티켓은 보스턴과 뉴욕이 서로 다르며 포틀랜드, 오레곤이 서로 다르고 포틀랜드와 메인이 서로 다르다.

각 주의 자동차사무소에서는 주의 도로규칙을 담고 있는 책자를 요구할 시 무료로 배부한다. 기억해야 할 중요한 사실은 문제에 봉착했을 때 "법을 잘 몰라 야기된 것은 하등의 변명이 될 수 없다"는 것이다. 법을 잘 숙지하고 운전 시 지켜야 한다.

⌘ **자동차 보험**　　다른 사람에게 입힌 피해를 보상해 주는 책임보험을 들어 자신을 지키는 일은 필수적이다. 이렇게 하는 것은 최소가 아닌 실질적인 수준에서 자신을 보호하는 것이다. 사람을 치었을 경우 미국에서 부과되는 금액은 천문학적으로 높다. 변호사들은 (개인이 아닌) 보험회사가 돈을 지불할 것으로 간주하여 보험 회사에 상대방 피해액을 요구한다. 만일 보험으로 보상이 되지 않으면 당신이 보기에 사고가 경미하다고 여겨질 지 모르지만 상대방이 당한 상해, 공포, 충격 또는 여타 불만으로 부과되는 어마어마한 금액으로 당

신은 재정적으로 파산될 수 있다. 누구나 다 그러한 요구를 강요하는 것은 아니지만 많은 이가 그렇게 하므로 보험으로 충분히 보장할 수 있어야 한다. 보험이 비싸더라도 보험은 절대적으로 100% 필요하고 대부분의 국가에서는 법으로 규정하고 있다. 보험 상품은 운전자의 나이와 성별, 차종과 지역에 따라 다양하며 스포츠카를 소유한 젊은 독신남의 보험은 상당히 비싸다.

⌘ 자동차 구매

파업이나 긴급한 사정이 아니면 미국에서는 새 자동차를 인도 받을 수 있다. 미국의 자동차 제조업자들은 여전히 마력은 높으나 휘발유 1리터 당 달릴 수 있는 거리가 짧은 자동차를 생산하고 있다. 소형차뿐 아니라 SUV 차량은 미국 국내산이든 외국산이든 (또는 혼합산이든) 인기가 매우 높다. 일반적으로 외제차는 구입하기도 쉽고 수리하기도 쉽지만 수리비와 부품비가 더 비싸다. 전기와 휘발유로 모두 움직일 수 있는 하이브리드카는 인기가 상승하고 있다. 미국 내에서 디젤을 사용하는 차는 흔하지 않으나 만일 디젤차를 가지고 있으면 급유 충전 시 올바른 연료를 주입하는지 극히 조심하여야 한다. (자세한 사항은 이 장 뒤쪽에 "주유소" 항목을 참조하라.)

　　여러 사람들과 상의한 후에 소위 "정가 표시된" 차를 사도록 하라. 자동차는 미국 내에서 아직도 가격 흥정이 가능한 품목이다. 가격은 보통 "깎을" 수 있으며 가격은 자동차 판매대리점간에도 상당히 다양하다. 자동차 가격은 얼만큼 새 차이냐에 따라 사람마다 차이가 심하다. 새 모델이 출시되기 직전 가을에 구입할 경우, 자동차 판매상들은 지난 해의 모델을 처분하려고 하며, 따라서 저렴한 가격으로 차를 구입할 수 있다. 여기 저기 물어보고 탐색도 해야 한다. 너무 성급하게 차를 구입하지 마라. 특정한 차량 가격이 얼마인지에 대한 정보를 담고 있는 훌륭한 웹사이트(www.cars.com/과 www.edmunds.com/)가 그 중에 속한다.

자동차 판매상은 두 가지 방법으로 최대의 이윤을 남긴다. (1) 추가 항목과 (2) 융자와 보험 알선이다.

- **추가 항목:** 추가 항목은 자동차 판매상이 열을 올리며 팔려고 하는 다양한 선택 사양을 말한다. 즉 기본 사양이 아닌 라디오, 카세트, 특정 차색깔, 에어컨, 시트 커버, 보증기간의 확대, 썬 루프, 기타 등등이다. 판매상들은 이러한 항목을 판매하는데 도사이지만 꼭 살 필요는 없다. 만일 똑똑한 판매원에게 설득 당했다면 필요하지도 않은 사양에 상당한 액수의 금액을 지불할지도 모른다.
- **융자와 보험 알선:** 자동차 판매상은 융자를 알선할 때 보통 은행보다 비싼 이자를 부과한다. 이자는 몇 개월 또는 몇 년의 지불액의 경우 상당한 액수가 된다. 돈을 빌리기 전에 다른 방도를 찾아보아라. 자동차 판매상이란 결국 자기 몫을 챙겨 은행과 거래를 해야 하는 것이기 때문에 차라리 은행융자를 받는 편이 좋을 것이다. 그러나 판매상은 자기네한테 돈을 쓰도록 최선을 다해 설득하려 할 것이다. 괜히 그들로부터 빌려야 하는 부담감을 느낄 필요는 없다.

⌘ **중고차**　　　미국 차의 가격은 1년이 지나면 가격하락이 심해서 새 차보다는 중고차를 구입하게 된다. 가격은 년식, 조건, 크기와 차종, 구입하는 지역, 계절에 따라 다르다. 다음 두 가지 제안은 도움이 될 것이다.

1. 4년 이상 된 중고차를 구입할 경우 특히 주의를 기울여라.
2. 차를 살 때 혼자 가지말고, 차에 대해 잘 알고, 미국 자동차 판매상들의

행태를 잘 아는 사람을 데리고 가라.

종종 부자들이 사는 지역에 가는 것이 이로울 때가 있다. 부유하지 않은 사람들보다 차를 자주 바꾸기 때문에 대개 차의 상태가 양호하다.

중고자동차 판매상은 신뢰에 있어 정도의 차이가 있으므로 그들이 권하는 차를 잘 요리하도록 하라. 일반적으로 말해, 대도시 밖의 중고차 매매상을 발견할 수 있더라도 중고차매매 장소보다는 (특정한 회사의 신차를 한두 가지 종류만을 다루는) 평판이 있는 매매상을 선택하는 쪽이 더 좋을 것이다.

많은 사람들은 몇몇 가지 이유 때문에 도시 밖에서 차를 구입하는 경우가 있다. 소도시에서는 자동차 판매상의 소문을 금방 알 수 있기 때문에, 서로 얼굴을 잘 모르는 대도시보다 더욱 조심스럽게 행동한다. 둘째, 작은 판매상이 차를 팔려는 의지가 더 높다. 그러나, 다른 지역에서 차를 구입함으로써 판매세를 내지 않아도 된다고 생각하지 마라. 자동차 판매세는 보통 차를 등록할 때 산정되며, 자동차 매매소가 어디에 소재하고 있느냐에 의해 결정되는 것이 아니라 자동차 구매자가 살고 있는 현주소에 근거하여 산출된다. 많은 사람들은 매매상을 거치지 않고 중고차를 산다. 신문이나 인터넷의 안내광고에서 싼 가격의 차를 살 수 있다. 그러나 개인적으로 차를 구입할 경우 구매자측의 보장이 더 적다는 것을 알아야 한다.

중고차를 구입하는 데는 시간과 수고를 요한다. 차를 잘 아는 친구나 동료가 없으면 당신이 믿을 수 있는 정비공장 기술자를 데리고 가고 그가 시간을 할애한 대가는 지불하는 것이 좋다. 기술자들은 근무시간 후나 주말에 하는 것을 좋아한다. 그러나 이렇게 도와주는 것에 대한 비용을 미리 정하는 것이 좋다.

차를 사기 전에 실제로 당신이 직접 몰아보는 것을 잊지 마라. 시험운전하는 것을 허락할 것이다. 기술자를 데리고 가지 않았을 경우, 근처 정비소로 차를 가져가서 차를 점검하고 상태에 관한 조언을 구하라. 차의 일반적인 상태에 대해 그 사람이 금방 말하게 해주는 몇 가지 중요 사항이 있다. 당신이 믿는 기술자가 자세하게 점검을 하게 되면 그 비용을 지불하는 것이 좋다. 서류에 도장을 찍기 전에 이러한 점검을 하라. 새차이든 중고차이든 차를 구입하기 전에 사무실 사람들이나 동료 아니면 친구들에게 차를 산다고 떠벌려라. 왜냐하면 차를 구매함에 있어 당신이 알아두어야 할 여러 가지 요령을 알려 줄 것이다.

중고차를 점검하는 또 다른 방법은 정비공에게 직접 돈을 주는 방법인데 그렇게 하면 대신 알아서 해줄 것이다. 당신이 직접 복잡한 일을 하게 될 경우 야기되는 구매자, 판매자, 정비공 3자의 일정을 조절해야 하는 번거로움 없이 자동차 판매원은 자기 편한 시간에 차를 정비공에게 가져 갈 것이다.

⌘ 자동차 임대차계약

임대차계약은 미국에서 꽤 인기가 높아졌다. 단지 이삼년만 미국에서 살 계획이고 미국을 떠나기 전에 차를 팔아야 하는 수고를 원하지 않으면 이 방법이 특히 매력적인 선택이 될 수 있다. 임대차계약은 2~3년 지속되며 그 기간 동안 매달 돈을 지불해야 한다. 계약 마지막에는 다른 아무런 의무사항 없이 원래의 차주에게 차를 돌려주기만 하면 된다. 그러나 임대비가 높아 매매상들은 대개 추가로 보험에 들것을 요구한다.

임대계약은 중요한 두 가지 단점이 있다. 첫째, 임대기간 중 차를 미리 돌려주고자 하면 처음 임대한 날의 차 가격과 돌려 줄 때의 가격 차이만큼의 차액을 매매상에게 지불해야 한다. 둘째, 원래의 계약 시 약속했던 마일 수보다 더 많이 달렸을 경우 1마일 당 벌금을 물어야 한다. 이것은 때로는 수천 불에 육박할 수도 있다. 그러나 정해진 기간 동안 차를 보유하고 차 탈 거리를 미리 예상해 볼 수 있다면 임대계약은 생각해 볼만한 선택사안이다.

⌘ 자동차 대여

거리 주차의 어려움, 높은 주차비, 거리의 혼잡, 도시민의 증가 등으로 인해 도시에서 자가용을 소유하는 것이 별로 가치가 없다고 생각하게 한다. 대신, 사람들은 시내에서 대중교통을 이용하고 시외로 여행하거나 휴가를 떠나고자 할 때 자동차를 대여한다. 또한, 외국인 방문객들에게는 이런 방법이 훨씬 싸고 편한 방법일 수 있다. 여기저기 곳곳에 자동차 대여회사가 있다. 일별, 주별, 월별, 혹은 년별로 차를 대여할 수 있다.

직장이 미국에 있다면 당신의 회사는 특정한 대여업체와 할인협정을 맺었을지도 모른다. 회사들은 보통 그렇게 한다. 직장에서 물어보아라. 어떤 대여업체에서는 과거의 좋지 못한 경험 곧 외국인의 과거 보험문제 및 대여비 지불의 어려운 문제로 인해 외국인에게 대여를 해주지 않으려고 한다. 그러나 다른 대여업체는 특별히 우대를 잘 해 주면서 외국인 방문객에게 추가로 할인을 해주기도 한다. 한번 여기저기 찾아보고 물어 볼 필요가 있다.

대여비는 보통 대여기간, 차의 크기에 따라 결정된다. 보험은 별도이다. 그러나 다른 선택사양이 있다. 어떤 업체에서는 여행거리에 따라 비용을 부과하기도 하며 그렇지 않은 곳도 있다. 어떤 대여회사는 원래 출발한 지점에서 차를 반환해야 하는 경우도 있고, 자동차를 이 도시에서 저 도시까지 편도 여행으로 대여할 수도 있으나 편도 대여비는 상당히 더 높다.

⌘ 음주 또는 약물중독 운전

미국은 여느 다른 나라와 마찬가지로 음주운전을 하지 못하도록 하고 있다. 그러나 미국에서 년간 2만 명 가량이 알콜 관련 차량 충돌로 사망하며 이는 전체 교통사고 사망자 수의 절반에 해당한다. 주 법률은 이것과 관련하여 주마다 다소 차이가 있으나, 운전자가 음주운전 상태에서 운전을 하는지 의심이 되면, 대부분의 주에서는 경찰은 운전자를 세워놓고 숨을 내쉬게 하거나 피검사를 받도록 요구한다. 벌금은 주마다 다르다. 최초 위반에 대해서는 벌금을 부과하고, 하룻밤 (또는 더 길게) 투옥시키며, 면허정지를 주고 그리고 어느 지역에서는 지역봉사(예를 들면 병원이나 시립요양원의 보조로 일하기)나 음주상담을 받게 한다.

⌘ **자동차 절도**　　불행하게도 미국에서는 자동차 절도가 꽤 흔하다. 차를 잠그지 않았거나 열쇠를 꽂아 놓았다면 차를 도난 당해도 동정을 기대할 수 없다. 등록증과 운전면허증은 항상 몸에 지니고 있어야 하며 조수석 앞 박스는 당신보다는 자동차 도둑에게 더 편리한 장소이므로 그곳에 넣어두지 말아야 한다. 많은 이들은 차안에 등록증 사본을 넣어둔다.

　　차안에 소지품을 두었을 경우 조심해야 한다. 무언가를 차안에 두어야 한다면 차를 잠갔다고 해도 뒷 트렁크나 차 바닥에 안보이게 두어라. 짐 실은 차로 대륙횡단을 하려면 식사하기 위해 주차를 할 때 차를 볼 수 있는 곳에 주차하도록 하라. 밤에는 보이는 물건을 모두 모텔이나 호텔에 가져와라. 나머지는 트렁크에 넣고 잠궈라.

⌘ **주유소**　　요즘의 자동차는 무연휘발유만 사용하도록 제조된다. 유연휘발유는 공기를 오염시키고 사람들에게 특히 어린이들에게 납중독을 일으킨다.

　　가격은 지역세금에 따라 회사나, 지역, 주마다 차이가 있으나 일반적으로 미국 내에서 휘발유 가격은 다른 나라보다 가격이 저렴하며 현금이나 신용카드로 지불할 수 있다. 미국에서의 1갤런은 약 4리터에 해당하며 영국 갤런보다는 약간 적다.

완전서비스센터에서 오일이나 바퀴를 무료로 점검해 달라거나 앞 유리창을 닦아달라고 할 수 있다. 이런 정도의 서비스에 대해서는 주유소 점원에게 팁을 주지 않아도 된다. 휘발유는 몇 갤런 또는 가격으로 얼마치(예를 들어 "8달러어치 주세요")를 달라고 할 수 있고 채워달라고 할 수 있다. 가득 차면 대부분의 자동차탱크는 10내지 12갤런이 들어간다.

대개의 주유소에는 다른 서비스가 없고 주유는 직접 하지만 가격이 조금 저렴한 셀프서비스가 있다. 만일 자동차가 경유차라면 반드시 경유를 사용해야 한다. 주유소 연료펌프는 휘발유차에 우연히 디젤을 넣는 것을 방지하도록 만들어져 있으나, 경유차에 휘발유를 넣는 것을 방지하는 것은 없다. 경유차에 휘발유를 넣어 움직이는 것은 믿지 못할 정도로 높은 수리비를 야기하게 된다. 주유소 점원에게 맡긴다 해도 당신의 차가 경유차라는 것을 반드시 알려주어야 한다. (이 글을 저술할 당시에 뉴저지와 오레곤 주와 같은) 몇몇 주에서는 셀프서비스가 허용되지 않아 점원을 기다려야 하지만, 많은 주유소에서는 셀프서비스가 선택적이다.

엔진이 뜨거워지더라도 점원에게 라지에다의 물을 점검해 달라고 하지 말라. 많은 점원들이 솟구치는 뜨거운 수증기와 물로 인해 심하게 다친 일이 있어, 이것은 더 이상 정규 서비스에 들어가지 않는다.

❋ 교통규칙
전 미국에서 자동차는 오른쪽 통행을 한다. 법에 의하여 방향을 바꾸거나 차선을 바꿀 때 깜박이 신호를 해야 한다. 미국

내 도시와 고속도로에서 교통혼잡이 더욱 심해져서 교통법규가 더 엄격해지고 있다. 소방차나, 응급차, 경찰차가 다가오는 사이렌 소리가 들리면, 즉시 오른쪽으로 차를 대서 세우거나 그들이 통과하도록 속도를 줄여야 한다.

경적을 울리는 것은 좋게 받아들여지지 않으며 어떤 도시에서는 금지 사항이다. 경적을 울려 다른 차를 움직이려고 하지 말라. 벌금을 물 수 있고 다른 운전자의 화를 돋울 수 있다.

노란색 학교버스가 정차해서 빨간 불을 깜박이면 길의 반대편에 서 있다고 해도 가까이 갈 때는 **차를 반드시 멈추어야 한다.** 어린애들이 길을 가로질러 버스로 향해 뛰어가던지 아니면 버스에서 뛰어 나올 수 있기 때문에 이것은 법으로 엄격하게 규정되어 있다.

고속도로에서는 차를 멈추지 말라. 문제가 있거나 지도를 보고 싶다던가 또는 운전자를 바꾼다면, 차를 길 오른편에 충분히 밀거나 몰고 가서 비상등을 켜라. 고속도로에서 차의 속도는 아주 빨라서 정지된 차량은 매우 위험하다. 왜냐하면 다가오는 운전자가 가까이 다가오기 전까지는 차가 정지되어 있는지 볼 수가 없고 가까이 와도 차를 멈추거나 방향을 틀어 피할 수가 없어 충돌을 면할 수 없기 때문이다.

커브길이나 언덕 꼭대기에서는 추월하지 마라. 두 줄 또는 한 줄로 된 노란 실선이나 하얀선을 횡단하지 마라. 이것은 경찰이 잡으려고 하는 가장 흔한 위반행위의 하나이다. 빨간 불이나 교차로에서 정지 표지가 있는데도 그냥 가는 차, 고속도로에서 U-턴하는 차량도 단속 대상이다. 어떤 주에서는 맨 바깥쪽 차선에 있을 때 완전히 멈추어 정지한 후에 빨간 불에 우회전할 수 있으나 다른 주에서는 빨간 불에 우회전 할 수 없다. 또한 어떤 교차로에서는 "적신호 시 우회전 금지"란 표시가 있다. 이런 잘못을 저질렀을 경우 경찰이 차를 세워 범칙금을 물린다.

교통신호등은 차량 흐름 속도에 따라 다르게 통제된다. 대개의 도시에서는 지역과 교통의 흐름, 시간대에 따라 변한다. 보통 시간당 25마일로 맞추어져 있다. 정해진 속도대로 가면 대부분의 교통신호등에 맞추어 갈 수 있고 차량 흐름에 맞추어 갈 수 있을 것이다. 이것에 대해 얘기해 보아라. 택시 운전사들은 신호등에 맞춰 운전하는 도사이므로 여러 가지 조언을 줄 수 있다.

⌘ 속도 제한

도로에서 고속으로 운전하는 자들을 보게 되지만, 속도위반은 레이더나 경찰 헬기, 아무 표시가 없는 경찰차, 고속도로 상·하행선을 오가며 다른 경찰차에 무전으로 연락하는 정식 경찰차가 엄격하게 단속할 수 있고 종종 그렇게 한다.

운전시 모든 도로표지를 잘 지켜라. 제한속도는 지역에 따라 다르다. 표지판에 있는 대로 운전해라. 예를 들어 소도시나 시가지, 공장지역 도로, 철길에서는 속도가 갑자기 줄어들 수 있다. 학교의 양쪽 편에 "학교지역"이란 표지판이 분명히 세워져 있는 지역은 특별 단속 대상이며, 이런 지역은 보통 표지판에 시간당 15마일로 되어 있다. 어린이들이 혼자 학교로 가든지 학교에서 나오자마자 길을 건널 수 있고, 길의 한쪽 끝에서 놀거나 자전거를 타고 있어 위험하다.

⌘ 주차 규칙

차를 주차할 때 표지판을 잘 읽어보아라. 주차규정은 도시의 지역마다, 시간대마다, 요일마다, 계절마다 다르다. 특정지역에 무엇이 합법적인지 알 수 있는 유일한 방법은 표지판을 읽어보는 것이다. 시경찰은 주차위반 차량을 매일 견인해 간다. 규정을 어겨 모험을 할 가치가 없는 것이다. 견인비와 실제로 차를 되찾기 위한 비용 그리고 무엇보다 불법 주차로 인한 무거운 벌금을 내야 한다. 이 모두를 합하면 오륙백 달러까지 올라간다. 게다가, 끝없는 관료주의와 당혹스러움, 그리고 불편함을 겪어야 한다. 소화전이나 버스정류장, 개인도로나 교차로 코너 부근에는 주차하지 않도록 주의하라. "주차금지" 지역에 주차했거나 위에 언급한 장소에 주차했을 때 견인될 수 있다. 겨울에 눈이 오는 도시에서는 폭설이 온 후에 제설 표지판이 걸려져 있는데 그런 거리에 주차하지 마라.

다음은 일반적인 주차규칙이다.

1. 정지금지: 이것은 말 그대로 주차나 심지어는 차를 정지할 수 없다.
2. 주차금지: 여기에서는 승객을 태우거나 내려놓거나 물건을 부릴 정도의 시간동안은 정차할 수 있다. 누군가 운전석에 있어 필요시 차를 이동할 수 있다면 잠시 차를 정차할 수 있다.
3. 정차금지: 빠른 시간 이내라면 사람을 태우거나 내려놓을 수 있다. 누군가를 기다릴 수는 없으며 소포나 메시지를 전달하는 동안 차를 놔두고 떠날 수 없다.
4. 소화전: 이규정은 15미터 이내에 정차나 주차를 할 수 없는 것이다.
5. 버스정류장과 택시승강장: 교통에 방해를 주지 않으면 이곳에 잠시 멈춰 설 수 있으나 차 밖으로 나올 수는 없다. 이내 옮길 수 있어야 한다.

⌘ **자동차 편승**　　특별히 주요 고속도로 변에서 "엄지를 들어" 차를 태워달라고 하는 남자나 여자를 종종 볼 수 있다. 그들을 태우려고 정지하지 마라. 불행하게도, 자동차 편승자들은 외모에서 보여주는 것처럼 그렇게 순진하지 않기 때문에 이런 행위는 매우 위험하다. 더욱이, 여러 주에서는

차를 태워달라는 것이나 도로에서 사람을 태우는 것이나 모두 불법이다. 이럴 경우 벌금이 중하고 자동차 편승자를 태웠을 경우 보험혜택을 받지 못할 수도 있다.

ℋ 화장실 찾기

스코틀랜드에서 막 도착한 방문객에게, 미국에서의 첫날 그에게 가장 어려웠던 일이 무엇인가를 물어본 적이 있다. 그는 아무런 주저함도 없이 "남자 화장실 찾는 것"이라고 대답했다.

어떤 나라는 거리나 조그만 건물에 화장실 표시를 확실히 볼 수 있는 공중화장실이 있다. 그러나 미국은 그렇지 않다. 미국인들은 식당이나 도서관, 박물관, 백화점과 같은 공공장소에서 편의시설을 찾는다. 주유소에서 꽤나 깨끗한 화장실을 쓸 수 있으나 버스정류소나 기차역의 화장실은 불쾌할 수 있고 지하철의 화장실은 때로는 안전하지 못하다.

호텔 투숙객이든 아니든 화장실을 이용할 수 있다. 로비에서 조금 떨어진 곳 어딘가에 화장실을 찾을 수 있다. 많은 미국인들은 고객이 아니더라도 패스트푸드점에서 화장실을 이용한다. 식당 주인은 이런 행동에 기분은 나쁘겠지만 직원은 싫어하지 않는 것 같다. 그곳 화장실은 언제나 청결하고 (대도시를 제외하고는) 문이 열려져 있고 찾기가 쉽다.

화장실 문에 붙인 명패에 혼동하지 마라. 때로는 "남성", "여성"이라고 표시되어 있고, 때로는 "신사", "숙녀"라고 표시된 곳도 있으며 전혀 아무 말도 없이 남자 여자 그림만 있는 것도 있으며 문에 어떤 다른 단서를 그려 놓은 곳도 있다. 유럽식으로 "편안한 장소comfortable station"나 "W.C" 같은 명칭은 사용하지 않는다. 화장실이 급할 때, "남자화장실" 또는 "숙녀화장실"을 물어보아라. 어떤 주제가 있는 식당에서는 주제에 맞게 다른 언어나 심지어는 말장난을 사용하기도 한다. 호주를 주제로 한 체인음식점은 예를 들면 남성용은 "놈blokes"을 여성용은 "소녀sheilas"를 사용하고, 개주제 식당은 남성용은 "포인터"를, 여성용은 "세터"를 사용한다!

  큰 호텔이나 식당에서 화장실을 이용하고 난 후 안내원이 있을 경우 작은 접시 위에 팁(50센트 정도가 보통임)을 남겨 놓아라. 클럽에서는 팁은 필요 없고 미소와 친절한 말 한마디면 족하다. 대부분의 주에서는 법으로 폐지되었지만, 어떤 공중 화장실에서는 "돈 내는 화장실"도 있다. 동전 한 닢을 문에 넣으면 화장실이 열리고 안으로 들어갈 수 있다.

제4부
장기체류자를 위한 안내

16 | 주거

낯선 나라에서 살 곳을 찾는 것은 대부분의 사람들에게는 도전이고 스트레스 받는 일이다. 미국에서는 수없이 많은 주택을 고를 수 있는 선택의 여지가 있는 동시에 주택 가격은 그리 비싸지 않다. 그러나 주의 깊게 계획하고 정보를 충분히 가지고 주택을 구입하면 들어가 살 집을 쉽게 발견할 수 있으며, 얼마 안 있으면 그곳이 "내 집"이라고 부르게 될 만큼 익숙해 질 것이다.

주택 고르기

전 세계적으로 공통된 사실은 도심 중앙에서 멀어지면 멀어질수록 주택 임대비는 더 낮아진다는 것이다. 반면에 도심 지역은 교통이 혼잡하고 비싸기 때문에 주택을 어느 곳에서 찾을 것인가를 결정하는데 이 두 가지 요소를 모두 똑같이 고려해야 할 것이다. 당연한 얘기지만 당신이 도시 안에 살고 있다면 다른 데서 사는 것보다 도시 생활이 더 용이할 것이다. 이러한 이유 때문에 독신이나 자녀가 없는 부부는 되도록 도시 근처에 살려고 한다. 그러나 자녀가 있는 가족은 일반적으로 값싼 임대료로 더 큰 집을 얻을 수 있고 쾌적하면서 좋은 학군과 느긋한 생활을 누릴 수 있는 교외에 더 매력을 느낀다.

자녀가 학교에 다닐 나이라면 어느 곳에서 집을 임대할까 결정하기 전에 최우선의 관심은 그 지역에 어떤 학교가 있는가이다. 결국에는 집세가 더 저렴한 지역보다 좋은 공립학교가 있는 비교적 비싼 교외로 이사를 가는 것이 돈이 적게 들게 되는 것을 알게 된다. 또한, 집세가 싼 지역에는 맘에 들지 않거나 아이들이 붐비는 공립학교가 있기는 하지만 그곳보다는 차라리 값이 비싼 사립학교에 자녀를 보내게 된다. 여러 명의 자녀를 둔 경우에 이러한 사항은 특별히 중요한 고려의 대상이다. 학교에 대해서는 제 19장을 참조하라.

일단 학교문제에 대해 검토가 끝나면, 다음은 출퇴근 조건, 즉 기차나 버스 시간표, 고속도로, 이용 가능한 교통시설, 출퇴근 시간 등을 고려해야 한다.

회사 사장이나 외국인 학생 담당자는 교외 지역의 학교와 출퇴근 시간표 등에 대해 도움과 충고를 줄 수 있을 것이다. 그러나 차를 타고 부근 이웃을 실제로 다녀 보면, 무엇을 할 것인지를 잘 판단할 수 있을 것이다. 또한 지역의 사서나 외판원, 주유소 직원과 이야기를 나누어 보아라. 실제로 선택을 하기 전에 이웃이나 주변을 가능한 한 철저하게 조사해 보는 것이 좋다.

중간 정도 크기(인구 약 50만)나 소도시(인구 약 10만) 혹은 작은 읍으로 이사를 가려면 주거 상황이 대도시 지역과는 판이하게 다를 것이다. 이러한 중소도시의 주택은 때로는 오래되었다고 해도 주변은 교외에서처럼 널찍하다. 그러나 대중교통은 더 작은 도시일수록 불편하다.

♓ 정보출처   주택이나 아파트에 관련된 가장 최선의 정보 출처는 지역신문이다. 대체로 그 도시의 신문 일요판의 부동산 면에 금주의 완벽한 부동산 정보가 있다. 토요일에 한 부를 구입하도록 하라. 보통 부동산 면은 일찍 인쇄된다. 종종 집을 구하기 위해 엄청난 경쟁이 있을 수 있기 때문에 서둘러야 한다. 일요일 아침 일찍 (심지어 오전 8시에라도) 관심 있는 임대 매물에 대하여 전화를 할 수 있도록 전날 밤에 부동산 면을 꼼꼼히 읽어볼 필요가 있다.

지역마다 부동산 중개소가 있으며 대부분 임대업무를 다룬다. 이들이 도움이 될 수 있지만, 친구나 신문 또는 "세놓음For Rent" 간판을 보고 본인 스스로 셋집을 찾을 수 있다면 그것이 더 저렴할 것이다. 부동산 업자들은 터무니없이 높은 수수료를 부과하는데 보통 한 달 월세 정도이거나 1/2인 경우도 있다. 전월세시장의 상황에 따라 집주인은 이 부동산 수수료를 물거나 아니면 세입자와 함께 나누어 내는 경우도 있다. 어떤 회사에서는 자기네 직원들을 위해 부동산 수수료를 대신 지불하는 곳도 있다. 이 문제와 관련하여 회사의 방침이 무엇인지 알아보고 부동산 중개업자와 도장을 찍기 전에 수수료에 대하여 문의해 보아라.

부동산 광고문에 사용된 언어는 심지어는 미국인들조차도 잘 모른다. 작은 복도, 부엌 옆의 골방 또는 거실의 "L"은 방이라고 해도 좋을 것이다. 때로는 부엌과 욕실이 방으로 계산되고 때로는 방으로 계산되지 않기도 한다. "2-1/2 방이 올라 있는 경우, 이게 무슨 뜻인지 알 수 없을 것이다. 미국인도 모른다! 안전한 한 가지 방법은 전화할 때 아파트에 방이 몇 개이며 방 크기는 어떤지를 물어보는 것이다. 만일 아파트에 엘리베이터가 있다면 고층으로 올라갈수록 값이 더 비싸다. 햇빛을 더 많이 받고, 거리 먼지와 소음이 더 적고, 혹은 전망이 더 좋으면 그 값을 치러야 한다. 목록순서는 흔히 평방피트에 의해 나열된다. 평방미터로 된 크기를 평방피트로 대충 어림짐작하려면 간단하게 3으로 나누면 된다.

주택 혹은 아파트 세 얻기

주택을 월세로 얻으면 일반적으로 임대료 외에 가스, 전기, 보일러와 때로는 수도와 하수 비용을 지불해야 한다. 또한 잔디 깎기, 창문청소, 낙엽 긁어모으기, 눈치우기 등 통상적인 관리를 제공하거나 또는 그 비용을 주어야 한다. 주택에 보도길이 있다면 눈이 온 후 몇 시간 내에 (보통 주간에 4시간 정도) 눈을 치워야 할 책임이 있다.

⌘ 가구 딸린 주택 혹은 아파트　　　　"가구 딸림furnished"이란 말뜻은 사람마다 다르다. 보통 스토브, 냉장고, 침대, 의자, 소파, 식탁, 램프 같은 생활에 필수적인 것이 제공된다. 최소한의 그릇과 컵, (종종 빈약하지만) 식기, 기본적인 주방용기, 커튼, 그리고 그림 등이 제공될 수 있다. 때로는 매우 드물기는 하지만 침대보와 욕조천, 식탁보와 담요도 약간 제공된다.

좋아하는 주방용품과 식탁보나 접시받침, 별도의 램프, 옷걸이, 토스터나 다리미 같은 당신이 원하는 전기제품 그리고 일반적으로 욕조천과 침대보, 담요는 당신이 준비할 필요가 있을 것이다. 분명히 편안하고 집처럼 느끼게 하는 물건을 충분히 가져가고 싶을 것이다. 사진, 책, 장식품 등은 집을 더 편안하게 느끼도록 만들 것이다.

"가구가 비치되지 않음unfurnished"이란 말의 의미는 다양하나, 일반적으로 난로와 냉장고는 포함되고, 다른 나라에선 없는 수건걸이, 전등설비 등과 같은 붙박이 비품이 포함되기도 한다. "일부 가구 딸림"이란 말은 이전의 세입자가 가져가기를 꺼려했던 큰 가구 품목이 있는 경우를 의미한다.

⌘ 주택계약과 임대　　　　보통 "임대lease" 계약은 회사의 인사과 직원이나, 변호사, 거래은행의 부동산전문가, 믿을만한 부동산업자 또는 대학의 직원과 상의를 하기 전까지는 서명날인하지 말라.

임대계약이 언제 끝나는지, 계약을 연장하고 싶을 경우 재계약은 어떻게 하는지, 건물 손상에 대한 조항, 허용된 입주자 수, 아이들이나 애완동물에 관한 규칙, 임대 계약기간에 다른 사람에게 세를 놓는 전대sublet에 적용되는 규칙, 도색이나 장식 규정, 보이지 않는 부담금 (때로는 TV 안테나나 쓰레기 청소 등과 같은 항목에 따른 추가 요금이 갑자기 불거질 수 있다) 등등에 대하여 어떻게 언급하고 있는지 미리미리 분명하게 이해하고 있어야 한다. 다음 번 임대료는 언제 인상될 것인지, 인상료는 어느 정도 될 것인지도 문의해 보아야 한다.

아파트를 임대할 경우 보통 첫째 달과 마지막 달 월세 이외에 한 달치 "보증금"을 요구할 것이다. 이 보증금은 임대기간동안 그 집에 큰 손상을 입히지 않으면 그 집을 떠날 때 돌려 받게 될 것이다. 보증금은 주인에게 집의 어떤 손상에 대하여 보상하겠다는 보장인 셈이다. 자신을 보호하기 위해서 임대계약을 하기 전에 아파트를 꼼꼼히 조사하여 입주하기 전에 있었던 갈라진 틈이나 얼룩이, 구멍, 긁힌 곳 및 여타 손상간 곳에 대하여 주인이나 중개업자의 (문서로 된) 서명을 받아 놓아야 한다. 그렇지 않으면 그곳을 이사 간 후 2~3년 후에 입주 전 있었던 아파트 손상에 대해 돈을 부담해야 한다.

임대 만료 전에 이사 갈 경우 원래의 임대계약서에 이러한 조건이 문서로 적혀져 있지 않으면 임대계약을 종료해 달라고 집주인과 협상을 해야 한다. 다른 세입자가 나타나지 않을 경우 월세를 계속 지불해야 할 테지만 간혹 당신이 맡긴 보증금만 몰수하는 경우도 있다. 임대계약서에서 일일이 명기되어 있지 않으면 이러한 내용을 서류로 분명히 해두는 것이 최선이다. 종종 약간 비싸게 월세를 지불하는 조건으로 "미리 나가는 것"을 선택사양으로 정할 수 있다.

이러한 모든 것들을 앞에서 언급한 바와 같이 미리 논의되어야 하며 무엇이든 서명하기 전에 전문가의 조언을 꼭 받아야 한다. 일단 계약서에 서명을 하고 나면 거기에 매이게 되며 취소할 수 없고 커다란 법적인 하자가 없다면 계약 내용은 변경할 수 없다. 더욱이, 더 이상의 협상의 기회가 없게 될 것이다.

요약해 보면, 서명을 하기 전에 다음 사항을 잘 알아야 한다.

1. 난방, 전기, 가스, 에어컨, 세탁기, 의류건조기 등과 같은 것 중 어떤 시설이 임대 계약에 포함되어 있는가?
2. (만일 중개인을 통해 아파트를 얻은 경우) 중개 수수료는 내야하는가? 그렇다면 얼마를 내야하는가?
3. 집주인은 얼마나 자주 아파트에 페인트칠을 해 주며 그 비용은 누가 지불하는가?
4. 정확하게 임대기간은 얼마 동안인가(변할 수 있다)?
5. 미리 집을 비울 경우에 임대계약을 종료하기 위한 조건은 무엇인가?
6. 다른 사람에게 전대를 하고 싶다면 그렇게 할 수 있는가? 조건은 무엇인가?

7. 입주자의 가족 수에 대해 집주인은 알고 있는가? 모든 아파트에서 아이들을 허용하는 것은 아니다.

8. 집주인은 애완동물을 허용하는가? 애완동물을 집에 키우게 된다면 허락한다는 서류를 받아라.

9. 집을 세 얻을 경우 잔디를 깎거나, 눈을 치우는 등의 비용은 누가 부담하는가?

⌘ **공공설비**　　　공공설비utilities란 가스, 전기, 난방, 에어컨, 수도를 지칭하는 말이다. 스토브(간혹 레인지라고도 함)는 가스나 전기로 한다. 난방비는 집세에 포함되기도 하고 포함되지 않기도 하니 문의해 보아라! 만일 난방비를 지불해야 한다면 월평균 난방비가 얼마인지 물어보아라. 중앙난방시스템은 일반적으로 오일이나 가스로 돌린다. 어떤 경우에는 아파트나 심지어 주택에서 전기로 난방을 하는 경우도 있다. 추운 겨울 날씨에 전기 난방은 특히 주의해야 한다. 왜냐하면 단지 난방만을 위해서도 한 달에 600~700달러를 지불할지도 모르기 때문이다.

　　　현대 아파트빌딩은 거의 항상 중앙에어컨시설이 되어 있고 각 아파트 세입자들이 조정할 수 있도록 되어 있다. 옛날 주택에 거주한다면 창문에어컨이 있을 가능성이 높다. 창문에어컨이 없으나 에어컨이 필요하다면 날씨가 더운 몇 달 동안만 월별 요금지불을 기준으로 에어컨을 임대할 수 있다.

　　　대부분의 나라에서는 110~120볼트(60사이클) 교류 전기를 사용한다. 자신의 소형전자제품이 미국의 전류에 맞게 바꿀 수 없다면, 고국에 놔두고 오는 것이 좋을 것이다. 소형제품 때문에 트랜스를 사용하는 것이 성가신 일이 될 수 있다. 그러나 미국에서 모든 종류의 가전제품을 저렴한 가격에 구입할 수 있다.

대부분의 세를 얻은 아파트나 주택에서는 수도나 하수도비는 지불할 필요가 없을 것이다. 주택은 미터로 수도사용량을 측정하고 수도비를 내야 한다면 수도요금 청구서는 매달 또는 분기별로 한번 날아올 것이다. 수도요금은 아주 저렴하다. 많은 지역에서 상하수도 요금이 한꺼번에 부과되며 하수도비는 매월 일정하다.

미국에서는 어느 곳에서는 수도꼭지에서 바로 물을 안전하게 마실 수 있다. 그러나, 개천이나 시냇물, 강물은 마시지 말라. 많은 지역이 오염되어 있기 때문이다. 수돗물은 높은 비율의 미네랄과 정수화학물질을 포함하고 있어 맛이 좋은 것은 아니다. 만일 맛이 없다면 슈퍼마켓에서 병에 담긴 물을 사거나 정수기를 달아 놓던가 아니면 손으로 들 수 있는 값싼 정수기를 구입할 수 있다.

주택 구입

자신의 집을 소유하는 것이야말로 상징적으로 미국에서의 꿈을 가장 많이 실현했다고 할 수 있는 것이다. 특별히 미국에서 2년 이상 한 장소에 머물 거라면, (이 글을 쓸 당시를 기준으로 보면) 낮은 이율의 주택 담보대출 기록과 튼튼한 주택시장을 통하여 주택 구입을 고려하는 것이 좋을 것이다. 이자율이 다시 상승한다 해도 주택을 구입하는 것은 여전히 미래를 예견해 볼 때 건전한 투자가 될 것이다. 최근 몇 년 동안, 주택의 가치가 계속 상승하고 있고 주택담보대출 세금 공제와 월세로 축적된 자금이 함께 어우러져 주택구입이 건전한 투자가 될 수 있도록 되었다. 흔히 월세와 거의 비슷한 비용으로 주택담보 상환금을 정할 수 있다. 물론 부정적인 측면은, 거의 확실하겠지만, 집에 무엇인가 고장났을 때 소위 집주인으로서의 이점은 없다. 또한 당신이 구입한 집이 주택이나, 콘도, 연립주택 또는 공동주택이 될 수 있다는 사실을 기억하라. 간단히 말하면, 어떤 형태의 집이든 임대보다는 사는 것이 좋다.

⌘ **공인중개사와 중개인**　　분명한 사실은 자격을 갖춘 공인중개사가 당신을 도와주기를 원할 것이다. 매도인쪽 중개인은 보통 당신 쪽 중개인과 수수료를 나누어 가질 것이다. 이 말뜻은 당신쪽 중개인이 한 일에 대해 직접 돈을 지불하지 않는다는 것이다. 그럼에도, 중개인은 당신을 위해 일을 하고 좋은 중개인은 수수료 이상의 값어치를 할 것이다. 매도인의 중개료(매도인이 지불한다)는 평균 집 판매 가격의 5~6퍼센트에 해당한다. 매수인 쪽 중개인은 집을 사려는 적임자를 데리고 온 것에 대한 수고비를 다른 중개인으로부터 받게 된다. 집 매도인이 부동산 중개사가 없다는 것을 의미하는 "집주인이 직접 내놓은 집(FSBO)"을 찾을 수만 있다면 중개인 없이 이런 과정을 직접 해나가는 것이 도움이 될 것이다. FSBO는 비교적 드물고, 그 경우에는 중개인 없이 일 처리를 해야 하고 중개수수료를 당신이 직접 지불해야 하거나 매도인과 수수료를 협상해야 할 것이다. 매도인이 부동산 중개사무소에 집을 등록하였을 경우, 당신 쪽에 중개인이 있든 없든 관계없이 매도인이 수수료를 전부 지불할 것이다.

　　부동산 중개인은 거래를 완료하고 서류작업을 한다. 몇몇 주에서는 그 일을 변호사가 담당하기도 하지만 중개인과 거래를 완료하는 주가 많다. 부동산법에 익숙하지 않으면 스스로의 힘으로 부동산 거래를 완결 지으려고 하는 것은 아마도 어리석은 일일 것이다. 보통 공인중개사는 특정 중개인하고만 일을 하므로 팀을 선택하게 되는 것이다. 주택담보대출 중개인(아래 참조)을 포함하여 부동산팀을 고르기 위한 최선의 방법은 친구나 동료로부터의 적극적인 추천에 의한 것이다.

⌘ 주택담보대출   주택담보대출 설정은 전문가의 도움을 얻으면 훨씬 간단
하게 될 수도 있다. 주택담보대출 중개인은 특정 대출기
관을 대표하지 않지만 여러 다양한 이자율을 제공하고 그 중에서 하나를 선택할
수 있게 해준다. 고려해야 할 사항은 포인트는 어떠한지, 변동금리인지 고정금리
인지, 대출기간은 얼마인지이다.

어떤 주택담보대출은 이자율이 더 낮을 수 있다. 그러나 포인트가 총 대출
금액에 포함될 수도 있지만 최초 지불해야 할 "포인트"를 추가적으로 더 요구할
것이다. (역주: 포인트란 총 대출금액의 1%에 해당하는 금액을 대출 초기에 은행
에 지불해야 하는 금액인데 대개 1~4포인트까지를 대출 받는 자가 결정할 수 있
고 포인트가 많으면 많을수록 대출이자가 낮아진다.) 근본적으로, 돈을 빌릴 때
연 이자가 상당히 더 낮지 않으면 포인트를 피해야 한다. 어떤 담보대출은 고정
금리인데 저당기간 15~30년 동안 변하지 않는다. 다른 담보대출은 변동금리 담
보대출(ARM)로서 훨씬 낮은 대출이자로 시작하지만 시간이 지나면서 이자율이
보통 고정금리 담보대출보다 훨씬 높은 최대이자율까지 상승하게 된다. ARM은
단지 2~3년만 살다가 팔게 될 것이라고 확신이 들 경우 상당히 의미가 있다. 만
일 국가이자율이 낮으면 거의 항상 집을 매각하여 상환할 수 있기 때문에 변동금
리 대출은 의미가 있을지도 모른다. 마지막으로, 대출은 대체적으로 15~30년 기
간동안 받을 수 있고 다른 것도 가능하다. 매년 지불해야 할 대출 부담금을 추가
로 지불할 경우 대출기간은 으레 반으로 줄어질 수 있다.

이사 들어가기

본국에서 배로 짐을 부쳤다면 짐을 받는 현장에 있어야 한다. 이삿짐 인부들이 짐을 풀 때 각각의 품목들이 제대로 도착했는지 점검해 보아라. 이삿짐을 나르는 사람들의 우두머리가 청구서에 서명을 하기 전에 피해가 있을 경우 문서로 적어 주어야 한다. 일단 서명을 하면 더 이상 변경은 안 될 것이다. 어떤 물품에 손상이 갔을 경우, 즉시 이삿짐회사(또는 보험업체)로부터 손해배상청구 양식을 얻어 작성하고 한 부를 자신을 위해 복사해서 원본을 즉시 보내야 한다. 시간이 중요하기 때문에 지체해서는 안 된다. 그리고 선박운송 전문가로부터 도움을 받을 수 있도록 당신의 회사 사장에게 알려라. 2~3주 내에 변제 받지 못하면 회사의 운송 담당 직원으로 하여금 손해배상 청구를 하게 하거나 아니면 당신이 직접 하라. 시간이 너무 많이 흘러가지 않도록 하라.

당신과 이삿짐 인부들 및 보험회사간 서로 주고받은 서류나 편지, 손해배상 청구서 또는 상대방의 이의제기서와 같은 모든 것을 복사해 두어야 한다. 이것은 매우 중요한 사항이다. 당신의 회사가 복사를 해 두지 않으면 직접 공중복사기에 서류를 들고 가라. 우체국, 은행, 문방구, 도서관 심지어는 상점에서 복사기를 발견할 수 있을 것이다. 모든 것을 상세하게 그리고 파일에 순서대로 만들어 놓으면 손해배상 청구를 훨씬 쉽고 빠르게 할 수 있을 것이다.

당신이 해야 할 일이 무엇인지 알아보기 위해, 이삿짐꾼들이 도착하기 며칠 전에 회사 사람들과 상의하라. 서비스는 계약에 따라 매우 다양하다. 어떤 곳은 가구를 배치해 주고 침대를 짜 맞추어 놓고, 도자기와 은식기, 유리그릇, 모직물과 책을 풀어놓을 것이다. 이사하고 난 후의 포장용 쓰레기는 모두 가져가라고 하라. 어떤 인부들은 가전제품을 연결해주기도 하지만 그렇지 않을 수도 있다. 어떤 인부들은 큰 물건을 정리해주고 작은 것은 풀어놓지 않는다. 반드시 미리 물어 보아라.

대부분 이삿짐의 크기와 시간에 따라 이삿짐 인부들에게 팁을 준다. 팁 금액의 범위는 일이 적을 경우 일인당 5달러에서 종일 일한 경우 일인당 20달러까지 이른다. 가능하면 시원한 음료수와 커피를 준비하는 것도 좋은 생각이다. 이삿짐을 부리는 것이 지치는 일이므로 인부들에게 친절하고 방해되지 않게 멀리 떨어져 있어라. 그들에게 시간은 돈이라는 사실을 잊지 말아라.

무언가 없어질 경우를 대비하여 그들이 나르는 물품을 계속해서 눈여겨보아라. 모든 것을 다 넘겨받았다고 하는 서류에 서명을 한 후에는 손해배상 청구를 하기는 어려울 것이다.

쇼핑이 야구보다도 오히려 진짜 미국의 전국적인 스포츠경기라고 해도 과언이 아니다. 파코 언더힐이 본 것처럼, "미국인들은 쇼핑을 하나의 치료, 보상, 뇌물, 취미활동, 집밖으로 나갈 핑계거리로 삼거나, 미래의 연인을 찾을 방법이나, 오락이나 교육의 한 형태 혹은 심지어 경배의 대상으로, 혹은 소일거리로 생각한다."11) 메인주 프리포트시라는 자그마한 도시에 있는 우리 출판사 바로 윗길에만 가게가 무려 158개나 있다. 그 중에 역사가 오래된 카탈로그 통신판매 회사인 엘 엘 빈의 본점이 있는데 1년 365일 영업을 하고 그것도 하루 24시간 영업을 한다. 만약 여러분이 새벽 3시에 낚싯대를 비롯한 낚시도구 일습이 필요한 경우에도, 엘 엘 빈 회사의

---

11) Underhill, Paco. *Why We Buy: The Science of Shopping* (New York: Simon & Schuster, 1999).

판매원이 여러분을 도와줄 수 있다. 또 다른 작은 도시인 미네소타주 블루밍턴시에는 엄청나게 큰 쇼핑몰이 있어서 가게만 525개가 들어서 있고, 1년에 4,200만 명이 찾는다고 한다. 한눈에도 이곳을 찾는 방문객 수가 자유의 여신상, 엠파이어 스테이트 빌딩, 워싱턴 기념비를 찾는 관광객보다 많아서, (미국의 대표적인 대형 쇼핑상가라는 뜻으로) 더 몰 오브 아메리카라고 불리는데 미국 안에서 가장 가보고 싶은 관광지라고 한다. 1,500쌍 이상이 1992년 문을 연 이래 이 쇼핑몰에서 결혼식을 올렸다.

미국에 처음 온 사람에게 첫 인상을 물으니까, "살 것이 너무 많아요"라는 대답을 듣는다. 그렇다! 신문과 잡지, 인터넷 그리고 모든 텔레비전과 라디오 방송에서 모든 종류의 상품을 구매하라고 압력을 받는 여러분 자신의 모습을 볼 수 있지만, 사실은 그런 것이 없어야 정말 여러분이 행복해 질 수 있다. 행복하고 건강하며 더 매력적이 되려면, 이것저것을 가져야 한다는 광고가 끊임없이 쏟아지기 때문에 미국이 물질주의적이라는 명성을 얻었다.

사실이 그렇다. 미국은 풍요롭다. 그래서 물질주의적 국가인 것이다. 하지만, 어느 나라든지 현재보다 더 풍요로워지면 점점 더 물질주의적으로 변하는 경향이 있다는 점을 주의해 보아야 할 것이다. 교통 혼잡도 나라마다 더 많은 차를 살 수 있게 되면서 더 심해진다. 영업사원들은 세계 어디서나 텔레비전, 시계, 가구, 식품, 옷, 컴퓨터나 세탁기를 더 판매하려고 열심이다.

이런 점에서 보면, 어느 나라 사람이든 사람들은 모두 비슷하다. 돈의 여유가 있으면 바로 생활수준을 **계속 올리려고 한다.** 여러분은 이런 사실에 놀라지 않아도 된다. 좀 더 크게 생각을 해보자. 사람들은 재산이 불어나면 무엇을 할까? 다른 사람들과 관계를 더 깊어지게 하는가? 사람들은 얼마나 창조적일까? 얼마나 열심히 일을 하나? 사람들은 돈을 어떻게 쓰는가?

미국에서는 대부분 제품을 대량생산하고, 또 많은 제품들을 임금이 싼 나라에서 수입하고 있어서, 누구나 비교적 비싸지 않은 물건들을 살 수 있다. 품질, 스타일, 생산국가 등 여러 요인에 따라 가격대가 상당히 넓게 형성되어 있다. 여러분이 중요한 물건을 사려고 하면 가격과 품질을 비교해보고 물건을 사는 것도 좋은 생각이다. 다양한 선택이 가능할 때, 여러분이 미국에 처음 온 사람이라면, 무엇을 살지 어떻게 여러분이 가진 돈에 맘먹는 값어치의 물건을 살지 어떻게 알 수 있을까? 우선, 급하게 결정하지 말라는 것이다. 시간을 들여서 여러 가게를 들러서 살 물건을 살펴보고 그 제품의 품질을 꼼꼼히 따져봐야 한다. 물건을 사기 전에 직접 만져보고 요리조리 살펴보며 제대로 작동하는지 시도해봐야 한다. 또 직장이나 학교 친구들에게 물어보고 추천할 만한지 물어봐라. 덧붙인다면, 다음의 지침이 어느 정도 도움을 줄 것이다.

음식

미국의 대형할인매장인 슈퍼마켓은 점점 더 커져서 고객들은 항상 혼란에 빠진다. 어마어마하게 선택할 물품이 많을 때 무엇을 사야 할지 어떻게 결정할 수 있는가? 물건 포장과 가격책정을 하는 일반적인 유형을 이해할 수 있다면 여러분 앞에 놓인 선택권을 놓고 평가할 수 있다.

❋ 가격 정상가격으로 (유명회사 제품인) "유명상표"가 붙은 똑같은 제품을 사지말고 할인행사를 기다리면 상당히 많은 돈을 절약할 수 있다. 대부분의 슈퍼마켓은 자체 상표가 있다. 이 제품들은 유명상표의 제품보다

거의 모두 다 값이 싸다. 하지만 여러분은 제품을 비교해 볼 필요가 있다. 몇몇 유명상표 제품들은 덜 유명한 제품보다 맛이나 품질이 훨씬 좋기 때문이다.

두 제품이 같은 용량인지 살펴보고, 성분명을 보고 수분은 몇 % 포함했는지 살펴보아야 한다. 법으로 실제 성분을 **함유량 순으로** 표기하게 되어 있다. "단위당 가격"을 비교해보는 것도 도움을 준다. 예를 들어, 세탁세제를 구입하려고 한다면, 단위당 가격을 보면 단위 용량 당 얼마를 지불해야 할지 알 수 있다. 중량 453그램인 "파운드 당", 29.4cc인 "액량 온스 당" 또는 0.95리터이며 1/4갤런인 "쿼트 당" 가격은 제품의 실제 가격보다 더 중요하다. 대용량이라고 항상 값이 싼 것이 아니다.

ℋ 식품 상표

미국의 육류 품질 등급제는 영양과 무관하며, 단지 근육탄력도, 육즙 함유도 및 고기 향에 따른 연방 품질 표준일 뿐이다. 가장 보편적인 육류 품질 등급은 프라임(한우 1^{++}등급)과 초이스(한우 1등급)다.

식품은 3가지 범주에 속한 정보를 표시한다. 첫째, 한번 섭취할 때 얻는 영양 정보, 예를 들면, 열량, 단백질, 탄수화물, 콜레스테롤, 지방 및 나트륨 등을 표시한다. 둘째, 이 성분에 대한 미 연방정부 권장 일일 허용량의 비율을 표시해야 한다. 셋째, 성분을 표시한다. 여러분이 체중을 조절하고 있거나 당뇨병이나 심장질환 같은 건강상태 때문에 식사조절을 해야 한다면, 1회 섭취량을 아는 것이 중요하다. 대부분의 제품은 이런 상황을 대비할 수 있는 복용법과 실제 섭취할 때 권장 방법을 표시하고 있다.

⌘ 경고문　　구매자를 보호하려는 노력을 끊임없이 하고 있지만, 예를 들어, 크기와 함량처럼 주의 깊게 눈여겨보아야 하는 "지름길"이나 숨겨진 요인들이 불행하게도 많이 있다. 쿼트(0.95리터)나 리터들이 병처럼 보인다고 해서 반드시 그 정도 양이 들어 있다고 할 수 없다. 상표에 작은 글씨로 "24 액량 온스 (1쿼트는 32온스) 함유"라고 쓰여져 있을 수 있다. 겉포장은 1파운드(450그램)처럼 보이지만, 식품의 실제 무게는 14온스(327그램), 11온스(312그램) 혹은 심지어 9온스(255그램)에 불과하기도 한다. 법으로 무게는 반드시 "내용량"이라는 이름으로 모든 식품포장에 인쇄하도록 규정하고 있으며, 소비자는 누구나 이 표기를 확인할 수 있지만, 대부분 시간과 수고를 들이려고 하지 않는다. 이 표기는 보통 아주 작은 글씨로 쓰여 있는데, 일부러 그렇게 한다!

이 문제에 너무 과도하게 관심을 갖지 않아도 된다. 시행착오를 겪으면서 차차 체득하겠지만, 여러분이 물건을 살 때 상표를 읽어보고 다른 상품과 비교해 보면 빨리 배울 수 있다. 여러분은 곧 가족이 좋아하고 여러분에게 가장 맞는 상표의 식품을 찾아낼 것이다. 이렇게 신경을 써서 공부해 가면, 식품에 들어가는 경비를 상당히 절약할 수 있다. 미 농림부에 따르면, 모든 슈퍼마켓에서 제공하는 주간 특별행사기간을 주의 깊게 기다리고 있다가 행사하는 품목을 구입하면 1주에 약 6%를 절약할 수 있다고 한다.

만일 할인쿠폰을 신문에서 오린 후에 가게에서 할인 중인 똑같은 상품을 찾았다면, 그 이상 돈을 절약할 수 있다. 어떤 슈퍼마켓에서는 "갑절 쿠폰" 절약 행사를 하기도 하는데, 그 쿠폰에 적힌 금액의 두 배를 절약할 수 있다는 뜻이다.

대형서점이면 어디서나 쇼핑 안내서를 따로 골라 놓는다.

제품 환불

여러분이 어떤 제품을 산 후에 환불받고 싶은 경우, 모든 백화점과 더 규모가 작은 상점에서도 항상은 아니더라도 보통 거의 모든 제품을 환불해준다. 그러나, 반드시 영수증을 가지고 있어야 한다. 어떤 상점에서는 영수증이 없어도 환불해주기도 하지만, 그 경우에는 지금까지 판매한 그 제품의 가격에서 가장 낮은 가격으로만 환불해준다. 이처럼, 여러분이 사간 이후에도 할인행사를 계속 했다면, 여러분이 지불한 가격의 극히 일부만을 환불받는다. 그렇다고, 영수증을 마구 버리지 말고 그 제품에 끝까지 만족하다고 확신할 때까지 기다려야 한다.

할인행사 중, 어떤 때는 상점에서 "모든 할인판매는 이제 끝입니다"라고 소비자에게 알리는 안내문을 붙이는데, 제품교환이나 환불을 해주지 않는다는 뜻이다.

상점에 여러분에게 택배로 온 선물을 환불받고 싶지만 영수증이 없는 경우에는 택배로 온 제품에 붙은 선물 영수증을 보관하거나 포장 겉 표지에 붙은 배달용 표지를 떼어놓아 두어야 한다. 이 표지에는 그 상점의 직원에게는 많은 정보를 담고 있기 때문이다. 이런 배달용 표지가 없으면, 똑같은 값어치를 가진 다른 제품으로 교환해 달라고 해라. 현금으로 환불받기보다 그렇게 하는 편이 훨씬 쉽다.

품질보증서

여러분이 전자제품, 라디오, 텔레비전 또는 난로처럼 주요제품을 새로 구입하면, 이 제품에 여러 서류가 같이 따라온다. 이 중에 품질보증서라는 서류가 있다. 새로 구입한 제품에 하자가 있는 경우, 일정 기간 안에서는 그 제품을 무상수리 할 수 있다. 몇몇 제품은 3-5년까지도 가능하다.

그래서 이 품질 보증서를 꼼꼼하게 읽어보아야 한다. 어떤 경우 구입일자를 확인하기 위해서 엽서를 보내도록 하는 경우가 있다. 그런 경우, 가능한 한 빨리 엽서를 부쳐야 한다. 또 품질보증서 자체에 구입일자를 제품의 일련번호까지 덧붙여 기재해야 한다. 이 제품보증서를 잘 보관해두어야 필요할 때 찾아서 쓸 수 있다. 제품보증서가 **소용이 되려면** 관련서류를 보관해두고 지시사항을 제대로 따라해야 한다. 큰 제품의 경우 추가수수료를 내면 보증기간을 연장할 수 있는데, 구입가의 25%까지 내는 경우도 흔하다. 대부분의 가전제품의 경우 가격이 떨어지기 때문에, 그런 제품을 보증 받으려면 수수료 비용을 잘 계산해 보아야 한다. 컴퓨터, 디지털 카메라, 비디오 녹화기 등의 경우, 6개월이 지나면 더 좋은 제품을 돈을 덜 주고도 살 수 있다는 점을 잘 인식하고 있어야 한다.

수리

제품보증서가 없을 때 진공청소기, 토스터기, 라디오 등이 고장이 나면, 업종별 안내란을 펼쳐서 "가전제품-수리"나 "라디오 (진공청소기 등) 수리" 항목을 찾아서 본다. 가능하다면, 여러분이 소유한 제품명을 취급하는 수리점을 찾아본다. 도자기, 유리, 지퍼 등 다른 수리를 맡기려면, 대부분 업종별 안내란에 제품 항목별로 게재한 부분을 찾으면 된다. 하지만, 수리하는 비용이 상당히 비싸다. 특히 덩치가 큰 장비나 가전제품을 수리하려고 수리공을 집으로 부른 경우, 그 제품을 살펴보기만 하는데도 최소 비용이 들 수도 있다. 안타깝지만, 크기가 작은 가전제품인 경우 대부분 수리하기보다 새 제품을 사는 편이 더 싸게 든다.

전화 통신판매

누군가 전화상으로 여러분에게 어떤 제품을 팔려고 들면, 그냥 "괜찮습니다"라고 말한 후 전화를 끊고 더 이상 말을 하지 않아도 된다. 신용카드, 장거리전화 서비스, 잡지 등 온갖 것들에 대해 말하지만, 절대 말려들어서는 안 된다! 온갖 시상품, 공짜 시범, 또는 공짜 선물을 가지고 여러분을 혹하게 만들려고 할지도 모른다. 대부분의 이름 있는 회사들은 이런 방법을 써서 물건을 팔려고 하지 않으며 (물론 몇 회사들은 그러는 경우도 있지만) 방문판매사원을 통해 영업을 하지도 않는다. 미국에 처음 온 사람들은 전화통신판매라는 요행수를 바래서는 안 된다. 전화통신판매를 하는 것은 무모한 것이다. 사실, 2003년 현재, 여러분의 전화번호를 전국 "통화거부" 명단에 등록해 달라고 요청할 수 있다(www.donotcall.gov/). 이 명단에 있는 전화번호에 전화를 거는 전화통신판매원은 피해자에게 지급할 $500의 벌금을 부과 받는다. 이 사건은 소액재판에 제소할 수 있다.

할부계획

일반적으로 말하자면, 제품이나 서비스를 구매하고자 할 때 대금의 일부를 내고 나머지는 할부, 대개는 월부로 지불하는 할부계획으로 구매하지 않는 것이 좋다. 금리와 수수료가 비싼데, 대부분 화려하게 인쇄된 속에 그 내용이 숨겨져 있다. 한번 그 계획에 동의한다고 서명해버리면, 그 대금을 지불할 의무가 주어진다. 이 문제에는 해결책이 없기 때문에 주의 깊게 처신해야 한다. 부동산 구입 시 부동산담보대출, 자동차 구입 시 필요한 자금대출이나 상당한 고액상품 구매할 때 필요한 대출 등은 필요하다. 하지만, 텔레비전, 스테레오 음향기기, 식기세척기 같은 사치품이나 카리브해의 태양이 작열하는 해안가로 가자는 솔깃한 여행을 가는데 여러분 자신을 매월 납부해야 하는 부담으로 옭아매지 않도록 하는 것이 좋다. 보통 여러분은 모든 수수료와 금리비용을 모두 합산할 경우, 정상가의 3분의 1 혹은 반 정도를 더 지불해야 한다. 신용카드를 이용해서 구입한 후에 청구된 총액 중 일부만 매월 갚아나가는 경우도 기본적으로는 할부구매와 같다. 신용카드가 간단하다는 장점은 있지만, 만약 매월 모두 정산하지 못한다면 추가비용이 부과된다.

가격비교와 가격할인

미국인들도 다른 나라 사람들과 같이 비싼 가격으로 물건을 사려고 하지 않는다. 그 대신 미국인들이 하는 일은 가장 싼 가격에 본인들이 원하는 제품과 품질을 파는 가게를 찾으려고 돌아다닌다. 미국에서 판매하는 거의 모든 물건의 가격은 가게마다 계절마다 다르다(성탄절 직전이 가장 비싸며, 성탄절 직후나 많은 가게들이 할인판매를 실시하는 8월이 가장 싸다). 할인판매는 대부분 대통령의 날, 현충일 및 노동절 같은 국경일에 실시한다. 할인판매가격은 보통 각 제품의 가격표를 고치지 않고 제품전시대 위에 표지판을 달아서 표시한다. 여러분은 그 할인판매가격으로 청구되었는지 확인하는 것이 좋다. 컴퓨터가 정확하지 못한 일이 아주 없는 것도 아니기 때문이다. 그 할인가격은 정상가에 할인한 비율을 나타내기도 하고 금액이 적혀 있는 경우도 있다.

　　간혹 제품가격은 주세나 지방세에 따라 달라진다. 가령, 많은 사람들이 주 경계선을 넘어서 주류, 담배, 전자제품 등을 사기도 하는데, 주에 따라 그 제품에 대한 세금이 차이가 많기 때문이다.

돈을 절약하는 것이 중요하다면, 여러분이 사는 도시에 할인점을 찾아보기 바랍니다. 이 할인점은 전국 방방곡곡에 산재해 있고 인기가 점점 높아지고 있다. 이 매장에서 팔고 있는 대부분은 다른 가게에서 팔고 있는 제품과 비교가 가능한데, 할인점은 다음의 이유들로 더 싼 가격이 가능하다. 판매사원이 더 적다 (당연히 서비스가 더 없다). 보통 냉장고 같이 무거운 제품이 아니면 배달해 주지 않는다. 매장공간을 100% 이용하므로 매장이 혼잡하다. 환상적인 카펫이나 비싼 실내장식을 하는 비용을 절약하기 위해서 실내장식은 단순하다. 제품은 모개로만, 다시 말하면, 덕용제품, 대용량이나 창고처럼 천장까지 쌓아 놓고 판매하기도 한다. 이 할인점은 (서킷 시티 같은) 전자제품가게, (마샬, 로스 드레스 퍼 레스 같은) 옷가게, (홈 디포, 홈 베이스, 로우스 같은) 대규모 철물, 집 장식 및 수리 가게, (오피스 맥스, 스태이플즈, 오피스 디포 같은) 사무용품 가게 및 (월마트, 케이마트, 타켓 같이) 거의 모든 물건을 판매하는 대형할인점을 가리키기도 한다.

이들 가게 중 (프라이스 클럽, 코스트코 그리고 샘스 클럽 같이) 몇몇 가게는 회비를 내야 한다. 이 할인점은 너무 다양하고 많은 제품을 보유하고 있기 때문에, 이 제품 사이를 왔다 갔다 하기만 해도 처음 보는 제품의 영어 이름을 배우는데 도움을 준다는 점을 알아낸 미국에 새로 온 사람들에게 이 할인점은 흥밋거리다. 또 빌딩 19, 빅 롯츠, 오드 롯츠 및 달러 스토어처럼 품질은 좋지만 단종한 가사제품을 아주 싼 가격에 파는 땡처리 전문점도 있다.

할인점에 가보면 대부분 긴 선반에 걸려 있는 옷가지를 볼 수 있다. 신발, 양말이나 속옷가지들을 상자 안에 쌓아 놓는다. 가능하다면 친숙한 상품명이 달린 물건들을 찾는 것이 좋은데, 이웃이나 친구에게 동행해서 같이 가자고 해보라. 이 물건들은 다른 가게에서 비싼 값에 살 수도 있는 제품과 아주 똑같은 것일 수도 있긴 하지만, 보통 원단이 나쁘고 완성도가 떨어진다.

중고품 구입

미국에서는 사람들이 많이 이사를 다니기 때문에 중고 가사제품들을 판매하는 경우를 쉽게 볼 수 있다. 중고품을 사는 경우는 여기에서는 다반사다. 젊은 신혼 부부들이 이런 식으로 새 집을 꾸민다. 쇼핑하는데 시간과 돈을 많이 들이고 싶어하지 않는 사람들은 간혹 다른 곳으로 멀리 이사 가는 사람에게 아파트 전체 가구를 사기도 한다.

대부분 지역사회에는 항목별 광고 밖에 없는 주보가 있다. 그 주보를 보거나 지역 일간지나 주간지를 보면, 광고항목에서 다음 같은 광고를 볼 수 있다.

"이사, 모든 가구 판매"
"캘리포니아로 이사; 책상, 대형 시계, 어린이용 자전거 판매"
"집수리, 단풍나무 재질의 거실 가구 세트 판매"
"식당 가구 세트 판매"
"퀸 사이즈 침대, 상태 양호, 새것과 다름없는 매트리스 포함 판매"

관심을 끄는 물건이 있으면, **당장** 전화를 걸어야 한다. 어떤 물건은 정말 빨리 팔리는 경우가 많다. 물건이 남아 있다면, 당장 가서 물건을 살펴보아야 한다. 괜찮아 보이면, 가격협상을 해볼 수 있다. 그리고 나서 산 물건을 집까지 가져올 방안을 강구해야 한다. 이 문제가 심각한 문제일 수도 있지만, (픽업트럭이나 밴 차량이 있는 친구가 없다면) 가장 손쉬운 해결책은 지역신문이나 업종별 안내란에서 "트럭운송"이나 "이삿짐 운반" 항목 란에서 광고를 보고 트럭을 가지고 있는 사람을 찾는 것이다. 아니면, 라이더, 유홀이나 다른 렌트카 회사에서 밴, 트럭 혹은 (여러분 차로 견인할 수 있는) 트레일러를 임대하면 된다. 그 물건을 잡아두기 위해서 계약금을 주고 **영수증을 받아두어야 한다.** 그 물건을 다시 돌아와서 찾을 때까지 돈을 모두 지불해서는 안 된다. 대부분 사람들이 정직하지만, 몇 사람들은 그렇지 못하다 — 그러므로, 조심해야 할 필요가 있다.

⌘ 경매, 차고세일 및 앞마당세일   차고세일이나 앞마당세일은 너무나 흔하다. 사람들은 자기네들이 더 이상 필요하지 않거나 원치 않는 가구, 유리제품, 도자기, 옷가지, 책, 장난감 등을 모두 모아서 차고나 집 뜰 잔디밭에서 하루나 이틀 동안 판매를 한다. 때로는 몇 가정이, 어떤 경우는 이웃 전체가 공동으로 협동판매를 하기도 한다. 대부분의 앞마당세일이나 차고세일은 지역신문에 광고하기도 하지만, 더 소규모 세일은 판매장소 가까이 있는 거리에 표지판으로 알린다. 많은 사람들이 토요일 아침에 이런 세일을 찾아서 차를 타고 돌아다닌다. 괜찮은 거래를 할 수도 있고, 물건 주인과 다른 고객과 이야기 나누어 보는 것도 재미 중 하나다.

이렇게 물건을 사는 것은 가게에서 새 장비를 사서 배달시키는 것보다 훨씬 힘이 들지만, 가격 면에서 보면 아주 싸다. 대부분의 경우 진짜 좋은 물건을 싸게 살 수 있다. 특히 주인이 이사를 가야 하기 때문에 자기 물건들을 급히 처분해야 하거나, 경매의 경우처럼 누군가가 사망해서 재산을 처분해야 하는 경우라면 더 그렇다.

⌘ 중고품 할인점   중고품 할인점은 (선의재단이나 구세군 같은) 자선단체에서 운영하는데, 먼저 중고의류, 스포츠장비, 책, 도자기, 유리제품, 가구 등을 수집하고 난 뒤에 판매한다. 자선단체에서는 판매를 통

해 얻은 수익금은 특정 학교, 병원, 요양원이나 다른 기관에 기부한다.

이런 중고품 할인점에서 물건을 산다고 해서 체면이 구겨지지 않는다. 대부분의 중산층이나 상류층 사람들이 이 중고품 할인점에 기부를 하고 운영하면서 이 중고품 할인점에서 물건을 구입하기도 한다. 이 중고품 할인점은 (어린이는 옷을 많이 입어보기도 전에 빨리 자라기 때문에) 어린이용 의류나 야회복 같은 물건을 사려는 경우 아주 적격이다. 야회복은 부유층 사람들이 몇 번 입어보고 기부하고 우리들도 입어볼 기회가 별로 없기 때문에 최소의 가격으로 사고자 하기 때문이다. 대부분의 사람들이 중고품 할인점에 가서 스케이트, 테니스 라켓, 책, 사진, 전등이나 새로 산 집에 필요한 몇 가지 물건을 산다. 이름난 중고품 할인점에 들어오는 모든 의류는 세탁하거나 드라이크리닝 해서 검사를 받아야 한다고 법으로 규정해 놓았다.

비교적 새로운 형태의 중고품 할인점은 중고품 위탁판매점인데, 보통 여성의류 (간혹, 어린이용 의류), 구두와 액세서리를 전문으로 취급한다. 판매업자는 판매하면 그 물건을 판 가격의 일부를 일정비율로 받는다.

인터넷 판매, 카탈로그 통신판매, 홈쇼핑

미국에서 가장 규모가 큰 소매업 중 하나는 카탈로그와 인터넷을 통해 택배로 보내는 판매다. 카탈로그는 정기적으로 우편으로 보내오고, 고급 식료품에서부터 모피코트까지 어떤 물건이든지 우편, 전화나 인터넷으로 구매할 수 있다. 이 분야가 성공하게 된 이유는 여러 가지가 있다. 사람들은 특히 맞벌이 부부 가정인 경우 쇼핑할 시간이 적고, 소매업자들은 수많은 사람들과 접촉이 가능하다. 가장 중요한 이유는 우편판매가 편리하고, 특히, 노년층이나 쉽게 이동하기 어려운 사람들에게 더욱 편리하다. 물론, 단점은 옷 같은 경우 입어보지 못한다거나 제품을 살펴볼 수 없다는 점이다. 이런 방식으로 판매하는 대부분의 회사들은 상당히 명망을 얻고 있으며 소비자들이 제품에 만족하지 못하면 즉각 제품을 교환해 준다. 한 번도 산 적이 없는 회사에서 카탈로그가 왔다고 해서 놀라지 않아도 된다. 대부분의 카탈로그 통신판매 회사들은 다른 회사에 자기네 고객명단을 팔아서 추가수입을 올린다.

이베이 같은 인터넷상의 경매 사이트는 신제품과 중고제품을 구입하는데 소비자에게 아주 인기가 많다. 경매 사이트에서 팔고 있는 제품 가지 수를 보면 놀랄 것이다. 시장가격을 공부하는데 시간을 쏟을 수만 있으면 꽤 괜찮은 거래를 할 수 있다. 여러분이 원하는 제품과 비슷한 물건이 최근에 팔렸는지 다른 구매자들이 다양한 판매업자에게 어떤 평가를 내렸는지 확인할 수 있다. 책, 의류, 장난감과 게임, DVD 이외에도 많은 물건을 살 수 있다. 항상 그렇지만, 구매자들이 조심해야 한다.

최근에, 수많은 텔레비전 홈쇼핑 채널, 심지어 24시간 방송하는 채널까지 텔레비전 시청자를 겨냥해서 생겨났다. 이들 홈쇼핑 채널에서는 지역의 가게에서 가격을 자주 비교해 볼 수 있기는 하지만 상당히 가격을 낮춘 할인가격에 제품을 내놓는다. 의류, 보석, 시계, 여행가방, 장난감에서부터 소형 부엌용품, 철물, 그리고 운동기구까지 다양한 제품을 보여준다.

텔레비전 홈쇼핑 채널에서 주문을 하려면, 우선 원하는 제품을 선택한 후, 전화로 주문을 하면서 신용카드, 우편환, 수표로 지불을 하고 주문한 제품이 도착할 때까지 기다리면 된다.

주의해야 할 점을 말하면, 많은 사람들이 원하지도 않고 필요하지도 않은 제품을 이 홈쇼핑 채널을 보고서 제품을 충동적으로 주문하는데 지불할 능력이 없는 경우가 많다. 텔레비전 홈쇼핑 쇼호스트들이 "시간제한"할인을 이용하려면 빨리 전화를 걸어야 한다고 부추기면 여기에 너무 쉽게 넋이 나간다. 이런 상황을 피할 수 있도록 주의해야 한다. 또한 이러한 제품들의 품질은 너무나 차이가 많다.

18 │ 가사 도우미와 애보기

入주 가사 도우미는 최상류층 미국인이 아니면 생각하지 못할 정도로 비싸다. 가사 도우미가 하는 가장 흔한 형태로 (1) 1주에 한두 번이나 2주마다 오는 청소도우미 그리고 (2) 부모들이 외출했을 때 아이를 돌봐주는 돌보미가 있다. 그 외에는 가공조리 포장식품, 마이크로 오븐, 다림질이 필요 없는 옷, 식기세척기, 세탁기 등 모두 시간절약 및 노동절약형 발명품들이 가사 도우미를 대신하고 있다.

집안청소나 파티 도우미

집안청소를 해줄 사람을 알아보는 가장 좋은 방법은 잘 알고 지내는 주위사람들에게 추천해달라고 물어보는 것이다. 우선 친구나 직장 동료한테 물어봐라. 이런 일은 흔히 하는 부탁이기 때문에 당황해 할 필요가 없다. 마치 의사나 치과의사를 추천할 때처럼, 서로 가사 도우미를 찾아 주는 것을 도와주는데 미국인들은 익숙해 있다. 사람들이 시간여유가 있는지 혹은 일을 하고 싶어 하는 친척이나 친구를 알고 있는지 알고 있다면 가사 도우미를 소개해 달라고 물어온다.

여러분이 사는 아파트 관리인이나 소장에게 물어볼 수도 있다. 어쩌면 이미 아파트에서 일을 하고 있지만, 일을 더 하고 싶어 하는 사람이 있기도 한다. 간혹, 동네 세탁소, 식료품가게, 약국 등에서 일하는 직원이 알려주기도 한다. 여러분이 단골로 알려져 있다면, 그 직원이 사람을 조심스럽게 추천해 줄 수도 있다.

구전을 통해 필요한 사람을 구할 수 없으면, 다른 방법이 있긴 한데 만족할 만하지 못할 수 있다. 가령, 업종별 안내란에 실린 도우미 서비스를 이용할 수 있다. 이 서비스는 더 비싸기도 하지만, 다른 한편으로 사회보장 연금 지불, 보험 등 골치 아픈 세부사항에 대하여도 책임을 져야 한다. 또 집안청소 서비스를 해주는 회사들도 있다. 고객의 집을 주간, 2주간 혹은 월간 계획에 따라 청소해 주는 장비를 잘 갖춘 팀을 보내기도 한다. 그리고 고객이 요청하면, 일정한 기간 동안 1년에 한두 번 창문을 닦고 카펫 청소를 하기도 하고 이 정도로 힘든 다른 일들을 해주기도 한다. 집안청소 대행은 미국에서 급성장하는 산업인데, 보통 뛰어난 서비스를 제공하기 때문이다.

또 한 가지 더 생각할 수 있다면, 직업소개소를 이용하는 것이지만, 보통 가격이 비싸서 사람들이 그리 선호하지 않는다. 그 사람이 보통 비싼 수수료 때문에 계약기간을 지나면 신청한 고객을 위해 일한다는 보장이 없다. 더군다나, 수많은 사람들을 면접해 보아야 할지 모른다. 이 방법을 채택하려면, 채용할 인력과 그 직업소개소에 모두 신원보증을 요구해야 한다. 모든 직업소개소가 믿을 만한 것이 아니기 때문이다.

아니면, 청소해 줄 사람을 신문에 광고를 내어 찾는 것이다. 이 방법을 쓰면 어려운 점은 면접하러오는 사람에 대하여 아무것도 모른다는 점이다. 이 방법을 써야 한다면, 채용하기 전에 모든 신원보증서를 주의 깊게 확인하고 영어를 아주 잘 하지 않으면 이 방법을 쓰지 않도록 하는 것이 좋다.

마지막으로 신문에 난 광고를 보고 사람을 쓰는 것이다. 일을 하고 싶은 사람들은 흔히 자기가 할 수 있는 일을 광고에 낸다. 이런 방법으로 도우미를 찾는 방법은 아주 작은 동네와 시골에서는 쓸 만한 방법인데, 이런 지역에서는 할 만한 사람을 찾기가 쉽기 때문이다. 동네 규모가 크거나 대도시에서는 면접도 아주 조심스럽게 해야 하고 신원보증도 철저하게 확인해야 한다. 가장 가능성이 높은 경우는 외국어 신문에서 찾아보는 경우다.

소규모 출장 연회 서비스 회사는 가정파티를 전문으로 한다. 이 회사는 자기네가 미리 준비해 음식을 가져오거나 음식준비를 고객의 부엌에서 하기도 한다. 고객은 이 회사에게 고객이 필요하다고 생각하는 모든 것을 도와 줄 수 있는지 물어보거나 아니면 고객이 필요하다고 생각하는 것으로만 제한해서 회사와 논의해야 한다. 여러분이 즐기고 싶은 파티에 가려고 한다면, 그 파티를 위해서 도와 줄 것이 있는 지를 미리 알아보는 차원에서 파티 주최자에게 출장 연회 서비스에게 시켰는지 아니면 다른 도우미를 채용했는지 물어보는 것이 좋다. 사람들은 추천해 주면 보통 고마워해 한다. 시간 단위로 웨이트리스, 요리사, 바텐더나 집사를 채용할 수 있다.

만약 대학이 소재한 도시에 살면, 대학의 인력채용센터에 전화를 하면 된다. 몇 대학에서는 학생들이 일을 얻을 수 있게 집안청소 기술이나 바텐더 기술을 가르치는 특별 훈련 프로그램을 운용하기도 한다.

애보기

미국 성인들은 이사를 자주 다니며 부모와 멀리 떨어져 사는 경우가 많다. 자신의 가정을 꾸미고 자신만의 생활방식을 만들어 가기 때문에, 아이들은 다른 문화에서처럼 조부모, 고모나 이모, 삼촌, 그리고 사촌들과 어울리며 자라지 않는다. 대부분의 가족들이 아이가 하나이거나 연령차가 거의 없는 아이 둘이나 셋으로 구성되어 있어서, 한 아이가 다른 아이들을 돌볼 정도로 큰 경우가 없다. 현대 미국 가족의 경우 한부모와 맞벌이 부모가 흔한 현실을 감안하면, 애보기가 미국적 현상의 가장 중요한 부분이라고 할 수 있다.

⌘ **돌보미**　　　"돌보미"는 부모가 저녁에 파티에 참석하거나 수업을 들으려고 외출을 해야 할 때 일정시간, 대체로 짧은 시간이긴 한데, 아이를 돌보게 고용된 사람을 말한다. 간혹 돌보미를 장기간 고용하기도 하는데, 부모가 주말에 여행을 갈 때 그렇게 한다. 이런 경우 돌보미는 인격적으로 성숙하고 어머니 같은 여성인 경우가 많다. 단기간 돌보미를 고용하는 경우, 십대 학생, 대학생, (남녀 구별 없이) 학생이 아닌 돌보미들은 시간제로 보통 고용한다.

편리하다는 관점에서 보면, 가장 좋은 돌보미들은 같은 아파트 건물에 살거나 이웃에 가까이 사는 젊은이들이다. 이런 경우, 그 부모를 만나고 돌보미를 직접 면담할 수 있기 때문이다. 다른 이점은 밤에 돌보미 될 사람을 보려고 멀리 가거나 비싼 택시비를 물 필요도 없다는 점이다. 끝으로, 젊은 사람이 옆에 살면 급하게 부르거나 아주 잠깐 동안 애를 봐주어야 할 때 빨리 부를 수 있다.

아파트 단지 내에서라면, 관리소장에게 우편함 옆에 돌보미를 구한다는 광고를 붙일 수 있게 허가를 낼 수 있다. 이 방법이 이 아파트 단지에서 애보기에 관심이 있는 사람을 찾을 수 있는 가장 좋은 방법이다. 퇴직한 사람이나 학생들은 보통 이렇게 적은 돈이라도 돈을 벌려고 한다.

돌보미를 구할 수 있는 가장 좋은 곳은 가까이 있는 대학 캠퍼스다. 학생들은 보통 비는 시간에 돈을 조금 더 벌고 싶어 한다. 가장 좋기로는 돌보미를 필요로 하기 전에 학교로 가서 게시판에 광고를 붙일 수 있는지 또는 학생신문에 광고를 낼 수 있는 지 알아보는 것이다. 운이 좋다면, 고향 말을 할 수 있는 학생을 한두 명 찾을 수도 있다.

하지만, 학생을 쓸 때 불리한 점은 보통 저녁에는 바빠서 구할 수 없고, 휴일에는 아예 없고, 종종 친구를 불러들인다는 점이다. 이점은 소개소를 통했을 때보다 훨씬 비용이 싸고, 젊기 때문에 아이들과 재미있게 놀 수 있다는 점이다.

다른 곳으로는 지역 YWCA나 걸스카웃에 있는 게시판을 들 수 있는데, 여기에서도 돌보미를 소개해주기도 한다. 걸스카웃 단체에서는 나이든 여학생을 훈련시켜서 봉사점수를 따게도 한다. 만일 여러분이 누군가 집안에 머물면서 아이들과 놀아주기를 원하면 이 돌보미들이 아주 좋은 후보들이다. 이들 자신이 젊기 때문에, 여러분은 여러분의 아이들을 교통이 복잡한 곳으로 데려가는 등 집 밖에서 책임질 만한 일을 이들에게 맡기기 원치 않을 것이다.

친구를 만들고 싶다면, 이들 십대들에게 애보기를 좋아하는지 주저 없이 물어보는 것이 좋다. 보통 이들은 아주 좋아한다. 애보기가 십대 특히 여학생들에게 아주 일반적인 일이어서 애를 맡아 줄 수 있는지 물어보는 것을 부끄러워하지 않아도 된다. 대부분 엄마들은 서너 명의 돌보미 명단을 가지고 있는데, 돌보미와 애가 서로 알고 싶어 하고 좋아한다. 이런 식으로 좋아하는 돌보미가 시간이 안되면 명단 속의 다른 돌보미에게 전화를 걸으면 된다.

젊은 부부가 아이가 있으면 돈이 빠듯해서 힘들게 사는 학생 부부의 경우 다른 학생부부와 교환협정을 맺고 일주일에 몇 시간 혹은 밤에만 몇 번 서로 바꿔가며 아이를 봐준다. 엄마들은 낮 시간도 바꿔가며 아이를 봐주면, 서로 번갈아가며 쇼핑하거나 시간제 근무를 하거나 수업을 듣거나 미장원에 가거나 친구와 만나기 위해서 정기적으로 혹은 틈나는 대로 오후시간에 시간을 활용할 수 있다.

돌보미 비용은 지역과 나이에 따라 차이가 많이 난다. 예를 들면, 나이든 여성보다는 십대들이 비용이 저렴하다. 아이가 잠이 든 후부터 자정까지 아이를 볼 때보다 낮 시간에는 돈을 더 주어야 한다. 이 시간 이후에 돌보미를 쓰려면 비용이 더 든다. 여러 애를 돌보아야 한다거나 식사 준비를 해야 한다면 당연히 비용이 더 든다. 대부분의 돌보미들은 요리를 하고 싶어 하지 않기 때문에 여러분이 준비해둔 음식을 아이에게 먹이는 일 정도는 보통 기대할 수 있지만, 음식을 만들기를 기대하지 않는 것이 좋다.

아이가 어려서 학생보다는 나이도 먹고 경험도 많은 사람을 찾으려면, 업종별 안내란에서 "유모"나 "돌보미 서비스" 항목을 찾아보는 것이 좋다. 한 달에 몇 시간이라도 정기적으로 같은 돌보미를 쓰려면 직업소개소를 통해서 돌보미를 소개받지 않는 한 사회보장세를 내주어야만 한다(아래 참조). 이 경우, 직업소개소에서는 필요한 서류작업을 해준다.

⌘ **어린이집**　　어린이집은 부수입을 벌려고 낮 시간에 다른 집 아이 몇몇을 자기 집에서 돌보아 주는 전업주부(혹은 살림하는 아빠)의 형태부터 대형 상업적 기업형태까지 다양하다. 대부분의 주정부는 어린이집에게 인가를 해주면서 감독하기 때문에, 여러분이 사는 주정부의 인가 기준을 잘 이해해서 그 의미를 아는 것이 아주 좋다. 하지만 대부분의 경우, 개업허가란 공급자가 공표하는 최소한의 필수 조건을 말하는 것이지 관인 어린이집이라고 해서 주

정부의 감사를 받았거나 소속 직원들이 평가를 받았다는 것을 뜻하지 않는다. 물론 더 높은 기준을 가지고 있는 사립 어린이집 협회도 있고, 이 기준에 맞는 공인 어린이집도 있다. 전국 어린이교육 협회(www.naeyc.org/), 애보기 자원 및 소개 네트워크(www.nccrra.org/), 애보기 중요성 인식(www.childcareaware.org/) 등이 모두 훌륭한 애보기 프로그램이다. 여러분 회사의 고용주나 동료직원들이 추천해주기도 한다. 결국에 가서는 써본 돌보미에 대하여 만족한 부모들이 개인적으로 소개해주는 것이 어쩌면 가장 믿을만한 방법일지 모른다. YMCA와 YWCA 같은 대부분의 종교단체에서도 주중에는 어린이집을 운영한다. 꼭 회원이 되어야만 부모들이 자기 아이를 등록시킬 수 있는 것은 아니다. 어떤 종교단체에서는 애보기를 좋아하는 회원들 명단을 만들어 놓기도 한다. 또 어떤 종교단체에서는 주중에 어떤 오후 날에 단체 애보기를 준비해 놓기도 해서 그 동안 엄마들이 쇼핑을 하거나 꼭 참석해야 할 행사에 참석하기도 한다. 또 대부분의 종교단체에서는 일요일 (혹은 토요일) 오전에 유아원과 유치원 서비스를 제공하고 있기 때문에 부모들은 그 시간에 종교행사에 참여할 수 있다. 이런 곳에서는 이런 서비스에 비용을 받지 않거나 받더라도 극히 적은 명목상의 비용만 받는다.

공사립 어린이집과 인보관들은 여러분의 지역사회 안에서 훌륭한 자원이다. 지역신문에 광고가 나있기도 하지만, 좋은 어린이집은 항상 부족해서 자주 이웃이나 친지에게 물어서 어린이집에 대해 알고 있어야 한다. 여러분의 아이를 대기자 명단에 올려놓는 것이 필요하기 때문에 일찍 알아본다고 해서 결코 이르지 않는다. 한 가지 주의할 점은 조심스럽게 확인하고 또 친구나 동료로부터 소개받거나 개인적으로 추천 받지 않고 어린이집이나 유아원을 고르지 말라.

가사 도우미 부과세

가사 도우미에는 요리사, 집안청소 도우미, 돌보미, 잡역부, 운전기사 그리고 정원사 같은 노동자가 있다. 특별한 경우, 가사 도우미들이 받는 전체 임금 중의 일정 부분에 사회보장세를 부담해야 할 경우가 있다. 이 금액은 피고용인이 내는 금액에 대응해 내는 경우도 있고, 여러분이 모든 비용을 지불해야 하는 경우도 있다. 여러분은 고용주로서 매 분기 말 이후 30일 안에 지방 국세청에 세금분담액 총액을 납부할 의무가 있다. 여러분이 첫 세금분담액을 송금하면, 지방 국세청에서는 분기마다 안내장을 보내준다. 제때 세금을 납부하지 않으면 과태료를 내야 한다. 하지만 여러분이 세금을 전부 낸다 하더라도 그 납부액은 많지 않다.

　세금에 관해서 여러분이 담당해야 할 의무가 어떤 것인지 알려면, 공인회계사 같은 세무조정자의 자문을 받아야 한다. 또한 가장 가까운 국세청에 전화를 해서 세금 납부에 관한 올바른 절차와 양식을 물어볼 수 있다. 만약 여러분 친구나 이웃이 가사 도우미를 고용하고 있으면, 이 문제를 어떻게 해야 할지 물어 보는 것이 좋다.

19 | 어린이 교육

교육은 미국 생활의 중요한 일부이다. 다양한 교육 중 어느 하나를 선택해야 한다는 것은 다른 나라에서 온 외국인이 이해하기 어려운 일이다. 18세에서 25세에 이르는 미국 전체 젊은이 중 반이 단과대학, 종합대학교나 기술학교에 재학 중이다. 모든 소년소녀들은 16세까지 학교교육을 받아야 한다. 이 인구계층이 받을 수 있는 교육의 범주에는 세 가지가 있다. (1) (공적 자금을 받아 교사, 부모 등이 지방 교육청과 계약을 맺어 설립한 특별인가학교, 특정교과목을 중점적으로 교육시키는 특수목적학교, 직업학교를 포함한) 공립학교, (2) (종교, 기숙, 주간, 몬테소리 및 발도로프학교를 포함한) 사립학교, 그리고 (3) 재택학습.

교육이란 모든 사람을 위한 것이다. 학교란 아이들의 능력에 상관없이 모든 아이들의 수요를 충족시켜 주어야 한다. 또한 사회의 수요도 충족시켜야 한다.

이 말은 국민의 세금 지원을 받는 공립학교는 학술적인 과목 이상의 것을 제공해야 한다. 고등학교에서 수학, 역사, 언어 같은 전통적인 학술 과목과 더불어 타자, 바느질, 라디오 수리, 컴퓨터 프로그래밍, 운전교육 같은 과목을 가르치는 것을 알고는 대부분 깜짝 놀란다. 학생들은 주정부의 요구, 본인들의 관심, 미래의 목표, 능력에 따라 수많은 과목 중에서 선택해야 한다. 미국 교육이 우선시 하는 목표는 모든 아이들이 본인들이 가진 능력을 최대한 발휘하도록 가르치며, 시민의식과 공동체의식을 갖추게 하는 것이다.

　미국의 인구 분포는 너무 다양하기 때문에, 학교는 국민적 일체감을 조성하고 미국으로 쏟아져 들어오는 수백만의 이민들을 미국화시키는 데 중요한 역할을 전통적으로 담당해 왔다. 또한 학교는 공동체 사회, 특히 소도시에서 중요한 역할을 한다.

　미국인의 교육에 비격식적이고, 다른 나라 사람들은 사실을 배우는 것을 강조하는데 비해 미국인들은 덜 강조하기 때문에, 다른 나라 사람들은 미국인의 교육관을 잘 이해하지 못한다. 그 대신, 미국인들은 자녀들이 스스로 생각하고, 분석하며, 탐구하고 자신들의 지적 능력과 창조적 능력을 개발하도록 가르친다. 학생들은 자원 자료 활용법, 도서관 이용법 및 컴퓨터 사용법 등을 배우는 많은 시간을 들인다. 아이들이 사고하고 연구하는 법을 배우면, 인생을 살아가면서 자기네들이 필요로 하는 사실이면 무엇이든 찾아낼 수 있을 것이라고 미국인들은 믿고 있다. 지식이란 보통 점진적으로 사라져 가버리기 때문에 문제 해결방법을 아는 것이 사실을 많이 알고 있는 것보다 더 중요하다고 생각한다.

　컴퓨터를 교실에서 많이 사용하고 있는데, 보통 유치원에서 배우기 시작한다. 여러분의 자녀가 컴퓨터 사용법을 모른다면, 여러분이 본국에 있을 때라도 자녀들에게 미리 컴퓨터 교육을 시키면 자녀들이 도움을 많이 받을 수 있다. 여러분이 미국에 와서 이런 교육과정을 찾으려면, 학교에 가서 상담을 하거나 동네 컴퓨터가게에 가서 어디에서 컴퓨터 교육을 받을 수 있는지 문의하는 것도 좋다.

　　어느 가족이든 한 지역에서 다른 지역으로 이사를 가게 되면, 자녀들의 학교 문제가 언제나 시급한 일이 되는 것은 너무나 당연하다. 여러분이 소도시에 살지 않는 한, 갈 수 있는 학교는 다양하다. 공립학교, 교구학교, 사립학교도 있고, 통학학교 혹은 기숙학교도 있고, 남녀공학학교 또는 남학생만 다니거나 여학생만 다니는 학교도 있다. 전통적 학교도 있고 실험학교도 있는데 여러분이 이 중에서 선택하는 것이 가능하다.

학년

대부분의 지역에서 새 학년은 8월 말이나 9월 초에 시작하며 다음해 6월 중순이나 6월 말에 끝난다. 소수의 학교에서는 보통 고등학교에서 여름학기를 열기도 한다. 이 여름학기는 선택사항이지만, 학생들에게 그 동안 놓쳤거나 낙제점을 받은 학과목을 보충할 기회가 되기도 하고, 정규학기에 시간이 없어서 듣지 못했던 학과목을 미리 수강하거나 추가로 이수하기도 하고, 또는 새 학기가 시작하기 전에 학교 환경에 친숙할 기회가 될 수 있다. 여름학기는 보통 오전 중에 강좌를 열고 오후에는 스포츠, 견학 및 레저 활동 같은 과목을 개설한다.

　　9월 정규학기에 입학하려는 십대 자녀를 데리고 봄에 미국으로 입국한다면, 영어능력을 향상시키거나, 친구를 사귀거나 자신감을 얻을 수 있게 자녀들이 여름학기에 등록시키는 것도 고려해 볼만하다. 새롭게 관심을 불러일으키는 경향이 몇몇 학교 특히 태평양 연안지역의 학교에서 생겼는데, 여름 방학을 길게 가질 것이 아니라 1년 내내 학기를 계속하려는 경향이 있다.

유아원과 예비학교

예비학교와 유아원은 형태가 다양해서 어떤 종류의 학교가 인근지역에서 가능한 지는 그 지역에 도착할 때까지 기다리는 것이 좋다. 사립 유아원의 경우 보통 등록금이 비싸지만, 비격식적인 놀이모임, 종교단체 부속 유아원, YMCA, YWCA, 또는 등록금이 덜 비싼 곳이 대부분의 지역사회에는 있다.

어린아이들은 보통 이 곳에 일주일에 이삼일 하루 서너 시간 정도만 다니지만, 함께 나누기, 선생님 지시 따르기, 그리고 한 모둠의 구성원이 되는 것을 배우기 시작한다. 또한 자기 또래의 다른 아이들과 어울리는 것을 배우는데 도시 생활에서는 보통 보기 어려운 일이다.

여러분이 어린아이들이 많고 놀만한 장소가 바깥에 있는 곳에 산다면, 이런 조직화된 모둠이 필요하지 않을 것이다. 하지만, 감정이 메마른 아파트 단지에서 살면 어린아이들은 때때로 외로움을 느낀다. 덧붙여 말하면, 어린아이들이 학교에 간다는 일이 적응하기 어려운 일인데, 학교가 시작하기 전이라도 아이들이 미국식 생활방식과 영어를 배울 수 있게 약간의 도움을 주고 싶어 할 수도 있다.

집 근처에서 예비학교를 찾을 수 없더라도, 아이들을 위한 발레교실, 미술교실, 체조교실, 수영교실이나 기타 과외활동을 가르쳐 주는 곳을 찾을 수 있는데, 이런 곳에서 여러분의 아이가 일주일에 한두 번씩 놀이 짝꿍들과 만날 수 있게 데려다 줄 수 있다.

대규모 아파트 단지에는 일주일에 일정 시간동안 어린아이를 위해 어린이집이나 지도 선생님이 돌봐주는 놀이 모둠도 있다. 엄마들은 자원을 공동부담하고 서로 다른 집 아이들을 차례로 돌아가며 돌보아 주어서 서로 오후에 가끔 자유시간을 갖고 한편으로는 아이들에게 필요한 친구를 사귀게 해준다. 유아원이나 예비학교를 선택하는데 도움을 얻으려면 제18장의 "어린이집" 편을 읽어보라.

공립학교

거의 모든 미국 어린이들은 공립학교, 즉 세금지원을 받기 때문에 등록금이 없는 학교에 다닌다. 미국에 새로 온 이주자들이 자주 혼란스러워 하는 일은 50개 주에 전국적인 표준화 체제가 없다는 것이다. 각 주정부는 각 주의 실정에 맞는 방식을 자유롭게 개발할 수 있다. 이 방식들이 교육의 질, 시설, 교과목 및 학습기준을 주마다 다르게 만들어서 사람들은 주위의 가까운 곳에서 다닐 수 있는 학교 교육의 질 때문에 주 경계를 넘어 옮겨 다닌다.

일이 더 복잡해지게 만드는 것은 지방교육청이 각 주정부의 틀 속에서 상당한 재량권을 가진 당국이라는 사실이다. 시, 군구 및 지역 학교들은 자기 나름대로의 교과과정, 이사회, 예산 및 기준을 가지고 있긴 하지만, 각 주정부가 제시하는 폭 넓은 정책지침을 준수한다.

학교 지원은 연방기금에서 나오는 것이 아니라 주정부와 지방정부의 세금에서 주로 나온다. 연방정부가 교육을 지원하는 경우, 재정기반이 취약한 주정부에 주로 국한되는데, 주정부의 기금이 부족하기 때문이다. 연방기금은 건물, 교통 및 교과과정에 영향을 주지 않는 사업을 지원하는데 쓰인다. 이미 언급했지만, 미국인들은 연방정부로부터 끊임없이 독립하려고 한다. 연방기금의 지원을 받았기 때문에 연방정부가 조금이라도 영향력을 행사할 수 있는 여지가 보이면, (선출된 시민으로 구성된) 지역사회 학교의 이사회가 그 연방기금을 거부한다. 여기에 대하여 뜨거운 논쟁이 있었는데, 대학에서는 과격시위와 데모가 나기도 한다. 시민들은 연방정부가 예를 들어 과학 연구과제나 군사훈련이나 기타 특수과제에 대한 지원을 통해 교과과정에 강력한 영향력을 발휘한다고 느낀다. 우리 건국 선조 대부분과 오늘날의 신세대 시민들 대다수는 너무 강력한 정부의 영향력을 벗어 나려고 이 나라에 왔기 때문에, 이런 느낌은 마음 속 깊이 배어있다.

교육에 대한 지방정부의 역할이 강조되는 동일 선상에서, 프랑스, 영국이나 일본처럼 중고등학교나 대학 입시 같은 전국단위의 시험이 없다. 대학입학시험이 대학이나 종합대학교에 입학하기 위해서 전국적으로 실시되기는 하지만, 연방정부가 실시하는 것이 아니라 사립기관이 시행하는 시험이며, 어떤 대학도 이 시험을 봐야 한다고 강제하지 않는다. 이러한 주정부와 지방정부의 독립성은 공교육의 질적인 측면에서 실질적으로 다양성을 가져와서 심지어 한 도시와 그 이웃도시 사이에도 큰 차이를 보인다.

급성장하는 도시의 경우, 초중고교 거의 모든 학교가 학생초과로 몸살을 앓고 있다. 최근에 폭력, 교사파업 및 기타 문제로 대부분의 학교가 골치를 썩고 있다. 교외지역과 소도시의 공립학교는 비교적 안정적이며, 적절한 시설, 합리적 수준의 교사대 학생 비율 및 괜찮은 학습기준을 유지하고 있다.

그렇지만 (한편으로는 주정부와 연방정부의 통제와 다른 한편으로는 지방정부의 통제라는 양극단 사이를) 추가 움직인다. 교육청으로 하여금 표준화시험을 시행하라고 규정한 연방법이 있고, 이 연방법은 모두 같은 시험을 실시하라고 규정하고 있다. 몇 개 주정부에서는 지난 수년간 표준화시험을 실시해 왔다.

새로 온 이주자로서 여러분은 만나는 미국인들과 학교 보내는 문제를 자유롭게 이야기하면서 질문을 던질 수도 있다. 대다수 사람들이 교육에 깊은 관심을 가지고 있다. 그래서 사람들은 늘 이 주제를 가지고 이야기하니까 여러분과 이 문제를 가지고 이야기하면 좋아할 것이다. 현행 우리 교육제도에는 좋은 점도 많고 동시에 나쁜 점도 많다. 우리는 미국의 교육제도 전반을 재평가하고 구조조정 하는 과정에 있으며, 현재 수요와 21세기가 요구하는 시급한 수요를 충족시키려 하는데 이 가운데에는 광범위하고 급속히 변화하는 인구가 압박해오는 새로운 것들이 많이 있다.

⌘ 직업학교
대다수의 교육청은 대학교육을 받을 준비를 못한 학생들을 위한 특별한 교과과정을 마련하고 있다. 고등학교 마지막 2년 동안, 학생들은 미용술, 자동차 또는 컴퓨터 수리, 혹은 다른 분야의 교과목을 수강할 수 있다. 직업학교는 졸업생들이 빨리 숙련기술이나 반숙련 기술을 요구하는 직업을 갖게 하는 것이 목표다. 18세의 졸업생의 거의 반수가 대학이나 대학교에 진학하지 않기 때문에, 직업학교는 교육제도에서 중요한 부분을 차지한다.

⌘ 특수목적학교
대부분의 교육청에는 예술, 과학 혹은 외국어교육을 강조하는 특별 교과과정을 운영하는 학교가 있다. 학생들은 경쟁을 통해 이 학교에 입학하며, 다른 공립학교처럼 학생의 거주지에 따라 학교를 배정하지 않는다. 여러분이 거주하는 도시나 교육청에 특수목적학교가 있다면 이 학교에 대해 더 자세히 알아볼 만하다. 미국 특수목적학교(www.magnet.edu/)는 처음 시도해 볼만한 사이트다.

⌘ 특별인가학교
공립학교와 사립학교 중간에 특별인가학교가 있다. 이런 이름을 가진 이유는 학교가 운영을 하기 위해서 주정부로부터 특별인가를 받았기 때문이다. 이 학교는 공적자금을 지원 받지만 사립학교처럼 운영을 하는 학교이어서 공립학교에게 적용하는 주정부나 지방정부의 규정을 벗어나서 상당히 높은 수준의 자율권을 보장받는다. 1990년대에 특히 대도시에서 특별인가학교가 급격히 늘어났다. 이 학교들은 입학한 학생 수에 비례해서 공적자금을 지원 받는다. 교원노조에서 주는 부담과 모든 학생을 교육시켜야한다는 의무에서 벗어나 있기 때문에, 이 특별인가학교는 지지자와 반대자들 양측으로부터 모두 뜨거운 논란을 불러일으키고 있다. 한편으로는 이 학교는 수월성 있는 교육을 시키기 때문에 우수한 능력을 가진 학생들이 큰 관심을 가지고있다. 다른 한편으로는 이 학교는 대형 도심학교에 배정된 제한된 기금을 다 써버리고 또 가장 가르치기 힘든 학생들은 낙제시킨다. 몇몇 학교들은 과학이나 외국어 과목을 강조하는 교과과정을 운영하기도 한다. 특별인가학교는 높은 등록금을 내지 않고도 사립학교 수준의 교육을 받을 수 있는 이점을 가지고 있다. www.usacharterschools.org/에서 더 자세한 정보를 얻을 수 있다.

사립학교와 교구학교

사립학교가 가진 대규모 조직은 공립학교 제도에 맞먹는다. 일부 사립학교는 교회나 특정 종파와 밀접한 관계를 갖고 있어서 교구학교라고 불린다. 일부 사립학교는 친우회(퀘이커)와 대부분 천주교 학교에서 재정지원을 받고 있기 때문에 평신도들로부터 대중적인 인기를 얻고 있다. 사립학교는 국민 세금으로부터 재정지원을 전혀 받지 않는다. 일부 교구학교를 제외하고는 등록금이 비싸며, 몇몇 일부 교구학교는 다른 학교보다도 더 비싸다.

사람들은 자기 아이들을 사립학교에 보내기 위해서 큰 재정적 희생을 감수해 가면서까지 왜 그 많은 비용을 지불하는가? 그 이유는 다양하다.

1. 학급인원이 공립학교보다 훨씬 적어서 개별지도를 받을 수 있다. 일부 아이들은 학생 지원 중심의 개인지도가 필요하다.

2. 대부분의 사립학교는 입학생을 선택적으로 선발한다. (적어도 상위권 학생을 선발하기 위해서는) 면담, 추천서 및 시험을 통해서 수준 높은 학생을 선발한다. 사립학교들은 다양한 수준의 능력을 가진 학생들을 입학시키는 공립학교보다 훨씬 높은 학습기준을 유지하려고 한다는 뜻이다.

3. 교과목은 공립학교보다 훨씬 낮고 학습기준은 훨씬 높다. 공립학교는 보통 학생은 많고 교사는 부족하기 때문이다.

4. 인구가 많고 교육수준이 떨어지는 지역에 사는 일부 부모들은 자기 아이들을 명문대학에 입학시키려면 사립학교에 보내야 한다고 느낀다.

5. 일부 소수의 부모들은 자기네가 다니는 종파에서 운영하는 학교에 아이들을 보내려고 한다.

6. 일부 부모들은 공립학교에서 볼 수 있는 것보다 훨씬 더 동질적인 학생들로 구성된 학교를 찾는다.

사립학교에 대한 정보를 원하는 사람들은 www.nais.org/에서 전국독립학교협회에 문의하기 바란다.

기숙학교는 대부분 고등학교에 다닐 나이(15-18세)의 학생들을 위한 학교인데, 일부 학교는 더 어린 학생들도 다닐 수 있다. 혹시 기숙학교 근처로 이주해 살 수 있으면, 통학생으로 입학시킬 수 있다. 그렇지 않으면 학생들은 학교 기숙사에서 살면서 학교 교정에서 수업을 듣는다.

여러분은 독일어, 스페인어, 불어로 가르치는 사립학교나 몬테소리 혹은 발도로프 같은 특별한 교육철학을 펼치는 사립학교를 찾을 수도 있다. 더 자세한 정보를 원하면 미국사립교육협의회(www.capenet.org/)에 문의하기 바란다.

부모와 학교의 관계

대부분의 학교에는 부모와 교사로 구성된 단체가 있다. 정기적으로 모여서 교과과정, 예산, 교사, 급여, 도서관 시설 등등 학교 전반에 관한 다양한 문제를 의논하고 협의한다.

부모들은 자주 학습활동이나 방과후 활동을 도와주기 위해서 자원봉사를 한다. 연극공연을 위해 의상을 만들기도 하고, 피아노를 연주하고, 파티를 하기 위해서 간식류나 과자를 만들어 가져오기도 하고, 학급의 현장견학을 할 때 교사를 보좌해 주기도 한다. 일부 부모들은 아이들 교실에 정기적으로 와서 교사의 감독 하에 아이들을 특별지도하기도 한다. 아이들 학교에서 자원 봉사하는 것은 지역주민들을 만나서 학교 운영에 대하여 배울 수 있는 좋은 기회다.

좋은 학교에서는 아이들의 행복을 위해서 가정과 학교가 공동으로 일할 수 있는 구체적인 노력을 많이 한다. 대개의 경우, 교사들이 여러분의 아이들 관련한 문제가 어떤 것이든 여러분과 대화하려고 노력한다는 사실을 알아차릴 수 있다. 물론 학생 수가 많으면 많을수록, 교사는 시간이 더 없다(는 사실도 이해할 수는 있다). 학급 규모가 적절하면, 자주 부모와 면담을 갖고, 시간약속을 잡은 다음에 학생의 부모는 아이들을 가르치는 교사 한 분이나 여러분과 만나서 문제가 있으면 문제점을 의논하고 학생의 학업발달에 대하여 의논할 수 있다. 여러분들은 학교 모임이나 학습프로그램에 대한 안내장을 받을 수도 있다. 그리고 "학부모의 날" 행사에 초대받을 수도 있는데, 이 날은 하루 종일 아이들의 학교 수업일정을 따라서 견학하는 날이다. 혹은 "학부모의 저녁 모임" 행사도 있는데, 이

행사는 축소판으로 10분-15분 동안 수업을 참관한다. 이런 행사는 학생 부모들에게 자기 아이들이 학교에서 하는 일을 알게 해주고 즐거운 추억을 만들어 준다. 부모 - 학생 면담은 교사나 부모의 요청에 따라서 하거나 정기적으로 가질 수 있다. 이런 면담은 여러분의 아이에게 원하는 것이 무엇인지 이해하고, 여러분의 자녀가 학업 면이나 다른 학생들과 지내는데 어려움이 있는지를 알아 낼 수 있는 중요한 방법 중 하나다.

부모가 모두 이런 모임에 참석해서 학교와 자녀 교육에 대한 관심을 보여주기를 바라는 것이다. 학교에서 열리는 여러 모임을 통해 여러분의 이웃과 만나서 지역사회에서 친구를 만들 수 있는 길이 있는 것이다. 미국인들은 다른 나라에서 온 사람들과 만나는 것을 좋아하기 때문에, 어쩌면 여러분의 출신 국가 배경이 사람들을 사귀는데 장애가 되기보다는 도움을 줄 것이다. 설사 여러분이 말하는데 어려움이 있더라도 문제가 되지 않는다.

방과후/과외 활동

미국 아이들은 세계에서 가장 스케줄이 바쁜 아이들이다. 학교 공부 이외에도, 미국에 사는 아이들은 방과후 시간에 학교가 지원하는 다양한 활동을 할 수 있다. 보통 과외활동이라고 부르는데, 아이들이 가진 재주와 능력을 발휘하도록 고안되어 있어서 리더십을 발휘하고 책임감을 떠맡을 수 있는 기회를 가져보고, 부진한 학교수업을 보충하고, 학습 동기를 더 갖게 만든다. 이런 활동을 통하여 여러분이 자녀들의 학교생활에 더 참여할 수 있다. 부모가 자원봉사 할 수 있는 기회는 항상 있다.

중학교와 고등학교 수준에서는 특히 선택해서 할 수 있는 활동들이 많다.

자연사랑 동아리, 음악 동아리, 과학 동아리, 미술 및 연극 동아리 혹은 외국어 동아리 등은 다양한 체육활동처럼 보통이다.

거의 모든 고등학교에는 학생신문이 있는데, 사진인화용 암실을 가지고 있다. 일부 과외활동은 학교 수업시간 중에 하기도 하지만, 대부분은 방과후에 한다. 이런 활동들은 학생들이 선택해서 하는 것이지만, 미국의 교육을 경험할 수 있는 한 부분이라고 생각한다. 부모들은 자녀들이 본인들의 특별한 자질과 관심을 가장 맞는 프로그램에 참여하는 것을 권장한다. 학생들은 이런 활동을 하면서 다른 학생들과의 관계, 사회적 및 지적인 기능, 신체단련에 대하여 많은 것들을 배운다.

미국의 고용주와 대학 입학사정관들은 학생들이 방과후 자유시간과 장기휴가 기간 중에 학생들이 참여한 과외활동들을 중요하게 고려한다. 이런 활동들은 젊은이의 잠재적 리더십, 열정, 창의성, 관심의 폭, 활력, 성품을 나타내는 척도인 것이다. 이런 활동의 질을 학생이나 취업지원자의 학업 성적과 함께 고찰해서 지능, 인내력, 및 학생이 배운 내용을 활용할 수 있는 능력을 평가한다.

고등교육

미국 고등교육제도는 너무 다양해서 종잡을 수 없을 때도 있다. 미국에는 4,000개가 넘는 단과대학과 종합대학교가 있으며, 이 중 절반 정도가 공립인 시민의 세금으로 지원 받는 기관이 아닌 사립학교다. 기본적으로 고등교육기관에는 네 가지 종류가 있다. (1) 직업 혹은 직업전문학교 (2) 전문대학 (대부분의 지역사회 대학 포함) (3) 단과대학 그리고 (4) 종합대학교.

⌘ 직업전문학교와 기술전문대학
직업전문학교는 공립도 있고 사립도 있는데, 보통 대학 수준이 아니라고 생각하는 교과목을 가르친다. 이 학교는 직업고등학교와 비슷한데, 단지 입학생이 성인일 뿐이고 입학하는데 고등학교 졸업장 (혹은 동등한 자격)을 반드시 요구하지 않는다.

⌘ 전문대학과 지역사회대학
전문대학은 미국 고등교육에서 한때 가장 보편적이었다. 그렇지만 20세기 후반에 들어서 지역사회대학이 보편화되면서 이제는 거의 찾아보기 힘들다. 전문대학은 고등학교와 4년제 대학 사이의 간격을 이어주는 역할을 하며, 4년제 단과대학이나 종합대학교의 1-2학년 과정에 해당하는 교과목을 개설한다. 지역사회대학도 2년 과정의 교과목을 개설해서, 2년 과정의 준학사 학위를 받거나 4년제 단과대학이나 종합대학교로 편입할 수 있게 한다. 일부 전문대학이나 지역사회대학은 직업학교와 유사하지만 다른 전문대학이나 지역사회대학은 아주 학술적인 면에 초점을 맞추기도 한다. 자기에게 맞는 곳을 고르려면 신중하게 살펴보아야 한다.

⌘ 단과대학
단과대학은 문학사(혹은 이학사)를 수여하는 4년제 교육기관이며 대학원 과정을 개설하고 있는 대학은 거의 없다. 공립 단과대학도 있고 사립 단과대학은 수도 없이 많다. 최고의 명문 학부를 자랑하는 일부 대학은 세계적으로 이름 있는 종합대학교가 아니라 4년제 단과대학들이다. 예를 들면, 앰허스트, 윌리암스, 스워트모어 및 웨슬리 대학은 하바드, 프린스턴, 스탠포드와 같은 높은 수준의 대학으로 생각한다. 아직도 여학생만 입학하는 대학(이 일부 있고, 아마 2개 대학 정도가 남학생만 입학하는 대학)이 있다.

ℋ 종합대학교   종합대학교는 학사학위뿐만 아니라, 대학원, 전문대학원 및 연구 프로그램을 개설하고 있다. 일부 종합대학교의 경우 50,000명의 재학생이 있는 대학교도 있다. 대부분의 사립 교육기관의 등록금은 주정부가 지원하는 학교보다 비싸지만, 주립이건 사립이건 어떤 교육기관이나 대부분의 다른 나라에서 온 학생들에게는 비싸게 느낄 수 있는 등록금을 받고 있다. 여러분이 영주권자나 미국 시민(혹은 몇 가지 예외적인 이민의 한 유형)이 아니라면, 대부분의 공공 재정 지원 혜택을 받을 수 없다. 몇 개 주에서는 시민권에 관계없이 모든 거주자에게 거주민 학비 감면 혜택을 주고 있다. 하지만 다른 주에서는 그런 혜택이 없다. 하지만, 대학교 자체에서 받을 수 있는 성적 우수자 재정 지원 혜택이 상당히 많다는 점을 잊어서는 안 된다.

대부분의 나라에서는 치열하게 경쟁적인 대학입학시험 때문에 대학에 진학하기 어렵지만, 일단 입학하면 졸업하기는 쉽다. 미국에서는 대부분의 대학이나 대학교에서 입학 허가를 받기는 상대적으로 쉽지만, 졸업하기 위해서 모든 학과목을 성공적으로 이수하기는 상당히 어렵다. 학문적으로 상위권에 오른 대학교나 대학은 경쟁이 치열하다. 대부분의 고등학교 졸업생들은 자기 학력 수준에 맞는 대학이나 대학교를 찾을 수 있다.

여름 캠프와 아르바이트

여름 더위 때문이기도 하지만, 대부분의 경우는 미국이 농업국가로 시작했기 때문에 여름휴가가 상당히 길다. 어린이나 청소년들은 아무 일도 없으면 괜히 마음이 뒤숭숭해지는데, 특히 사람으로 붐비는 도시의 아파트에서 살고 있다면 더 말할 것도 없다. 결론을 말하면, 아이들을 위한 여름 캠프는 수를 셀 수 없을 정도로 많은 유형이 있다. 대부분은 보이스카웃, 걸스카웃, YMCA, YWCA나 종교단체 같은 사회단체에서 운영한다. 그리고 개인이 하는 캠프도 역시 많은데, 비싸기는 하지만, 승마, 다양한 전문분야에 대한 숙련된 강연 및 황무지 답사 같은 프로그램을 한다.

십대 후반 아이들은 여름 아르바이트를 찾으려고 하거나 또래 아이들과 캠프나 다른 답사여행을 간다. 대부분 아이들은 짐을 싸들고 산으로 간다. 도시의 아파트에 사는 사람이라면 누구나 젊은이들에게 여름에 이런 가능성을 갖게끔 할 것 같다.

대부분 십대들은 갑판원, 웨이터, 점원, 농사꾼, 건설인부, 캠프 상담원, 돌보미, 주유원, 전화교환원 및 배달원 같은 아르바이트를 하면서 여름방학 동안 일해서 번 돈으로 대학에 진학할 경비 일부를 저축한다. 미국 십대들은 지위고하에는 관심이 없다. 기술이 없기 때문에 돈뿐만 아니라 경험을 얻기 위해서라도 본인이 할 수 있는 자리라면 어떤 자리라도 관계하지 않고 아르바이트 자리를 찾으려고 한다. 이 십대들은 직업 기술, 책임감 및 지시를 받고 상사 이외에 다른 새로운 사람들까지 같이 어울릴 수 있는 능력을 배우는 것이다. 나이가 들면서 기술이 생기면, 대부분의 십대들은 더 나은 직업을 얻는데, 여전히 덜 숙련되어 있기는 하지만 자기가 관심을 가지는 분야인 병원, 정당의 중앙당, 신문, 학교 혹은 그 어디든지 한 걸음 더 가까이 가 있는 것이다. 하지만, 외국 출신 학생들은 비자 규정을 제대로 확인해야 지금 이야기한 것처럼 긴 방학을 제대로 활용할 수 있다. 학장이나 외국인 학생 상담 지도사는 어느 대학 소속이든 상관없이 이 대목에서 조언을 할 수 있어야 한다. 하지만 비자 문제는 학생들이 모국을 떠나기 전에 이미 문제제기가 되었어야 했던 문제다.

20 | 십대 키우기

미국의 젊은이들이 향유하는 부유함, 독립심과 사회적 자유가 대다수 미국 이민자 부모들을 놀라게 만들어서 자기네 젊은 자녀들을 미국 십대의 세계로 데려오는 것을 심각하게 고민하게끔 만든다.

가장 받아들이기 어려운 것 중 하나는 대개의 경우 미국의 젊은이들은 자기 나름대로의 규칙, 규정 그리고 행동양식을 만들어났다는 사실이다. 이 곳 부모들은 대부분의 다른 나라 경우보다 훨씬 더 집 밖에서 자기 자녀들의 행동에 대하여 할 말이 없다. 특히 (자동차면허증과 보통 차를 몰려고 하는) 16세라는 마법 같은 나이를 지나면 그렇다. 이러한 독립심은 외국에서 이주해 온 부모들 대부분이 겁을 먹게 한다. 이들은 가끔 자기 자녀들이 미국 십대가 하는 행동을 하지 못 하게 하면서, 그대신 학교가 끝나면 곧장 집으로 와서는 저녁에 "데이트"나

밖으로 떼로 몰려다니지 말라고 고집을 핀다.

젊은 사람이 그렇게 외톨이로 지내는 것은 어려운 일이다. 미국에서는 다른 대안이 없기 때문이다. 대부분의 십대들은 어떻게든 데이트를 한다. 이렇게 부모가 주도하는 가정생활에서 결혼생활로 전환되는 것이다. 이 기간은 상당히 긴 시간이 필요하다.

8살이나 9살에서 12살까지는 아이들의 우정이라는 것이 보통 동성의 친구에 머물러서, 상대방 친구 집에 가서 같이 밤을 지새는 것을 좋아한다. 아이들은 여자애나 남자애 모두 "파자마 파티"나 "밤새기"를 한다. 이런 것은 단순히 부모의 감독 하에 친구 집에서 밤을 같이 새는 것을 좋아한다는 것을 뜻한다. 이런 경우에는 대부분 서로 낄낄거리고, 속삭이고, 어쩌면 과자도 만들어 보고, 베개싸움도 해본다. 시끄럽기는 하지만 전혀 해가 없고, 성장하는 과정의 일부라고 볼 수 있다.

여름에는 몇몇 남자애나 여자애들이 텐트나 나무집 혹은 "야영"을 하면서 야외에서 잠을 자고 싶어 한다. 이 나이의 어린이들에게 집 밖에서 잠을 잔다는 것은 독립심의 첫 단계를 나타내는 것이고, 아이들은 여럿이서 같이 있는 것을 좋아한다.

다음 단계는 이성에 대한 호기심이다. 정서적으로나 재정적으로 결혼할 준비가 되어 있기 훨씬 전부터, 십대들은 같이 "어울려 다니다"가 데이트를 한다. 젊은이들은 여럿이서 쇼핑몰이나 식당 혹은 다른 아이 집에서 모인다. 음악을 듣기도 하고, 비디오를 보기도 하며, 맥주와 음료수를 마시고, 알코올 도수가 높은 술이나 마약으로 발전하기도 하고 안 하기도 한다. 이런 시기가 지나면, 불법마약을 복용하는 빈도가 십대들 사이에서 높아진다. 전문가들은 대부분 이 문제에 대해서 부모와 자식들이 서로 터놓고 솔직하게 대화를 해야 한다고 촉구한다. 아무리 이웃이 부유하고 학교가 좋아도, 불법마약 문제는 언제든지 어디서나 있다. 부모들은 이 문제를 피해가려고 자녀들을 사립학교나 교외로 이사를 가면 해결할 수 있다고 생각하면 안 된다. 이 나라의 젊은이들은 올바른 선택을 하는데 부모들이 역할을 할 수 있도록 부모들과 마음을 터놓을 수 있고 격려를 해 줄 수 있는 깊은 대화를 하는 것이 필요하다.

혼전 순결은 예전에는 큰 덕목이었지만, 이제는 그렇지 않다. 십대들은 고등학교를 졸업할 때쯤이면 대부분 처녀 총각이 아니다. 피임기구를 쉽게 구할 수도 있지만, 여전히 수많은 십대들이 무방비 상태로 성행위를 하기 때문에, 십대 임신과 성병의 전염률이 심각할 정도로 높다. 엄청난 수의 젊은 여성들이 낙태를 하려고 하며(낙태 문제 자체도 정치인과 시민단체사이의 엄청난 폭발력을 가진 문제인데), 반면에 임신한 십대들은 점차 아이를 낳아서 혼자서나 가족의 도움을 받아서 키우려는 비율도 높아가고 있다. 어떤 고등학교에서는 이 아이들을 돌보아 주는 어린이집을 운영해서 아이 엄마가 학교를 졸업할 수 있게 한다. 십대의 임신은 부모와 미국 사회 전체의 커다란 관심사다. 모든 젊은이들이 성적으로 적극적인 것은 아니며, 성교육과 후천성 면역 결핍증(AIDS)에 대한 공포가 일부 십대들의 성생활 태도에 큰 변화를 가져왔다. 실제로 젊은이들이 성행위 비율이 내려가고 있다. 하지만, 불행히도 더 어린 젊은이들이 하는 (구강성교 같이 보통은 무방비 상태인) 다른 형태의 성행위는 심각할 정도로 급증하고 있다. 아마도 가장 심각하게 우려할 만한 것은 미디어 프로젝트에서 조사한 다음과 같은 통계다.

- 300만 명 정도의 젊은이가 매년 성병에 감염된다.
- 후천성 면역 결핍증은 15-24세 사이의 젊은이를 죽음에 이르게 하는 여섯 번째 사망원인이다.

- 매년 거의 새로운 HIV 바이러스에 감염되는 반수는 25세 이하의 젊은 이다.

- 20세까지 남성의 80%와 여성 75%가 성 경험을 한다.

- 미국의 십대 출생률은 유럽의 비교 대상국보다 8배나 그 비율이 높다.[12]

현재 미국의 정치적 논쟁거리 중 하나는 어떤 형태의 성교육을 십대 젊은 이들로 하여금 받게 하느냐에 집중되어 있다. 소위 "금욕 지상주의" 교육을 지지하는 사람들은 성교육이 성행위를 자제하라는 훈계 이상의 것이 아니라고 믿고 있고, 다른 사람들은 종합적인 프로그램이 잘 짜여 있어서 피임 방법과 성병 감염 방지법 등을 가르친다고 믿는다.

젊은이들은 대체로 자기 자신의 규칙을 잘 세워서 잘 따르고 있다는 점이 눈 여겨 볼만하다. 이러한 규칙들은 지역에 따라서 연령집단에 따라서 다르지만, 십대들은 대체로 자기 자신의 기준을 잘 세워놓고 있다. 어떤 집단은 자기네 규칙 안에서 아주 엄격하며, 다른 집단은 좀 더 느슨하다. 패션과 (현재 대중적인 것은 무엇이든 가리지 않는) 최신 유행도 지역에 따라 다르고, 어느 정도까지는 경제 수준과 사회배경에 따라서도 다르다. 일시적 최신 유행은 집단 안에서도 변덕스럽지만, 모든 사람이 동시에 같이 변하려고 하며, 따라가지 못 하면 이상하게 여긴다. 이런 규칙에 맞추지 못하면 명성을 잃어버리거나 인기가 없어지거나 혹은 둘 다 잃어버릴 수 있다.

학교폭력은 지금 우리 학교에서 관심의 초점이 되어 가고 있다. 미국 청소년 정신의학 학회는 전체 학생 10%가 학교생활 중 일정기간 정기적으로 학교폭

---

12) www.themediaproject.com

력을 당한다고 보고 있다. 이러한 공격적인 행동을 남학생만 하는 것이 아니다. 레이첼 시몬즈는『소녀들의 전쟁: 소녀 속의 공격성이라는 숨겨진 문화』라는 저서 속에서 여학생들이 자기 또래들을 학교폭력 시키는 자세한 방법을 기록해 보여주고 있다.[13] 물론 이 말이 여러분을 겁주려고 하는 것은 아니다. 어쨌든, 90%의 학생들은 학교폭력을 당하지 않는 것이다. 그렇지만 이 문제를 깨닫고 있어야 하며, 이 자료들은 여러분의 아이가 의기소침해 있거나 학교에 가기 싫어하는 기색을 보이면 학교폭력이 문제가 될 수도 있다. 물론 괜찮은 아이들이 많은 것도 사실이다. 규모가 큰 학교에서는 학생들이 아주 다양한 집단 출신이다. 젊은이들이 (체제 순응적이고 보수주의자인) "모범생," (운동만 하는) "떡대," (공부만 하는) "괴짜," "딴따라," (얼굴에 피어싱이나 염색을 하고 다니는) "날라리"들이나 (남녀학생 모두 온통 검은색 옷을 입고 화장을 짙게 하고 다니는) "양아치"까지 다양하다.

이런 집단들은 남들이 잘 입지 않는 옷이나 하지 않는 머리모양을 하거나 색다른 모습으로 자기 정체성을 드러낸다. 각 집단 안에서는 서로 강한 연대감을 가지고 있지만, 젊은 학생들은 자기네가 속하고 싶은 집단을 자유롭게 선택한다. 흥미로운 일은 미국 젊은이들은 자기네들이 어떤 집단의 일원으로 불리는 것을 싫어하지만, 다른 사람들은 무슨 무슨 집단이라고 재빠르게 이름짓는다.

미국인들이 개인주의로 명성이 높지만, "단체가입자"로도 잘 알려져 있다. 본인들의 개인적 취미생활을 하기 위해서 단체를 만들고 참여하기를 좋아한다. 이러한 집단화 경향이 십대들 간에는 특히 심하고, 부도들은 자기 자녀들이 다른 아이들보다 혼자 있고 싶어 하거나 친구들이 없으면 보통 걱정을 하게 된다. 하

---

13) Simmons, Rachel. *Odd Girl Out: The Hidden Culture of Aggression in Girls.* 1st ed. (New York: Harcourt, 2002).

지만, 독서를 좋아하거나 바이올린을 연주하고 싶어 하거나 혼자 있기를 좋아하는 젊은이들은 자유롭게 그럴 수 있어야 하고, 다른 학생들도 그 아이의 독립심에 대해서 말로 표현하지 않지만 상당한 존경심을 표시할 수도 있다.

부모들의 가장 큰 걱정은 자기 자녀가 어떤 친구들 집단에 속해 있느냐 하는 것이다. 어떤 집단에서는 또래들의 압력 때문에 음주나 마약복용을 하게 되기 때문이다. 마약 중 (코카인을 먹기 좋게 만든) "크랙"은 널리 퍼져 있으면서 값이 싸기 때문에 미국에 심각한 문제를 일으킬 정도로 대중적이어서, 모든 연령층에서 복용하는데 11살이나 12살부터 시작한다. 불행한 일이지만, 마약은 거의 모든 학교 안에서나 근처에서 쉽게 구할 수 있고, 또래집단으로부터 마약을 복용해보라는 강한 압력을 받고 있다. 그렇지만 많은 학생들이 거부한다. 사실 젊은이와 어른들 사이에 마약복용과 음주에 대하여 상대적으로 강한 반대가 많다. 실제로 마약에 중독된 중독자의 수는 인구에 비하면 상대적으로 적다.

부모들은 어떤 특정한 학교가 처한 상황에 대하여 가능하면 입학등록하기 전에 학교 상담교사와 다른 부모들과 자유롭게 의논하도록 권유받는다. 교사와 교육행정가들도 이 문제에 대하여 깊은 관심을 가지고 있다. 일부 교사와 교육행정가들은 이 문제에 대하여 여러분이 문의를 한다면 진술하게 의논을 하겠지만, 다른 이들은 문제의 심각성을 깨닫고 있지 못하거나 그 문제를 거론하기를 두려워할지 모른다.

대다수의 중산층 젊은이들은 아주 풍족하다. 일부 젊은이들은 스스로 자기 쓸 돈을 번다. 십대들은 보통 차를 가지고 있는데, 자동차를 사치품이라고 생각하는 외국 이주자들에게는 마음이 불편하다. 그렇지만 미국에서 자동차를 가지고 있다는 것이 꼭 사치스럽게 사는 것은 아니다. 미국에서 통학거리는 상당하고, 주요 도시 교외에서 살다 보면 대중 교통수단이 많이 없다. 십대들이라도 일을 하러 가거나 학교에 가거나 친구를 만나려면 보통 차가 필요하다.

비록 마약복용과 음주문제가 있지만, 대부분 미국 젊은이들은 책임감이 강하며 열심히 노력하고 견실하다. 그리고 이런 사실과 다른 반대의 이야기들이 해외에서 정기적으로 나오기도 한다. 불행한 일이지만, 버릇없고, 무책임하고, 냉담하며, 환멸을 느끼게 하는 젊은이들도 있고, 더 눈에 띄는 법이다.

젊은이들이 가진 많은 문제들은 이 나라에서 겪고 있는 엄청난 사회변화 때문인데, 마약복용에서부터 높은 이혼율, 실업난, 사회불안, 인구의 대이동, 도덕적 해이와 성 윤리의 타락까지 변화가 일어나고 있다.

아이들은 건실한 가족, 종교단체나 학교와 지역사회 공동체에서 열심히 봉사하고 있는 사람들과 시간을 보내면 보낼수록, 환멸을 느끼게 하거나 무책임한 집단에 소속한 젊은이들과 어울리게 되지 않는다. 운동경기나 다른 학교행사에 더 적극적으로 참여할수록, 건전한 마음을 가진 젊은이와 어울리게 된다. 하지만, 중요한 점은 오늘날 부모들은 모두 일이 잘 되리라고 생각할 수 없다는 것이다. 학교, 이웃 그리고 아이들 친구 사이에서 벌어지는 일에 대해서 어떻게 되어가고 있는지 한시도 마음을 놓아서는 안 되는 것이다.

지금 같이 열린사회에서 십대의 품행에 대한 걱정이 있더라고, 부모들은 이 사회제도가 가지고 있는 장점을 찾을 수도 있다. 토론의 깊이와 자유, 활기와 진취적 기상, 많은 사람들 머리에 공공봉사와 지역사회 공동체 봉사에 대한 뿌리박힌 생각 및 다른 젊은이와 어렵지 않게 맺어지는 우정은 십대 자녀들에게 엄청난 경험을 할 수 있게 해준다. 우리 십대 자녀들은 학교 친구들과 같이 지내지 않을 수 없기 때문에 굳이 못하게 해서는 안 된다. 아이들이 부모의 기준에 "다르게" 보이는 것처럼 되면, 아이들은 반항을 하거나 아주 외톨이가 된다. 자기 학교 친구들과 단절되기 때문이다.

그렇지만, 여러분은 간접적으로 영향력을 발휘할 수 있다. 첫째, 여러분은 이웃과 학교를 선택할 수 있는 아주 중요한 결정을 한다. 덧붙여서, 눈에 띄지 않게 여러분 자녀들의 우정에 대하여 일정 부분을 누구보다도 북돋아 줄 수 있다. 여러분은 다양한 젊은이와 함께 다양한 야외활동을 하게 해 줄 수 있다. 예를 들면, 스키여행, 자원봉사 활동, 사진동아리나 여름 수학여행 중 선택해 보낼 수 있다. 여러분은 자녀의 학교와 다른 학부모에 대하여 알아야 하고, 사친회 모임에도 가입해야 하고, 모든 학교 행사에 참석해야 하며 학교 위원회에 참여해서 자원봉사를 해야 한다. 여러분이 학교생활에 참여하면 할수록, 여러분은 여러분 자녀와 그 친구들을 더 잘 이해할 있게 된다.

여러분은 여러분 자녀에 대하여 걱정하려고 미국에 온 것이 아니다. 위에 언급한 것처럼, 대다수의 미국 젊은이들은 진지하고 책임감이 많다. 그렇지만, 불행하게도 이 험난한 세계 속에서 젊음이란 어디서나 마음이 들떠있기 마련이어서 항상 문제가 생긴다. 미국 부모도 외국인 이주자와 마찬가지로 자기 자녀들이 겪고 있을지 모를 어려움에 대하여 자연히 늘 관심을 가지고 있기 때문에, 주위를 살펴보면, 조언과 행동지침에 대한 많은 출처가 있으며, 이 모든 것들을 어느 부모나 자유롭게 얻을 수 있다. 여러분도 관심이 있으면, 조언을 구할 수 있다.

대부분의 공립도서관에는 "청소년"구역이 있다. 도서관 사서들에게 도움을 청하면 유용한 정보를 얻게 도와줄 것이다. 이처럼 새로운 문화에 적응하는 단계가 되면, 여러분 주위 사람들에게 그들의 생각과 조언을 얻으려는 생각을 편하게 생각해야 한다. 다른 부모들이 여러분의 생각, 문제 그리고 미국에 있는 젊은이 문제에 대한 여러분의 반응에 관심을 가지고 있다는 점을 알게 될 것이다. 미국 부모들은 이 문제를 가지고 토론한다고 당황해 하지 않는다. 여러분도 주저거릴 필요도 없다. 하지만 이 나라에서 부모의 역할이란 여러분 나라에서 부모의 역할과 다르다는 점을 꼭 기억해라. 여러분 아이들로 새로운 문화 속에서 사는 법을 배우고 있는 것처럼, 여러분도 같이 배워야 한다. 그렇다고 여러분이 가지고 있는 가치관이 붕괴되는 것을 뜻하지는 않는다. 그러나 여러분 주위에서 볼 수 있는 다른 가치관을 이해하려고 노력한다는 뜻이다.

미국에서 새로운 가족들 대부분이 경험하는 한 가지 상실감은 대가족 제도가 가지는 인적 구성이다. 대부분의 나라에서 조부모, 삼촌, 고모, 이모 그리고 나이 더 든 사촌형제들은 아이의 삶에 각기 중요한 역할을 한다. 이야기를 나눌 수 있는 나이든 사촌이나 오랜 친구가 없으면, 여러분의 아이들은 누구한테 가서 자기 문제를 의논할 수 없다고 느낀다. 이런 일이 벌어진다고 해서 여러분이나 여러분의 부모노릇에 대해 비난하는 것이 아니다. 대부분의 젊은이들은 자기 부모들과 이야기하는데 어려움을 겪는 일들을 가지고 있다. 여기서 이 문제를 풀 수 있는 방법 중 하나는 심리치료사나 심리상담가다. 십대들을 도와 줄 수 있게 훈련을 받은 전문가들로서, 이들은 성장하고 집을 떠나서 새로운 선택의 세계로 출항하려는 십대들의 생각과 감정을 정리해준다. 미국의 심리치료사는 중증 정신병 문제를 치료하지 않는다. 누구나 어떤 증상이 없더라고 심리상담가에게 단기간 혹은 장기간 상담을 받을 수 있다. 예를 들면, 거의 모든 학교에 심리상담가가 있다. 어떤 형태로든지 난감해졌거나 어려운 일을 겪은 학생이나 부모에게 조언을 해주는 일이 이 심리상담가가 하는 일이다. 여러분이나 여러분 자녀가 학교로 찾아가서 미국에 도착하자마자 무슨 문제가 생기기 전에 심리상담가와 이야기를 해보는 것도 좋다. 이 심리상담가에게 그 지역의 데이트 상황, 마약복용과 음주문제의 상황, 학교 활동사항 및 지역 공동체와 학교가 가지고 있는 관심분야에 대하여 심리상담가에게 문의하기 바란다. 그러면, 여러분이 할 일을 우연히 찾아내지 않고 여러분이 무엇을 선택할지 계획할 수 있다.

대부분 부모들이 경험하는 다른 한 가지 어려움은 컴퓨터 사용을 어떻게 적절히 제한하느냐 하는 것이다. 젊은이들은 친구와 즉석교신을 하거나 인터넷 대화방에서 교제하거나, 또 여러분이 생각하기에는 공부해야 시간을 가치 있게 쓰는 것이라 보는데, 젊은이들은 컴퓨터를 사용하면서 시간을 낭비한다고 생각한다. 또 걱정이 되는 것은 아주 어린 어린이들이 정말 생생한 포르노 영상을 쉽게 접할 수 있다는 것이다. 여러분의 자녀가 컴퓨터를 사용하는 것을 합리적으로 통제할 수 있게 해주는 다양한 컴퓨터 도구가 있다. 네트내니와 서프워치 같은 프로그램은 아주 유용하다.

21 | 친구 사귀기와 즐겁게 놀기

미국인들은 열심히 놀고 그것도 아주 시끄럽게 놀아서, 이주자들이 느끼는 첫 인상은 다음과 같은 대중적 재미와 경기 중 하나일지도 모른다. 캠핑용 자동차들이 고속도로를 달리거나, 사람으로 빽빽이 들어선 해변가, 만원인 야구장, 그리고 24시간 내내 하는 텔레비전. 그렇지만, 미국인들이 여가시간을 어떻게 보내는지 정말 알려고 하면, 이 요란한 수면 아래를 살펴볼 필요가 있다.

여가의 천국?

기계가 집안 일을 공장 일처럼 빠르게 해주기 때문에, 남자와 여자 모두 역사상

전보다 자유시간을 훨씬 더 많이 가졌다고 생각할지 모른다. 하지만 사실은 미국인들이 어느 다른 선진 산업국가 보다 더 많은 평균 주당 55시간을 일한다고 경제학자인 줄리엣 쇼어는 『과로에 빠진 미국인』[14]이란 저서에서 밝히고 있다. 물론 여가시간을 너무 노는데 쓰는 것도 사실이다. 정말 운동경기의 나라다. 사냥, 낚시, 수영, 항해, 테니스 및 골프를 누구나 다양한 값을 내고 할 수 있다. 수백만의 미국인들이 야구나 미식축구 같은 운동경기 같은 단체경기를 직접 하기도 하고 관람하기도 좋아한다. 또 볼링을 하거나, 마라톤 같은 조깅을 하고, 자전거를 타거나, 스키 등 여러 종류의 활동적인 운동경기를 한다. 그리고도 수백만 명이 텔레비전을 시청하고, 지역사회 오케스트라에 참여하고, 자신의 영화를 만들거나 녹화를 하고, 캠핑을 가고, 여행을 하고, 원예도 하고, 요리하고, 독서하고, 다양한 공예와 취미 생활을 하고, 비디오게임을 한다. 손수 하는 것을 좋아하는 나라 사람들이어서, 사람들은 자기 집 선반이나 보트를 만들거나, 자기 옷을 직접 짓거나, 자기 자신 스스로 영화를 찍기를 좋아한다. 미국인들은 자기 재미를 위해서도 하지만 경제적이기 때문에 이런 일들을 한다.

미국은 "자기개발"의 나라다. 2,500만 명 이상 어른이 대부분 자기 시간을 내서 자기 돈을 내고 한 가지 이상 자기 개발 교과목을 등록해 다닌다. 혹시 손수 하려는 사고방식을 미국인들이 가지고 있는 것에 의심이 들면, 홈 디포나 HQ 수퍼 스토어를 찾아가 보면 사람들이 못에서부터 전깃줄 그리고 집을 칠한 페인트까지 모든 것을 사려고 하는 것을 볼 수 있다.

---

14) Schor, Juliet. *The Overworked American: The Unexpected Decline of Leisure* (New York: Basic Books, 1991).

자원봉사

개인 취미생활을 하는데 보내는 시간 이외에, 미국인들은 상당히 많은 시간을 지역사회 공동체가 다양하게 필요로 하는 일에 자원봉사를 한다. 만약 미국의 모든 자원봉사자들이 그만둔다면, 미국은 멈춰버릴 것이라는 말이 있다. 병원, 학교, 도서관, 박물관, 경기장, 지역사회센터, 복지사업, 개인병원 등등에서 일하는 사람들을 다 말한다. 왜 미국사람들 대부분이 돈도 받지 않고 오랜 시간, 열심히 그것도 단조롭고 지루하며 몸에 잘 맞지 않는 일에 자원봉사를 할까? 동기가 도대체 무엇인가?

여러 가지 답이 있을 수 있다. 상호이익을 위해 협력한다는 생각, 연대책임감 및 협동심은 모두 미국 역사에 뿌리깊이 박혀있다. 첫 개척이주자들은 협력해야만 생존할 수 있었다. 이들은 위험한 바다를 건넜고, 정치적 자유와 종교의 자유를 위한 투쟁에서 그들이 가진 모든 것을 걸고 모험을 했다. 그들은 서로 협력해서 땅을 개간하고, 집을 짓고, 곡식을 추수했다. 미국인들은 전통적으로 자유와 독립을 가치 있다고 생각했다. 지금도 그렇다. 중앙정부에 대한 뿌리깊은 불신은 미국 생활 전반에 걸쳐 여전히 남아 있다. 사람들은 자기 지역사회 안에서 스스로 일을 하기를 좋아하지 중앙정부 부처의 통제를 받거나 관료주의적 행정지연을 기다리고 싶어 하지 않는다.

때때로 미국인들은 돈을 주지 않는 일이라도 무엇인가 성취하고 싶기 때문에 자원봉사를 한다. 그래서 다른 곳에서 했던 것처럼, 단결해서 자기가 가진 노력을 들이는 것이다. 자원봉사자들은 협동해서 교회에 새 지붕을 얹거나, 홍수 피해를 입은 희생자들에게 구호품을 보내고, 불우 아동을 위해 여름휴가를 보내고, 새 운동장을 짓거나 오염된 하천을 청소한다. 사람들은 길고 힘든 하루 일과

가 끝난 후에도 시간을 들여가며 도시구역설정위원회, 학교이사회나 기획위원회에서 자원봉사를 한다. 결국 자기 도시를 스스로 돌보는 것이다.

수십만 시간이라는 소위 여가시간을 이런 저런 지역사회 공동체의 수요에 따라 열심히, 한결 같이 돈도 받지 않고 일을 하는데 쏟는다. 지역사회 신문을 읽어보면, 미국인들이 다음과 같은 다양한 이유 때문에 새로운 종류의 시민단체를 끊임없이 구성하는 것을 알 수 있다. 수많은 이민 노동자를 계발시키기 위해서, 어떤 차별행위를 시정조치 하기 위해서, 범죄와 싸우기 위해서, 공무원을 선출하기 위해서, 소비자가 사기를 당하지 않게 하기 위해서, 마약복용이나 음주운전을 막기 위해서, 또는 야생생물 보호하기 위해 살충제를 폐기하려는 시민단체를 구성한다.

꼭 시민이어야 이런 활동에 참여할 수 있는 것은 아니다. 여러분이 지역사회에 (혹은 대도시라도) 일단 정착하고 나면, 여러분 주위에서 다양한 자원봉사 사업에 대해 알 수 있다. 미국생활에서 이런 부분을 공유하고 싶은 사람이라면 미국이라는 나라에 대하여 이해를 더 깊이 할 수 있다. 우선은 자원봉사 센터에 전화를 걸거나 지역 교회, 절, 모스크 사원, 유대인 회당, 지역사회 센터나 다른 단체에 연락을 하면 시작할 수 있다. 어떤 일이 가능한지 이웃에게 물어보면 보통 도움이 될 만한 답변을 얻을 수 있다. 지역 신문에서 관심을 가질 만한 기사를 읽으면, 그 단체로 연락을 해서 여러분이 가능한 시간과 도움을 줄 수 있는 분야를 알려주면 된다. 이런 자원봉사는 여러분에게 흥미를 가질 만한 기회를 갖게 해줄지도 모른다. 제19장에서 말했듯이, 대부분의 학교와 대학에서는 교과과정 속에 자원봉사를 할 수 있는 기회를 마련해 두고 있다. 우리 미국인들이 어떻게 자기 시간을 자원봉사에 쓰는지에 대한 정보를 알고 싶으면 제5장을 참고하기 바란다.

단체와 동호회

여러분의 고향에서 여러분은 어쩌면 이미 로터리클럽, 라이온즈 클럽, 여대생 동 문회나 (신문기자, 화학 공학자, 의사 등등 같은) 전문 단체에 소속했었는지도 모른다. 어쩌면, 스키, 테니스, 축구 혹은 하이킹 같은 스포츠클럽에 가입했을 것이다. 대부분 대학은 미국 전역에 동창회 지부가 있다.

여러분이 고향에서 이미 어떤 단체의 회원이었다면, 여기에서도 관련단체를 찾아보고 나서 여러분이 가입하고 싶다고 알리면, 즉각 환영한다는 답변을 들을 것입니다. 여러분이 한 집단에 관심은 있지만(아직 가입하지 않았다면), 여러분의 고향을 떠나기 전에 회원이 되면, 미국에 도착하자마자 회원 가입절차를 기다리지 않고도 자동적으로 미국 측 해당 단체에서 활동할 수 있는 자격을 얻을 수 있다. 이렇게 새로운 친구를 만드는 방식은 여러분이 처음 도착했을 때 아주 유용한 방식이어서, 소개를 받고 할 수만 있다면 이미 획득한 회원자격을 가지고 미국에 오는 것이 좋다.

누구라도 형식적 단체에 가입하지 않고도 참여할 수 있는 다양한 운동경기와 활동도 당연히 있다. 사냥꾼과 낚시꾼들은 등산가, 도보여행가, 스키 선수, 브릿지 카드 선수, 사진가, 체스 선수, 아마추어 무선가, 탐조가나 첼로 연주가 등처럼 여기에서도 수많은 동료들을 찾을 수 있다. 여러분의 국적이 무엇이든지, 대도시라면 같은 국민집단을 찾을 수 있다. 가장 가까운 영사관에 문의하거나 업종별 안내란에서 "협회"란을 찾아보면, 터키협회, 인도협회, 아프리카센터나 그 단체명이 무엇이든지 그 지역에 있는 단체를 찾을 수 있다.

강좌와 강연

여러분이 미국에 처음 왔을 때 당분간은 어쩌면, 영어를 배우거나 영어회화 모둠에 들어가서 말하는데 자신감을 얻고 싶을 것이다. 아니면, 새로운 기술을 습득하거나 지금까지 관심을 가졌던 단기과정을 들을 시간이 있을지도 모른다.

성인교육은 범위가 넓다. 강좌가 아주 다양하다. 도색, 요리, 사진, 언어, 천문학, 컴퓨터 프로그래밍 등이 있다. 이런 강좌를 들으려고 해서 어떤 특별한 자격요건이 필요하지 않다. 아니면, 학위, 자격증, 졸업장을 받을 수 있는 학점인정 강좌를 이수하는데 관심이 있을 수도 있다. 극히 소수의 가능성이 있는 전공분야는 신문방송학, 실내 장식, 패션 디자인, 경영학, 회계 등에 불과하다.

공식 강좌와 비공식 강좌 모두 지역 신문에 광고가 나온다. 업종별 안내란의 "학교"란을 보면 된다. 유대인 지역사회 센터, YMCA, YWCA 및 지역사회센터나 인보관에서 다양한 강좌를 연다. 대부분의 도시에 있는 공립학교 체제는 지역사회 대학처럼 성인 야간 강좌를 지원한다. 지역 교육청에서 나오는 성인 강좌 목록을 참조하면 된다.

덧붙이면, 여러분이 전국적으로 있는 4,000개의 대학과 대학교 근처에 산다면, 이 대학과 대학교 근처의 지역사회를 위하여 강좌, 연주회 및 강연을 열고 있다는 것을 알 수 있다. 보통 이런 강좌, 연주회 및 강연은 저녁에 열린다. 미리 통보를 받고 싶으면, 우편 수취인 명단에 넣어 달라고 요청할 수 있다.

많은 미국인들이 강연을 듣는다. 여러분이 지적으로 자극 받고 싶지만, 전체 과정을 이수할 시간이 없으면 조금은 편하게 대부분 무료로 여러분의 관심사를 추구할 수 있다. 해양학, 도시계획이나 외계 같은 새로운 분야를 탐구하고 싶을지 모른다.

대학과 대학교에서 개설한 강연 외에도, 식물원, 민권단체, 정부 및 정치단체, 교회, 박물관에서도 수많은 강연, 논쟁, 포럼을 열고 있고, 국제기관, 기업체 및 전문가 단체에서도 마찬가지로 다양한 강연 등을 연다.

우편 수취인 명단에 여러분 이름을 넣고(보통은 무료인데), 지역 라디오 방송의 광고를 듣거나 여러분 친구의 조언을 받아 보면 좋다. 가장 쉬운 일은 신문을 읽으면 된다.

박물관

여러분이 박물관 하면 먼지를 뒤집어 쓴 유리잔이 줄지어 있거나 희미한 조명이 비치는 유화만 가득 찬 방을 생각한다면, 미국 대도시와 중소도시에 있는 박물관을 가보기 바란다. 전시 기술 자체만도 미국에서는 상당히 발달했기 때문에, 박물관이 최근에는 아주 눈에 띄게 분위기가 생생해졌다.

수많은 미술관 이외에도, 자연사 박물관이나 과학관을 찾아가 보기 바란다. 어린이 박물관은 전국 곳곳에 세워지고 있는데, 보통 다양하고도 어린이 얼을 쏙 빼놓는 "손으로 만져볼 수 있는" 전시품을 진열해 놓았다. 사진 전시품들은 미국의 사회적 관심 사항을 이해할 수 있는 아주 좋은 방법이다. 현대 공예품 박물관, 흑인 역사 박물관, 인디언 원주민 역사 박물관, 악기 박물관이나 동전 박물관들도 소규모이지만 상당히 여러 곳에 있는데 절대 놓치지 말라. 박물관에 들어서면 단체관람을 할 수도 있고, 소형 테이프 안내 녹음기를 빌릴 수도 있는데, 여러분이 전시 내용을 이해하는데 도움을 많이 준다(물론 임대비용은 보통 저렴하다). 간혹 그 녹음내용이 다양한 언어로 되어 있기도 하다. 보스턴, 뉴욕, 필라델피아, 워싱턴 DC, 애틀란타, 시카고, 덴버, 로스앤젤레스나 샌프란시스코에 갈 생각이라면, 이 도시에 있는 아주 좋은 박물관을 관람할 수 있는 시간을 생각을 하고 여행계획을 짜야 한다.

버지니아주 윌리엄스버그, 미시간주 디어본 및 매사추세츠주 스터브릿지는 도시 전체가 민속촌인데, 초기 개척자들의 정착생활을 볼 수 있게 만든 살아있는 박물관으로 복원되었다. 거의 1년 내내 양초 생산, 누비이불 만들기나 말편자 만들기와 박기 같은 옛 공예 기술을 생생하게 보여준다. 코네티컷주 미스틱, 뉴욕과 볼티모어 항구에는 부둣가 박물관이 있는데, 옛 범선을 탈 수 있는 기회가 있기도 한다. 캘리포니아주에 있는 옛 스페인 공소를 보면, 미국 남서부에 정착한 스페인계 개척자의 정착 역사를 더듬어 볼 수 있다. 아주 작은 소도시에도 그 지역의 역사를 보여주는 여러 종류의 박물관들이 항상 있다. 가령, 캘리포니아주 팜 스프링스, 그리고 아리조나주 피닉스와 투산에는 사막 박물관이 있다.

공연 예술

미국에는 프로나 아마추어를 막론하고 극장, 음악, 그리고 무용이 넘쳐난다. 대부분의 대도시는 자체 심포니 오케스트라가 있다. 실험 음악과 드라마 공연을 전국에 걸쳐서 대학 극장, 지역사회 센터 및 소규모 근린 극장에서 제작하고 있다. 전통 극장과 음악도 수없이 많다. 여러분이 뉴욕시에 살지 않더라도, 브로드웨이 명작을 관람할 수 있다. 순회공연 전문 기획사는 전국의 대도시와 중소도시에서 우수한 전문 공연을 하도록 기획 및 제작을 한다. 예술 공연 관람을 하려면 당분간 이사를 가지 않을 예정이라면 정기권을 사 두기 바란다. 비용을 절약할 수 있을 뿐 아니라, 인기가 아주 높은 작품을 관람하고 싶을 때 좌석을 확보할 수 있기 때문이다.

입장권은 보통 매표소에서 팔지만 온라인으로 판매도 하며 흔히 티켓트론과 티켓마스터 같은 판매대행사를 통해 판다. "암표상"을 조심해야 하는데, 이들은 매진된 행사 입장권을 엄청나게 부풀린 가격으로 판다. 이런 일은 불법일 뿐아니라, 가짜 표일 가능성도 있다. 행사장에 도착했다가 여러분이 가진 표가 위조된 것을 알면 얼마나 실망이 크겠는지 상상해 보라. 합법적으로 표를 알선해주는 입장권 중개인이 있는데, 신문의 예술 및 여가란에 자기네 업무를 광고한다. 행사주최 측에서 하는 것이 아니라 주 정부에서 운영하므로 암표금지법을 피할 수 있다. 가격은 여전히 비싸지만, 최소한 입장권 자체는 진짜다.

영화도 당연히 미국에서 매우 인기가 높다. 대도시와 중소도시에서 영화제도 많이 열린다. 많은 대학교에서 외국 영화를 상영하며, 아주 작은 소도시에서 외국영화를 볼 수 있는 몇 안 되는 장소이기도 하다.

스포츠

미국에 새로 온 이주자들은 자기네가 즐겨하는 특별한 운동 경기를 하기 어렵다는 것을 알게 된다. 실제로는 그럴 필요가 없다. 거의 모든 운동경기가 어디서나 가능한데, 심지어 뉴욕 같이 붐비는 도시에서도 가능하다. 만약 여러분이 수영, 테니스, 배드민턴, 체조, 현대 무용이나 기타 실내 스포츠를 하고 싶으면 우선 찾아보아야 할 곳은 가까운 유대인 지역사회 센터, YMCA나 YWCA이다. 대부분 장비를 잘 갖춰 놓고 있으며, 적당한 비용으로 괜찮은 시설을 이용할 수 있다. 물론 이런 스포츠를 할 수 있는 더 멋있고 더 값비싼 장비를 갖춘 시설이 회원제 클럽이나 호텔에는 있다. 또한 괜찮은 서점에는 거의 모든 종류의 스포츠나 지역에 따라 다른 (여행을 포함한) 여가 활동을 안내해주는 책들을 갖춰 놓고 있다는 점도 잊어서는 안 된다. 일부 대학과 대학교에서는 대학의 실내 스포츠 시설에 대한 회원권을 판매하기도 하는데, 보통 상당히 좋은 시설을 갖추고 있다.

⌘ **수영**　　대부분의 수영장은 일반인에게 공개되어 있다. YWCA나 YMCA 에서 운영하는 수영장 이외에도 중소도시 자체에서 운영하거나 호텔 혹은 수영학교에서 운영하는 수영장도 있다. 날씨만 괜찮으면, 공립 수영장 이나 너무 멀지 않은 거리에 있는 해변도 가능하다. 보통, 이런 곳은 버스나 기차 같은 대중 교통수단을 이용해서 갈 수 있다. 물론 개인 자동차를 이용해서 갈 수 있다. 업종별 안내란의 "수영" 혹은 "스포츠"란을 보라.

⌘ **기타 스포츠**　　신문을 보거나 여러분이 관심을 가지고 있는 스포츠 종목 의 이름이 있는 전화번호를 찾아 보라. 예를 들면 스키 동 호회, 걷기 동호회, 펜싱, 체조, 유도, 당수도, 에어로빅 강좌, 피겨 스케이팅, 스쿼 시 및 라켓볼 동호회, 자전거 동호회, 볼링 동호회, 승마 동호회, 및 탐조 동호회 등의 이름을 찾아 보라. 골프와 테니스는 아주 대중적으로 인기가 많다. 회원제 동호회 이외에도 거의 모든 도시에 테니스장과 골프장이 수없이 많은데, 사용료 를 내면 칠 수 있도록 일반에게 공개되어 있다. 축구도 최근 들어 인기를 얻고 있는데 특히, 어린이를 위한 프로그램이 더욱 그렇다. 스포츠 시설을 설명해 놓은 책자를 얻으려면 지역의 시청 소속 공원 및 여가활동과나 상공회의소, 혹은 관광 안내 센터에 문의하기 바란다.

야구를 좋아하면 공원 근처를 다녀 보기만 해도 된다. 많은 경기가 열리고 있기 때문이다. 회사원들은 각기 다른 부서에 속한 소프트볼팀이나 야구팀을 구 성해 놓고 꽉 찬 일정으로 경기를 즐긴다. 보통, 선수가 더 필요하기 때문에 언제나 선수가 나타나면 대환영이다. 롤러 스케이터 타기, 프리즈비 던지기 및 연 날리기도 모두 공원 같은 곳에서는 모두 인기가 높다. 사람들은 자전거 타기, 조깅하기 혹은 걷기를 할 수 있는 전용 도로를 이 지역 내에서 찾을 수도 있다. 그렇지만, 해가 진 후에 공원을 찾아 가보는 것은 현명하지 않다.

⌘ 관중 스포츠

대부분의 미국인들은 스포츠를 직접 하기보다 관람하는 것을 더 좋아한다. 미식축구, 농구 및 하키는 광적인 팬이 많다. 야구는 국민 스포츠로 여긴다. 미국에서 축구는 점점 더 관중이 늘어나는 추세다.

프로 스포츠 경기 시즌이 끝없이 이어지지만, 여기에 덧붙여서 마이너리그 야구처럼 2부 리그 경기도 있어서 아주 작은 소도시도 서로 경기를 가진다. 대학과 심지어 고등학교 스포츠도 엄청나게 인기를 끄는 관중을 모을 수 있는 기회가 있다.

⌘ 캠핑과 하이킹

가는 지역마다 가까운 개인 캠핑장뿐만 아니라 주립공원과 국립공원 안에 있는 캠핑 시설이 아주 훌륭하다는 것을 알 수 있다.

개별 주립공원과 워싱턴 DC에 있는 국립공원국에 신청서를 쓰면 공립 캠핑시설과 공원지역에 대한 안내책자와 지도를 무료로 보내준다. 신청서를 쓸 때, 여러분이 갖고 있는 특별한 관심사에 대해 말하는 것이 좋다. 주요 고속도로나 도시 주변에 안내센터에서는 공립 및 사립 캠핑시설과 캠핑카(RV) 시설에 대한 안내책자와 지도를 얻을 수 있다. 각 주에는 관광안내국이 있어서 그 지역의 여가활동을 할 수 있는 기회에 대한 정보를 얻으려면 전화나 신청서를 쓸 수 있다.

미국 전역에 수천 마일에 걸쳐서 걸을 수 있는 오솔길, 걷기 동호인을 위한 다양한 통나무집과 오두막, 그리고 아주 많은 캠핑장이 있어서 텐트를 치고 물을 얻을 수 있지만, 붐비는 고속도로와 사람이 너무 많은 곳을 피할 수 있는 캠핑장을 구할 정보를 어디서 얻을 수 있는지 미리 알아둘 필요가 있다. 그랜드 캐년이나 엘로우스톤 같이 인기가 많은 국립공원의 경우 수개월 전에 미리 예약을 해야 한다. 그렇지만, 수백만 에이커에 달하는 국유림 지역은 사전 예약 없이도 하이킹과 캠핑이 가능하다. 주차허가증 정도가 필요한 전부다. 유럽에 있는 하이킹 오솔길에 비하면, 미국의 오솔길은 대부분 행복하게도 사람들이 없다. 국립공원에 대한 문의는 정보가 풍부한 웹사이트인 www.nps.gov/, 그리고 국유림에 대한 정보는 www.fs.fed.us/를 참조하라.

⌘ 낚시와 사냥

위에서 이야기한 주립 및 국립공원 안내책자에도 낚시와 사냥에 관한 정보가 들어 있다. 두 취미활동 모두 장소, 계절, 장비, 어종 및 잡거나 먹을 수 있는 마리 수에 대하여 엄격하게 규정하고 있다. 문제를 일으키고 싶지 않으면, 지역의 규정을 확인해야 한다.

대부분의 낚시터는 "잡고서 놔주기"만 허용한다. 여러분이 사는 지역에서 낚시광을 항상 볼 수 있다. 동료와 이야기 해보거나 신문에 실린 스포츠 칼럼을 읽거나 스포츠 용품점의 점원들과 이야기를 해보면 알 수 있다. 이런 접촉을 통해서 어떤 동호회가 인근에 있는지 알 수 있으면, 가입할 수 있는지 문의해 볼 수 있다. 공립 시설은 간혹 사람으로 붐빌 수도 있다. 동호회에 가입을 하면 조금 더 개인 소유의 강과 숲으로 들어 갈 수 있다. 대부분의 동호회는 상당히 합리적으로 개방회원 규정을 가지고 있어서 여러분이 문의하면 다 환영한다. 입회비도 적정한 가격부터 고가까지 있다. 가격이 싸면 쌀수록, 여러분을 보통 환영하지만 사람이 더 붐빈다. 입회비가 비싸면 당연히 동호회가 아주 배타적이다.

여러분이 바다 낚시광이라면, 여러분을 거의 모든 계류장이나 항구에서 바다로 데려다 주려고 하는 배와 선장이 항상 대기하고 있는 것을 알아낼 수 있다. 1일당 임대료는 비싸지만, 동호회를 통해 모둠을 만들어서 같이 가면, 발생하는 비용을 같이 간 동호인끼리 나눌 수 있다.

⌘ 탐조　　새에 관심이 많은 사람은 가장 가까운 오두본 협회를 업종별 안내란에서 찾아서 인근 지역의 동호회, 협회 활동 사항, 조수 보호 구역 등에 대하여 문의해 보라. 지역 도서관도 정보를 얻을 수 있는 좋은 출처이다.

미국 직장 견학

미국인의 활동에 깊이 관여하고 싶지는 않지만 미국에 대하여 알고 싶어하는 사람들이 많이 있다. 여러분이 이런 사람들 중 하나라면, 직장을 견학해 보는 것도 좋다. 여러분이 업무 중일 때 사람을 찾아가 보면 한 나라가 어떻게 움직이고 있는지 관찰하기 쉽다.

친구를 통해서 이런 기회를 찾기 어려우면, 여러분이 가장 관심을 가지고 있는 (공장, 농장, 가게 등 같은) 사업장에 직접 전화를 해서 홍보과에 문의를 해라. 그 회사에서 견학을 하는지(일부 공장에서는 정기적으로 견학 일정을 준비해 두기도 하는데), 혹은 혼자서 방문을 할 수 있는지를 여러분에게 알려준다. 그들에게 여러분이 출신이 어디고 왜 관심을 갖는지 이야기하면 된다. 대부분의 경우, 직원들이 친절하며 여러분이 고객으로 방문하는 것을 좋아한다. 물론 여러분 직장에 문의를 해서 여러분의 신분을 확인하기는 할 것이다. 여러분이 거주하는 지역의 상공회의소나 시청 안내센터도 출처로서는 괜찮다.

2001년 이후, 일반 견학을 개방했던 대부분의 사업장인 발전소, 정수시설 등이 일반인의 접근을 허용하는 것을 꺼려한다. 덧붙인다면, 이제 미국은 수상한 사람이 예고하지 않은 방문을 하는 것에 매우 조심을 하게 되었고, 사전에 일정을 조정해야만 하는 것이 일상화되었다. 이렇게 해야 직원들이 여러분이 오고 있다는 것을 알고 있고, 그래야 여러분이 방문을 해도 그들에게도 편안해진다는 것을 여러분도 알게 된다. 그렇다면, 시간을 꼭 지켜야 한다. 만약 늦게 되면, 반드시 전화를 해야 한다. 보통 팁을 주거나 어떤 비용도 (관광객이 몰리는 명소가 된 공장이 아니라면) 지불할 필요가 없지만, 견학 후 감사의 편지를 보내면 상당히 고마워할 것이다.

여러분은 여러 다양한 종류의 공장을 방문해서 남자와 여자들이 중공업, 정밀제조업 혹은 식품가공공장에서 일하는 모습을 견학할 수 있다. 여러분은 또 다양한 학교를 방문하고, 법원에서 진행되는 과정을 보고, 정부 위원회에서 열리는 청문회를 참석할 수 있고, 지역자치회의나 학교 이사회의 회의에 참석할 수도 있다. 사적 모임은 거의 없다. 보통 공적 모임에 사전 예약을 하기 하지만 참석이 가능하다. 백화점, 우체국 혹은 신문 공장 같은 사업장의 공적인 "비밀회의"를 견학할 수도 있다. 다시 말하지만, 지역의 상공회의소에 문의하면 가능하다.

미국에서는 부끄러워하거나 수줍어해서는 안 된다. 여러분 쪽에서 조금이라도 노력을 하면 미국 생활방식에 대해서 엄청난 통찰력을 얻을 수 있다. 미국은 손님을 늘 환영한다. 다른 나라 사람들이 우리 미국사람이 하는 일에 관심을 가지고 있다는 것을 영광으로 생각하고, 우리가 이룩해 놓은 것을 다른 나라 사람들에게 보여주는 것을 자랑스럽게 여긴다.

22 | 21세기의 과제

21 세기 초 미국은 심각한 과제에 직면해 있다. 냉전시대가 종말을 기하면서 새로운 패러다임을 찾아야 하는 의무를 남겨두었다. 여러분이 이 미국을 여러분의 고향으로 단 몇 년간이라도 만들고 싶다면, 이 심각한 과제가 여러분의 과제도 된다.

2001년 9월 11일 효과

대부분의 미국인에게 어쩌면 우리 모두에게 2001년 9월 11일의 비극적 사건은 "모든 것을 바꿔 놓았다." 이 날, 외국인들이 미국의 수천 명의 무고한 시민을 공격해서 살해했다. 이 날 벌어진 어떤 측면은 아직도 앞으로 다가올 수년간 미국의 정치 사회적 전망에 영향을 끼칠 것 같다. 미국인들은 그렇게 대규모 공격이 미국에서는 불가능하다고 순진하게 믿었다. 우리가 미국인이란 이유만으로 일부 사람이 우리를 증오한다고 믿었다. 비행기 납치범들은 모두 합법적으로 미국으로 입국해서, 그들 중 몇몇은 우리들 사이에서 수년간 같이 살기도 했다.

미국에 사는 우리 미국인들은 우리의 순진함을 잃어버렸다는 사실이 미국이라는 지정학적 세계에 울려 퍼지고 있다. 공포가 우리 정치를 몰아가고 있으며, 어느 정도까지 남은 우리 삶도 마찬가지로 몰아가고 있다. 대부분의 미국인들은 어느 한 사람이 다른 사람을 단지 국적 때문에 어떻게 증오할 수 있는지 이해하기가 상당히 어려워한다. 결국, 미국인들은 자기 자신을 우선 개인으로 생각하고, 그 다음에 미국인이라고 생각한다. 미국인으로서, 우리는 완벽하지는 않지만, 우리가 항상 선의를 가지고 있다고 믿는다. 어쩌면, 우리 대부분 많은 미국인들은 비행기 납치범들이 미국에 완벽하게 합법적으로 입국했다는 사실에 충격을 받았다. 우리 미국인 대부분이 가장 믿기 힘든 사실은 어느 누구도 우리 사이에서 그것도 수년 동안 살면서 계속 우리를 그렇게 많이 증오할 수 있느냐는 것이다. 결국, 우리가 우호적인 사람이 아니었다는 말인가? 이곳이 기회의 땅이 아니었던가? "모든 우리 기업의 스캔들과 외교정책의 실수 때문에, 우리가 좋은 사람이라는 사실을 볼 수 없었다는 것인가?"라고 의아해 하는 것이다.

공포와 의심이 결국 우리의 국가의제를 몰아가고 있다. 9/11이 부분적으로 미국이 너무 연약하고, 허약하며 또 누구나 미국으로 입국을 시키려고 너무 안달이 난 결과 때문에 발생한 것이 아니냐고 묻는 정치적 견해도 있다. 이민을 제한하고 불법이민을 처벌하려는 방안이 진행 중이다. 슬픈 일이지만, 대부분의 미국인들이 우리 정부가 모든 아랍인들과 회교도들이 위협이 된다고 생각하는 것이 정당하다고 생각한다. 이런 사실과 더불어, 이슬람은 미국에서 급신장하고 있는 종교이며, 부분적으로 많은 미국인들이 이 종교에 대하여 느끼는 엄청난 호기심, 즉 전 세계 인구의 4분의 1이 믿고 있는 믿음에 대해서 결국에는 존경과 찬탄으로 바꾸게 만드는 그 호기심 때문에 더욱 급증하고 있다.

우리의 시민적 자유에 대한 위협을 매일매일 숙명으로 받아들이고 있는데, 일찍이 벤자민 프랭클린은 "작은 안전 때문에 근본적인 자유를 회생하려는 자는 곧 그 어떤 것도 갖지 못할 것이다"라고 경고했었다. 정부 관료들은 짜증날 정도로 정기적으로 계속 나타나서는 우리 삶에 뭔지 모르는 새로운 위협을 발표한다. 색깔별 부호화된 테러경보체제는 노란색에서 오렌지색으로 변했다가 다시 노란색으로 된다. 어느 누구도 이런 변화가 무엇을 뜻하는지 아무도 모르지만...

그렇지만, 모든 9/11의 효과가 공포와 의심 때문은 아니다. 사회의 중요한 일각에서 지금까지 보지 못한 정도로까지 자성의 과정이 시작했다는 것이다. 많은 사람들이 스스로 다음과 같은 질문을 던진다는 것이다. 우리가 한 국가로써 그런 증오를 키울 수 있는 어떤 정책에 관여했단 말인가? 좀 더 안전하고 좀 더 안정적이라고 느끼기 위해서 우리는 어떤 자유를 유보하려고 하는가? 또 어떤 자유를 포기하려고 하지 말아야 하는가? 우리가 개인주의에 대하여 굳게 믿는 것은 우리들 대부분이 우리가 만나는 각 개인을 그 개인이 가진 인물 됨됨이를 가지고 평가하려고 하고 또 그렇기를 간절히 희망한다는 사실이다.

이라크 전쟁의 충격

전 세계인들의 미국에 가지는 동정은 9/11 이후 몇 주간 순수하고도 진심어린 것이었다. 미군이 아프가니스탄의 탈레반을 궤멸시키고 테러리스트를 훈련시키는데 사용한 캠프를 파괴했을 때, 세계는 미국을 상당히 지지했다. 그러나, 선제적인 전면전을 이라크에서 실시한 미국의 결정은 비록 전 세계의 다른 나라들이 말은 안하고 있지만 미국에 반대하는 분노에 기름을 부었다. 미국의 일부 절대적 우방국가조차도 더 이상 미국을 지지하지 않는다.

조지 W. 부시 대통령이 세계의 지지가 없는데도 이라크를 침공하기로 선택했을 때 그릇된 결정을 내렸다는 말이 아니다. 우리들 어느 누군가 우리가 결정을 했을 때 전쟁을 하기로 한 결정에 대해 생각한 내용(그리고 결정을 내리는 방식)에 상관없이, 세계의 다른 나라 대부분이 우리의 행동을 승인해 주지 않았다는 사실을 받아들여야만 한다. 우리 이외의 세계 다른 나라들이 우리를 바라보는 시각이 변했다는 사실이 앞으로 닥칠 우리 관계에 막대한 영향을 끼칠 것이다. 프랑스의 르 몽드지가 머리기사로 "우리 모두 미국인이다"라고 한지 18개월만에, 전 세계 대부분이 압도적으로 우리를 더 이상 동정심을 가지고 바라보지 않고 공포와 불신의 눈으로 바라본다.

이라크 전쟁 포로들을 고문하고 학대한 사실이 미국에 대한 전 세계의 여론을 점점 더 손상시키고 있다. 감히 말하자면, 바로 이것이 우리 자신에 대한 우리의 의견이다. 도덕적 권위에 대한 주장을 전 세계의 다른 나라들이 오래 전부터 의심해 왔었는데, 이제는 드디어 미국 안에서도 여기저기서 의문을 제기하고 있다.

종교적 근본주의의 출현

제6장에서 논의한 것처럼, 미국은 종교 다원주의 국가다. 개신교, 가톨릭 및 다른 기독교 단체들이 대체로 사회의 근간을 이루지만, 몰몬교, 회교, 불교, 자이나교, 시크교, 힌두교, 마술숭배 및 수도 셀 수 없이 많은 종교도 허용한다.

(자기네들이 믿는 믿음만이 옳다는) 종교적 근본주의자들이 그 숫자와 영향력이 커지고 있다. 이슬람 근본주의자들은 전 세계 10억 명 이상의 회교도 중 아주 작은 숫자에 불과하지만 이제는 그 숫자와 영향력이 점점 커지면서, 기독교 근본주의자들이 미국의 종교의 평등성을 끝내려고 위협하고 있다. 믿음을 가진 사람들이 자기네 종교를 가장 좋은 길이라고 여기는 것은 당연히 이해할 만하다. 그러나, 자기네 종교를 유일하게 가능한 길이라고 여겨서 그와 같은 생각을 정치적, 군사적 혹은 물리적인 힘을 사용하여 다르게 믿는 사람을 벌주고자 하면, 다른 모든 사람들을 위협하는 것이다.

차별, 양극화 및 "악의에 찬" 흑백논리

미국은 그 어느 때보다 더 차별적이다. 우리는 인종, 민족, 계층, 그리고 점차 정치를 가지고 차별화 한다. 우리 미국은 한 국가로서는 다양하다고 할 수 있다. 하지만, 우리는 우리와 점점 더 비슷한 사람들과 이웃이 되어 살고 있다. 언론인인 데이비드 브룩스가 관찰한 것처럼, "동네마다, 기관마다 우리는 놀라울 정도로 동질적이다."15)

미국은 지리적으로 이동성 국가이기 때문에, 우리가 어디서 살지 선택을 할 수 있는 기회가 자주 있다. 진보주의자와 자유주의자는 보스톤과 샌프란시스코에 끌리지만, 보수주의자들은 텍사스를 선택하기가 쉽다. 인구의 재편성으로 우리를 점점 더 동질적인 주를 찾아 이동하게 한다.

흑백논리란 문제, 상황 혹은 세계를 바로 보는 시각이 단 두 가지밖에 없

---

15) Brooks, David. "The Agenda: People Like Us." *Atlantic Monthly*, September, 2003.

다는 논리다. 미국 문화는 본질상 오히려 흑백논리적이다. 우리는 사물을 흑 아니면 백으로 보는 경향이 있다. 친구가 아니면 적이라는 것이다. 무슨 일이든 옳거나 아니면 옳지 않다. 사람이 좋거나 나쁘거나 이다. 이런 입장은 우리가 복잡한 상황에 맞부딪치면 흑백이 아닌 회색 빛 그늘인 타협점을 수용하지 못하게 한다.

악의에 찬 흑백논리라는 말은 콜롬비아대학교 사범대학의 엘 리 네펄캠프 교수가 자주 사용한 용어인데, 일부 사람들은 흑백논리를 자기네에게 이익이 되도록 이용하려는 경향을 말한다 ('악의에 찬'이란 단어는 "악의를 가지고 했다"라는 뜻을 가졌다).[16] 전쟁을 지지해라 그렇지 않으면, 당신은 비애국적이다. 당신이 우리와 함께 하지 않으면, 당신은 "테러리스트"와 함께 하는 것이다. 미국의 이라크 점령에 반대하는 사람은 "자유를 증오하는 것"이다. 악의에 찬 흑백논리를 펴는 사람이라고 항상 정치적으로 보수주의자는 아니다. 자유주의자들도 문제의 틀을 제한하기는 마찬가지다. 적극적 차별 시정조치를 지지하지 않으면 당신은 인종차별주의자다. 낙태 권리를 지지하지 않으면, 당신은 여성 혐오가이다. 양측 모두 이런 목록은 끝이 없다.

그렇지만, 언어학자인 조지 레이코프가 관찰했듯이, 정치적 권리는 흑백논리적인 반응을 강제하기 위해서라면 쟁점과 프로그램에 이름을 붙이는 것이 훨씬 효과적이다.[17] 누가 "산림보호법"에 반대할 수 있으며, "애국자"법이나 "결혼보호"법 같은 이름을 가진 법에 반대할 수 있겠는가? 너무나도 분명하게, 결혼을 반대하고 나무를 증오하는 반역자만이 이 법들을 반대할 수 있겠지만, 각 쟁점이 공유지에서 벌채를 더 허용하고, 시민의 자유를 제한하고, 헌신적인 동성 커플이

---

16) Knefelkamp, L. Lee. Introductory remarks at the Summer Institute in Intercultural Communication. Portland, Or, 1999.

17) Lakoff, George, on *NOW With Bill Moyers*, aired July 23, 2004, Public Broadcast Service. www.pbs.org/now/politics/lakoff.html

결혼할 수 있는 권리를 부인하는 것이라는 사실은 염두에 두지 않는다. 다시 말하면, 여기서 문제는 이런 프로그램이 자체적으로 어떤 이점이 없다는 것이 아니라, 지금 하듯이 이름을 붙이지만 않으면, 이 프로그램을 지지하는 사람들은 프로그램의 장점과 약점을 논할 중요한 논쟁을 막을 수 있다.

미국인들이 미묘한 뜻의 차이, 복잡성 및 상대주의를 조금 더 마음 편하게 대할 수 없다면, 악의에 찬 흑백논리라는 덫에 빠지기 쉽다. 우리는 지금 복잡한 문제에 대하여 분명하게 창의적으로 생각할 수 있는 능력을 잃어 버려서, 점점 더 우리의 쟁점이 무엇이고 그 해결책을 제한하는데 가장 극단적인 입장을 가진 사람 말만 듣는 경향이 생겼다. 우리의 사고가 이렇게 양극화되는 데다가 전국적인 정치에서 양당이 독점을 하고 있기 때문에 우리나라가 더 사분오열 되어 가고 있다.

세계화와 기업의 권력

미국인들로 전 세계의 다른 사람들과 같이 세계화에 대하여 "애증"관계에 있다. 당연히, 다른 많은 사람들처럼, 품질 좋은 물건을 싼값에 사고 싶어한다. 물론 사업주가 처음에는 제조업 시설, 조금 있다가는 첨단시설을 폐쇄하고, 그리고 마지막에는 노동자를 더 싼 임금에 고용할 수 있는 나라로 일자리를 옮기는 것은 반대한다. 또한, 그 기업들이 다른 나라로 갔을 때 환경규정이나 안전규정을 회피해 가면서 자기들의 이익만 추구하는 것을 보고 싶어 하지도 않는다. 우리는 자유무역을 논하고 싶지만, 농업과 다른 생산품에 대한 보호주의를 간과한다. 우리가 자유 시장에 대한 믿음을 가지고 있지만, 역사적으로 우리 자신을 포함해서 모든 주요 경제는 경직된 관세와 국내 기업을 보호하는 다른 수단을 통한 결과 때문에 발전한 것이다.

기업이 정치과정에 영향력을 발휘할 수 있었던 권력이 흔들리고 있다. 어떤 사람은 도둑이 잡혔다는 증거로 엔론이 파산하고 다른 기업의 재정 스캔들이 터진 것을 높이 평가하지만, 이 사건들은 빙산의 일각이다. 기업은 선거과정에 미치는 영향과 그 선거결과에 따라 (양당의 모든) 정치가들에게 접근을 하게 되면, 우리의 소중한 민주주의 이상을 손상시킬 정도로 위협적이다.

건강보험과 은퇴

제11장에서 논의한 것처럼, 건강보험료는 통제할 수 없을 정도로 치솟았다. 수백만 명에 달하는 미국인들이 건강보험을 가지고 있지 않다.

건강보험을 가지고 있는 사람은 좀 더 공평한 체제로 바꾸기 위해서 현재 가지고 있는 보험을 포기하려 들지 않는다. 대부분의 경우, 미국인들은 자기네가 세계에서 가장 좋은 건강보험을 가지고 있다고 믿고 있어서, 어떤 대가를 치르더라도 이 보험 제도를 지탱하고 싶어 한다.

더군다나 제3장에서 언급했듯이, 미국 인구가 노령화하고 있다. 미국의 의료보험제도는 사회보장이라고 부르는 국민연금제도와 충돌하게 되어 있어서, 대대적인 구조개혁을 해야만 한다. 지금까지 대부분의 평가에 따르면, 사회보장제도는 2020년경 흑자를 내지 못하고, 2034년이면 신탁자금이 고갈된다. 대부분의 미국인들은 사회보장제도에 의존하지 않고 대신에 민간자금 연금제도에 의존하고 있다. 이렇게 되면 빈곤층은 이 어려움의 커다란 부분을 훨씬 더 감당해야 한다.

세계 리더십

냉전이 끝나자 세계는 바르샤바조약과 북대서양기구라는 형태로 미소 양국이 안정적으로 대치하고 있을 때보다 더 폭력이 많아졌다. 대부분의 미국인들은 미국이 세계 경찰의 역할을 하는데 힘들어했지만, 미국의 이익에 대한 위협과 군사적 리더십 없는 미국의 공포가 대부분의 미국인들에게 보스니아와 이라크 같은 지역에 군대를 투입하게 만들었다. 많은 미국인들은 유엔을 노골적으로 불신하거나 아니면 보통 유엔을 지지하지만, 위기가 닥치면 유엔이 비효율적이라고 두려워한다. 미국의 역할이 세계의 나머지 국가들과 관계 하에서는 잘 해도 서로 잘 맞지 않는다.

에너지, 물, 환경

주로 석유의 형태로 된 에너지에 대한 미국인의 탐욕은 앞으로 다가올 미래에 심각한 정치적 경제적 위기를 분명히 가져 올 것이다. 미국은 수요만큼 석유를 충분히 생산하고 있지 못하기 때문에 외국 자원에 의존해야 한다. 미국은 유류 값은 싼 것을, 차는 대형차를 선호한다. 에너지 독립을 지지하는 측은 어떻게 해야 하는가에 대해 첨예하게 대립하고 있다. 한 파는 주로 알래스카에서 미국에 있는 더 많은 석유 매장량을 개발하기를 바라지만, 다른 파에서는 기껏해야 임시방편에 불과할 조치 때문에 국립 야생 보호구역을 희생하고 싶어하지 않는다. 대량 수송수단, 보도, 자전거 길에 보조금을 지원하지 않으려고 미국은 도로건설에 매일 2억불을 쏟아 붓는다.

    미국은 전 세계 인구의 약 4%에 불과하지만 전 세계 에너지의 4분의 1을 소비한다. 물론 다른 선진국들도 어울리지 않게 에너지를 소비한다. 그렇지만, 국내 총생산의 1달러당 미국은 일본이나 EU보다 40%나 많이 에너지를 소비한다.

　　세계 기후변화도 물 분배 위기가 곧 닥쳐올 것이라는데 관심을 가지게 했다. 남서부 사막이 지난 세기에 댐 사업의 결과로 경작지가 확대되면서 더 커졌다. 그러나 경작지 사용은 축소될 것으로 예상하지만, 네바다주와 애리조나 주의 지방정부의 수요는 더욱 늘어날 예정이다. 이 뜨겁고 건조한 지역은 미국에서 가장 인구가 급팽창하는 중심지가 되었다.

사생활

여러분의 신분을 훔치기가 너무 쉽다는 것은 정말 깜짝 놀랄만하다. 어쩌면 마찬가지로 오랫동안 사적인 일로 생각했던 많은 사실들이 일반 대중에게 쉽게 알려질 수 있다는 것도 놀라운 일이다. 돈을 조금만 내면, 여러분의 이름과 주소, 어릴 때 다녔던 학교, 여러분이 사는 집의 구입가격, 아니면 수없이 다른 종류의 정보들을 인터넷으로 샅샅이 뒤져서 알아내 주는 회사들이 있다. 이런 정보는 오랫동안 공문서의 문제로 알려져 왔지만, 이제는 여러 정부기관을 여러 날 개인적으로 찾아가서 줄서서 찾거나 몇 달씩 대답을 기다리다가 그쳐버려지는 일일이 편지로 문의하지 않고 몇 분만에 서류를 모을 수 있게 되었다.

　　더욱 놀라운 일은 여러분의 고용주가 합법적으로 수집할 수 있는 정보의 양이다. 여러분의 이메일, 전화, 그리고 사무실 공간은 모두 여러분의 고용주가 여러분의 행동을 관찰할 수 있는 합법적인 장소다.

　　애국자법은 법집행관이 여러분에 관한 정보를 더 신속하게 수집해서 다른 사법기관과 공유할 수 있게 만든 법인데, 테러리스트를 막으려고 만든 법이다. 그렇지만, 이렇게 광범위한 권력을 판사의 허가를 받는 정당한 법의 절차 없이도 누구에게나 사용할 수 있다. 정부 관리는 개인 전화통화도 감청할 수 있고, 개인 이메일도 열어 볼 수 있고, 심지어 집안에서 하는 대화도 들을 수 있다. 새로 개정된 법 일부는 2005년 12월 31일부로 효력 정지되도록 되어 있지만, 현 행정부는 이 법들을 영구적으로 만들 방안을 찾고 있다.

빈부격차

20세기 마지막 수십 년은 한마디로 "잘 사는 사람은 더 잘 살게 되고, 못 사는 사람은 더 못 살게 되었다"로 요약할 수 있다. 유엔 개발기구의 발표에 나온 다음 사실을 생각해 보자. 마이크로 소프트 사의 최고 경영자 3인(빌 게이츠, 폴 앨런 및 스티브 볼머)은 최빈국 43개 국가의 국민 총생산을 합한 것보다 더 많은 자산을 가지고 있다. 덧붙이면, 전 세계 최고부자 200인은 1994년과 1998년 사이에 순 자산을 2배 이상을 증가시켰다. 반면에 전 세계 국가 중 거의 반수가 현재 1인당 소득이 10년 전이나 20년 전보다도 더 낮다.[18] 이 경우 잘 사는 국가가 더 잘 사는 것이 아닌 경우다. 부의 불공평도 미국 안에서 확연히 드러난다. 뉴욕대학교 에드워드 울프 경제학 교수에 따르면, 가장 부유한 미국인 5%가 현재 미국의 순 자산 59%를 소유하고 있다.[19] 이 정도는 다른 많은 나라보다는 덜 왜곡되어 있지만, 미국의 경향이 계급 없는 사회라는 달콤한 개념에는 어긋난다. 그리고 버클

---

18) Longworth, Richard C. "Global Economy Creates Divide," *Chicago Tribune*, 13 July, 1999.
19) Wolff, Edward N. *Top Heavy: The Increasing Inequality of Wealth in America and What Can Be Done about It.* Updated and expanded ed. (New York: New Press, 2002; distributed by W.W. Norton, 2002).

리대학교 마뉴엘 카스텔스 사회학 교수의 관찰에 따르면, 빈곤율이 미국에서는 계속 상승하고 있어서 "이중적 미국"을 만들고 있다.[20]

결론

어쩌면 이 세상 누구보다도 미국인은 낙관적인 사람들이다. 21세기는 미국에 계속 도전을 가져다 줄 것이며, 또한 전 세계에도 가져다 줄 것이다. 여러분은 미국인들이 다양한 문제에 대해서 다양한 의견을 가지고 있다는 사실을 알게 될 텐데, 무엇이 미국의 관점인지 결정하기가 어려울 것이다. 그렇지만, 결국에 가서는 도전 받는 기간이 있더라도, 미국은 미래를 향해서, 더 나은 국가와 더 나은 세계를 위해서 나아갈 것이다.

---

20) Castells, Manuel. *End of Millennium*. 2nd ed. Information age; v. 3, ed. M. Castells 2000, Oxford; Malden, MA: Blackwell.

국경일

일반적으로 다음 휴일 중 어느 휴일이든지 토요일이나 일요일과 겹치면, 다음 주
월요일을 공식 휴일로 지낸다. 이 법칙의 예외는 설날과 성탄절이다. 특정한 해의
휴일을 알아보려면 www.opm.gov/fedhol/를 참고.

설날 1월 1일

마틴 루터 킹 생일 민권운동가, 1월 셋째 월요일

대통령 취임일 매 4년마다 1월 20일

대통령의 날 2월 셋째 월요일

현충일 5월 마지막 월요일, 군 복무 중 전사한 전몰장병을 추도하는 날

국기의 날 6월 14일 (보통 정상영업)

독립기념일 7월 4일

근로자의 날 9월 첫 월요일

콜럼버스의 날 10월 둘째 월요일

선거일 11월 2일이나 지난 뒤 화요일 (보통 정상영업)

재향군인의 날 11월11일 (보통 정상영업)

추수감사절 11월 넷째 목요일 (대부분의 회사는 다음날까지 휴업, 소매상은
성탄절 맞이 세일 기간으로 정상영업)

성탄절 12월 25일

도량형 환산표

미국인들은 미터법에 대하여 고집스럽게 더 나아가서는 적대적으로까지 반대하고 있기 때문에 대부분의 관광객과 새로운 이주자들을 좌절시킨다. 다음의 도량형 환산표가 도움이 되기 바람.

온도

화씨를 섭씨로 전환하려면, 32를 빼고 5/9를 곱한다. (°F-32) x 5/9 = ℃

화씨 °F	섭씨 ℃
0°	-18°
32°	0°
50°	10°
68°	20°(실내 온도)
86°	30°
104°	40°
212°	100°(끓는 온도)
98.6°	37°(체온)

무게와 길이

마일 2km 약간 안 됨; 킬로미터(km)에 0.6을 곱하면 마일 수가 나온다.

야드 1m 약간 안 됨, 1미터는 1야드의 11/10; 1미터는 3.2피트 (1야드는 3
　　피트).

피트 30.4cm; 3피트가 1야드다.

인치 약 3cm(1센티미터는 1인치의 3/10), 1 미국 피트는 12인치다.

쿼트 거의 1리터(1리터는 1쿼트의 11/10), 휘발유는 갤런으로 팔며, 4쿼트
　　이다.

핀트 거의 반 리터(2핀트가 1쿼트)

파운드 거의 반 킬로그램, 1kg은 거의 2.2파운드

온스 거의 30그램, 1파운드는 16온스이며, 1온스보다 더 작은 무게를 재려
　　고 미국에서는 온스를 1/2온스, 1/4온스 등으로 나눈다.

의류 크기

전 세계를 통해 의류의 크기를 표준화하려는 시도한 적이 있었다. 그렇지만, 너무
편차가 많아서 외국에 처음 가면 쇼핑하기가 언제나 힘들다.

　　의류 크기 환산표를 가지고 있더라도, 줄자를 가지고 쇼핑을 하는 것이 좋
고, 더 좋은 것이 있다면, 직접 입어보기 바랍니다. 체형, 넉넉함, 진동 둘레 및
신체크기와 셔츠의 깃이나 소매 길이의 비율이 나라마다 다르다. 여러분의 의류
크기가 미국 치수로 "표준"이 아니라면, "주니어," "쁘띠," "플러스"(여성), 그리
고 "빅앤톨"(남성) 같이 잘 들어보지 못한 용어 가운데서 옷을 골라야 할지도 모

른다. 대형 백화점에는 보통 "고객상담실"이나 "안내센터"라고 부르는 부서가 있어서, 고객이 요청하면 바로 도움을 준다. 대도시에 있는 대부분의 유명 상점에는 다양한 언어를 구사할 수 있는 판매사원이 있다.

　　미국과 유럽의 의류 크기 비교표를 보면, 아시아, 아프리카나 남미에서 온 이주자들에게 도움이 될 수 있을 것이다. 대부분의 국가가 영국이나 유럽의 치수를 따르고 있기 때문이다. 그렇지만, 국가별로 상당한 편차가 있고 심지어 한 나라 안에서도 편차가 있다. 그러므로, 다음의 정보는 하나의 지침일 뿐이며 꼭 정확한 치수라고 할 수 없다.

⌘ 여성

정장, 드레스 및 코트

	XS	S	M	L	XL	XXL	XXXL
미국	8	10	12	14	16	18	20
영국	10 (34)	12 (36)	14 (38)	16 (40)	18 (42)	20 (44)	22
호주	4-6	8-10	10-12	16-18	20-22		
프랑스	76	80	89	98	107	116	
유럽	38	40	42	44	46	48	
한국	44	55	66	77	88	99	
일본	44	55	66	77	88L		
가슴 (B)	B 35.5	B 36.5	B 38	B 39.5	B 41	B 43.5	B 45.5
허리 (W)	W 27.5	W 28.5	W 30	W 31.5	W 33	W 34.5	W 36
엉덩이 (H)	H 38	H 39	H 40.5	H 42	H 43.5	H 45.5	H 47

스웨터, 티셔츠 및 기타 상의

소	10 이하 크기
중	10-12 크기
대	14-16 크기
특대	18-20 크기

브래지어

미국	34AA	34A	34B	34C	34D	34DD	36AA	36A	36B	36C	36D	36DD	38AA	38A
영국	34A	34B	34C	34D	34DD	34E	36A	36B	36C	36D	36DD	36E	38A	38B
호주	12AA	12A	12B	12C	12D	12DD	14AA	14A	14B	14C	14D	14DD	16AA	16A
프랑스	90A	90B	90C	90D	90DD	90E	95A	95B	95C	95D	95DD	95E	100A	100B
한국	75A	75B	75C	75D	75DD	75E	80A	80B	80C	80D	80DD	80E	85A	85B
윗가슴 둘레(cm)	82.5	85	87.5	90	92.5	95	87.5	90	92.5	95	97.5	100	92.5	95
밑가슴 둘레(cm)	75	75	75	75	75	75	80	80	80	80	80	80	85	85

• 자료: 남영 비비안+Victoria's Secret

미국과 영국에서는 숫자와 알파벳을 이용해 사이즈를 표기한다. 숫자는 윗가슴 둘레의 크기만을 뜻한다. 이때 단위는 인치(inch)를 사용한다. 컵 사이즈는 한국과 같은 방식으로 계산한다. 즉 한국에서 '80A'를 입으면 영미권에서는 80A의 윗가슴 둘레에 해당하는 90cm를 인치로 환산한 '36A'가 자기 사이즈이다. 프랑스 역시 컵 사이즈는 한국과 같지만 숫자는 특별한 수치가 아닌 사이즈 구별용이다. 밑가슴 둘레가 75cm라면 프랑스에선 90 사이즈에 해당하고, 80cm라면 95 사이즈다.

한국에선 브래지어 사이즈를 가슴둘레와 컵 사이즈에 따라 구분한다. 예컨대 '80A'라면 밑가슴 둘레가 80cm, 컵 사이즈는 A컵에 해당한다는 의미다. 컵 사이즈는 2006년 지식경제부 산하 기술표준원에서 권고한 규격을 속옷 브랜드 대부분이 따른다. 밑가슴 둘레(가슴과 허리가 연결되는 가슴 아랫부분을 수평으로 둘러 잰 둘레)와 윗가슴 둘레(가슴의 가장 높은 부분 둘레)를 측정한 후 그 차이에 따라 사이즈를 결정하는 방식이다. 밑가슴과 윗가슴 둘레 차이가 10cm이면 'A'컵이고 이보다 2.5cm씩 차이가 커질 때마다 컵 사이즈도 한 단계씩 커진다. 다만 2006년 이전까진 밑가슴과 윗가슴이 7.5cm 차이나는 것을 A컵으로 규정해왔기 때문에 소비자들의 혼란을 줄이고자 일부 업체들은 옛 표기와 새로운 표기를 병행한다. (출처: 2009년 6월 17일 동아일보 "브래지어 사이즈 나라마다 왜 다를까" 글: 김지현 기자)

빅토리아 시크릿의 의류 관련 크기는 http://www2.victoriassecret.com/html/custsrvc/sizecharts/를 확인하기 바람.

스타킹

미국	8	8½	9	9½	10	10½
영국	8	8½	9	9½	10	10½
유럽	0	1	2	3	4	5

구두

미국	6	6½	7	7½	8	8½
영국	4½	5	5½	6	6½	7
유럽	38	38	39	39	40	41
한국(mm)	230	235	240	245	250	255

⌘ 남성

셔츠

미국	14½	15	15½	16	16½
유럽	37	38	39	40	41

스웨터, 티셔츠 및 기타 셔츠

소	36 이하 크기 (영국 및 미국), 46 이하 크기 (유럽)	100 크기 (한국)
중	36-38 크기 (영국), 46-48 (유럽)	105 크기 (한국)
대	40 크기 (영국 및 유럽)	110 크기 (한국)
특대	40 이상 크기 (영국 및 유럽)	115 크기 (한국)

구두 및 슬리퍼

미국	8	8½	9½	10½	11½	12
영국	7	7½	8½	9½	10½	11
유럽	41	42	43	44	45	46
한국(mm)	260	265	275	285	295	300

미국은 보통 소, 중, 대 혹은 특대 크기로 사용한다. 또한 구두의 볼을 넓음 (Wide), 보통(Medium) 및 좁음(Narrow)로 표기한다.

요리 계량법 해설

요리법과 계량법이 처음 들어보는 용어로 쓰여 있기 때문에, 자기가 쓰는 계량 스푼과 계량컵을 가져오는 것을 잊어서는 안 된다. 미국인들은 집에서 요리할 때 에는 거의 저울을 쓰지 않는다. 다음의 비교표를 참고하기 바람.

1작은술 = $\frac{1}{3}$ 큰술 = 5cc

3작은술 = 1큰술 = 15cc

2큰술 = 1액량 온스 (fl. oz.) = 1/16파인트(미), 1/20파인트(영) = 28.4cc

4큰술 = $\frac{1}{4}$ 컵 = 60cc(미)

8큰술 = $\frac{1}{2}$ 컵 = 120cc(미)

16큰술 = 8액량 온스 = $\frac{1}{2}$파인트 = 1컵 = 240cc(미), 285cc(영)

2컵 = 16액량 온스 = 1파인트 = 1파운드 = 480cc(미), 580cc(영)

2파인트 = 1쿼트

4액량 쿼트 = 1갤런(액량) = 3.778543리터

8쿼트 = 1펙(건량) = 8.8리터(미), 9리터(영)

⌘ 무게 미터법 단위

1온스 = 30그램

16온스 = 1파운드 = 454그램

2파운드 3온스 = 1킬로그램

14파운드 = 1스톤 = 6.36킬로그램

100그램 = 3.5온스

200그램 = 7온스

400그램 = 14온스

454그램 = 16온스 = 1파운드

⌘ 액량 미터법 단위

1드램 = $\frac{3}{4}$작은술 = $\frac{1}{8}$온스 = 3.8밀리리터(㎖)

1작은술 = 1/6온스 = 5밀리리터

1큰술 = $\frac{1}{2}$온스 = 14밀리리터

8큰술 = $\frac{1}{2}$컵

16큰술 = 1컵 = 236밀리리터 = 0.236리터 (약 $\frac{1}{4}$리터)

4컵 = 1쿼트 = 0.946리터 (약 1 리터)

1밀리리터 = 1/5작은술

1리터 = 1.057쿼트

4리터 = 1갤런 + 1컵

오븐 설정

미국 오븐 온도 (화씨)	섭씨
140° - 250° 저 또는 "약"	70° - 121°
300° - 400° 중	150° - 205°
400° 이상 고 또는 "강"	205°

인터넷 자료

⌘ 미국 정부 자료

미 농무부(www.usda.gov)

재무부(www.ustreas.gov)

알콜담배무기국(www.atf.gov)

세관 및 국경수비대(www.customs.gov)

질병통제센터(www.cdc.gov)

전국전화거부등록센터(www.donotcall.gov)

국립공원국(www.nps.gov)

국립산림국(www.fs.fed.us)

년 연방 휴일 명부(www.opm.gov/fedhol)

⌘ 무료 이메일 주소

야후!(www.yahoo.com)

핫메일(www.hotmail.com)

⌘ 신차 및 중고차 구입 자료

카즈닷컴(www.cars.com)

에드먼즈(www.edmunds.com)

⌘ 교육 자료

전국 어린이교육 협회(www.naeyc.org)

애보기 자원 및 소개 네트워크(www.nccrra.org)

애보기 중요성 인식(www.childcareaware.org)

미국 특수목적학교(www.magnet.edu)

특별인가학교(www.usacharterschools.org)

전국독립학교협회(www.nais.org)

미국사립교육협의회(www.capenet.org)

⌘ 기타

미국이민변호사협회(www.aila.org)

슬로푸드USA(www.slowfoodusa.com)

■용어 찾아보기

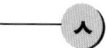

옮긴이
이승철 인하대학교 문과대학 서양어문학부 영어영문학전공 교수
이상국 연세대학교 인문예술대학 영어영문학과 교수
박순봉 건국대학교 인문과학대학 영어영문학부 교수
홍현태 강원관광대학 카지노관광계열 교수

미국생활과 문화탐방

Living in the USA

초판 2쇄 발행일 2012년 3월 20일
지은이 알리슨 라니에
고친이 제프 데이비스
옮긴이 이승철 · 이상국 · 박순봉 · 홍현태
발행인 이성모
발행처 도서출판 동인 / 서울시 종로구 명륜2가 아남주상복합ⓐ 118호
등 록 제1-1599호
TEL   02-765-7145 / FAX: 02-765-7165
E-mail dongin60@chol.com / HomePage: donginbook.co.kr

ISBN 978-89-5506-410-0
정 가 13,000원

※ 잘못 만들어진 책은 바꾸어 드립니다.